Grundstudium
Betriebswirtschaftslehre
Band 4

THOMAS JÄGER

Driverweg 22
44225 DORTMUND
Tel: 0231 - 7 90 03 87
e-mail: thomasjaeger@gmx.de

Produktionswirtschaft

Eine Einführung mit Anwendungen und Kontrollfragen

von

Univ.-Prof. Dr. Egon Jehle, Dortmund

unter Mitwirkung von

Dipl.-Kfm. Dr. Klaus Müller, Mühlacker und
Dipl.-Kfm. Dr. Horst Michael, Bergisch Gladbach

5., überarbeitete und erweiterte Auflage 1999

Mit 97 Abbildungen und Tabellen

Verlag Recht und Wirtschaft GmbH
Heidelberg

1. Auflage 1983 · ISBN 3-8005-6295-2
2. Auflage 1986 · ISBN 3-8005-6298-7
3. Auflage 1990 · ISBN 3-8005-6287-1
4. Auflage 1994 · ISBN 3-8005-2018-4
5. Auflage 1999 · ISBN 3-8005-2043-5

Die Deutsche Bibliothek – CIP-Einheitsaufnahme

Jehle, Egon:

Produktionswirtschaft: eine Einführung mit Anwendungen und Kontrollfragen; mit Tabellen / von Egon Jehle. Unter Mitw. von Klaus Müller und H. Michael. – 5., überarb. und erw. Aufl. – Heidelberg: Verl. Recht und Wirtschaft, 1999

(Grundstudium Betriebswirtschaftslehre; Bd. 4)

ISBN 3-8005-2043-5

ISBN 3-8005-2043-5

Satz: ProSatz Unger, 69469 Weinheim

Druck und Verarbeitung: Wilhelm & Adam, Werbe- und Verlagsdruck GmbH, 63150 Heusenstamm

Umschlagentwurf: Horst König, 67067 Ludwigshafen

♾ Gedruckt auf säurefreiem, alterungsbeständigem Papier, hergestellt aus chlorfrei gebleichtem Zellstoff (TCF-Norm)

Printed in Germany

Vorwort zur 5. Auflage

In die jetzt vorliegende 5. Auflage des Buches sind im Wesentlichen folgende Themen der Produktionswirtschaft neu aufgenommen worden:

– Arbeitszeitflexibilisierung
– Planung der Materialbeschaffung
– PPS-System
– Produktionsnetzwerke

Frau Dipl.-Kff. A. Sonnek, Frau Dipl.-Kff. C. Stippel, Herrn Dr. H. Wiethoff, Herrn Dipl.-Kfm. F. Stüllenberg, Herrn Dipl.-Kfm. M. Kaczmarek, Herrn Dipl.-Kfm. H. Schweier, Herrn Dipl.-Kfm. A. Wiesehahn und Herrn Prof. Dr. Th. Plümer, Hochschule Harz, danke ich für die Hilfe bei der Erstellung der 5. Auflage dieses Buches.

Dortmund, April 1999   *Der Verfasser*

Vorwort zur 1. Auflage

Das vorliegende Buch soll Studenten von Universitäten, Fachhochschulen und Berufsakademien sowie interessierten Personen aus der Praxis von Unternehmen und Verbänden umfassende Grundkenntnisse im Fach Produktionswirtschaft vermitteln.

Der Leser wird in einem ersten Teil mit den am Produktionsprozeß beteiligten Produktionsfaktoren – menschliche Arbeit, Betriebsmittel und Werkstoffe – vertraut gemacht. In diesem Zusammenhang werden insbesondere Ergiebigkeitskomponenten dieser Faktoren herausgearbeitet und typische Entscheidungsprobleme im Hinblick auf deren Einsatz analysiert.

Der letzte Abschnitt dieses ersten Teiles ist ausgewählten Problemen der Fertigung gewidmet. Nach Systematisierung der Fertigungsverfahren werden Probleme der Allgemeinen und Speziellen Arbeitsvorbereitung in den Vordergrund des Interesses gerückt. Im Rahmen der Speziellen Arbeitsvorbereitung wird ausführlich auf die operative Fertigungsprogrammplanung sowie die Reihenfolgeplanung eingegangen und diese durch Beispiele unter Rückgriff auf einfache Rechenverfahren näher erläutert.

Im zweiten Teil setzt sich das vorliegende Buch mit den Grundlagen der Produktionstheorie auseinander. Um dessen einführenden Charakter zu wahren, werden allerdings nur die Produktionsfunktionen vom Typ A und B ausführlich analysiert. Im Rahmen der Darstellung dieser Funktionen wird auf eine rechenhafte Behandlung von produktionstheoretischen Entscheidungsproblemen (z. B. Minimalkostenkombination, optimaler Leistungsgrad) besonderen Wert gelegt.

Im Mittelpunkt des dritten Teiles, der die kostentheoretischen Grundlagen der Produktionswirtschaft behandelt, steht die Analyse der betrieblichen Anpassungsprozesse und ihrer kostenmäßigen Konsequenzen.

Anwendungen der in den ersten drei Teilen des Buches vermittelten produktionswirtschaftlichen Erkenntnisse sind Gegenstand des vierten Teiles. Besonderer Raum wird hierbei den kombinierten Anpassungsprozessen gewidmet.

Das Buch schließt mit ausgewählten Kontrollfragen und Aufgaben mit Lösungen aus dem Gebiet der Produktionswirtschaft.

Dieses Buch versteht sich als eine Einführung in die Produktionswirtschaft. Um diesem Charakter der Abhandlung Rechnung zu tragen, ist die mathematische Behandlung des Lehrstoffes auf das unbedingt Notwendige reduziert. Diesem Ziel dient auch die bewußte Darstellung der vermittelten Lehrinhalte anhand ausgewählter Rechenbeispiele.

Herrn Dipl.-Kfm. Hartmut Wiethoff danken wir für seine Hilfe bei der Erstellung der 2. Auflage dieses Buches. Besonderer Dank gilt jedoch Herrn Professor Dr. Gert v. Kortzfleisch, der uns beim Zustandekommen des Buches stets großzügig unterstützt hat.

Dortmund, August 1985   *Die Verfasser*

Inhaltsverzeichnis

Zweiter Teil
Produktionstheoretische Grundlagen

Dritter Teil
Kostentheoretische Grundlagen

Vierter Teil
Anwendungen

Fünfter Teil

Kontrollfragen und Aufgaben

Abkürzungsverzeichnis

a. a. O.	am angegebenen Ort
Abb.	Abbildung
Atlg.	Abteilung
Aufl.	Auflage
Bd.	Band
DB	Deckungsbeitrag
ders.	derselbe
d. h.	das heißt
etc.	et cetera
FE	Faktormengeneinheit(en)
g	Gramm
GE	Geldeinheit(en)
GP	Grenzproduktivität
ha	Hektar
hrsg.	herausgegeben
HWB	Handwörterbuch der Betriebswirtschaft
HWProd.	Handwörterbuch der Produktion
Jg.	Jahrgang
kg	Kilogramm
konst.	konstant
m^3	Kubikmeter
max.	maximal(e)
ME	Mengeneinheit(en)
min.	minimal(e)
Min.	Minute(n)
MKK	Minimalkostenkombination
p. a.	pro anno
R	Reagibilitätsgrad
S.	Seite
Sp.	Spalte
Stck.	Stück
Std.	Stunde
t	Tonne(n)
TLE	technische Leistungseinheit
u. a.	unter anderem
usw.	und so weiter
v.	von
vgl.	vergleiche
z. B.	zum Beispiel
ZE	Zeiteinheit(en)
ZfB	Zeitschrift für Betriebswirtschaft
ZfbF	Zeitschrift für betriebswirtschaftliche Forschung
ZfhF	Zeitschrift für handelswissenschaftliche Forschung
ZfO	Zeitschrift für Organisation

Erster Teil
Grundlagen der Produktion

1. Begriff der Produktion und ein System von Produktionsfaktoren

„Eine Leistungserstellung, die außer Arbeitsleistungen und Betriebsmitteln auch den Faktor Werkstoffe enthält, ist eine Produktion"[1]. Diese Definition von *Gutenberg* umfaßt die wichtigsten der am Produktionsprozeß beteiligten Einsatzfaktoren (Produktionsfaktoren): Menschliche Arbeit, Betriebsmittel, Werkstoffe und den dispositiven Faktor. Die ersten drei der genannten Produktionsfaktoren bilden die **Elementarfaktoren** der Produktion. Es sind dies die grundlegenden produktiven Einsatzfaktoren in noch unkombiniertem Zustand. Zum Zweck der Leistungserstellung müssen die Elementarfaktoren kombiniert werden. Der **Kombinationsprozeß** wird durch den dispositiven Faktor bewirkt, der alle zur Leistungserstellung erforderlichen Planungs-, Entscheidungs- und Organisationsaktivitäten umfaßt.

Das System der Produktionsfaktoren von *Gutenberg* muß im Blick auf heutige Produktionsverhältnisse in den Unternehmen um den Produktionsfaktor **„Wissen"** bzw. **„Information"** erweitert werden. Informationen als zweckorientiertes Wissen werden vom dispositiven Faktor benötigt, um den Kombinationsprozeß (Produktionsprozeß, Transformationsprozeß) optimal zu steuern. Wissen bzw. Information ist sachlogisch den Elementarfaktoren zuzurechnen.

Das so erweiterte System von Produktionsfaktoren, das in Abb. 1 noch einmal zusammenfassend dargestellt ist, liegt den weiteren Ausführungen zu-

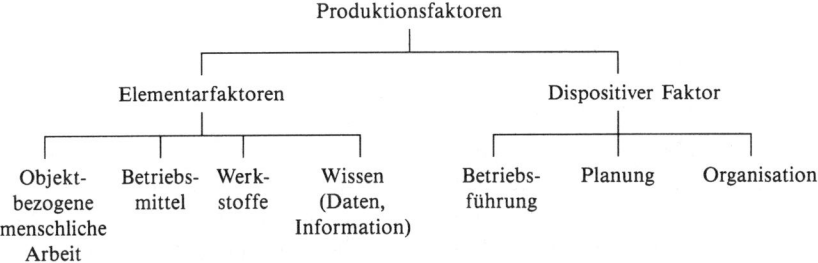

Abb. 1: System der Produktionsfaktoren nach Gutenberg erweitert um den Produktionsfaktor „Wissen (Daten, Information)"

---

1 *Gutenberg, E.*: Grundlagen der Betriebswirtschaftlehre, Band I, Die Produktion, 24. Aufl., Berlin/Heidelberg/New York 1983, S. 3.

grunde. Vor allem die Elementarfaktoren werden im folgenden noch schärfer herausgearbeitet, erläutert und analysiert[2].

2. Menschliche Arbeit als Produktionsfaktor

2.1 Menschliche Arbeitsleistung

Beim Einsatz der menschlichen Arbeit im Produktionsprozeß interessieren vor allem die Höhe der **menschlichen Arbeitsleistung** und deren Bestimmungsfaktoren. Diese läßt sich in Anlehnung an den physikalischen Arbeitsbegriff wie folgt definieren:

$$\text{Menschliche Arbeitsleistung} = \frac{\text{Nach Art und Menge determinierte Arbeit}}{\text{Zeit}}$$

Eine Messung der menschlichen Arbeitsleistung ist nur über Ersatzgrößen (indirekte Messung) möglich, wie z. B. über die Zahl der Arbeitsverrichtungen, die Vorgabezeit oder den realisierten Produktionsoutput. Zuverlässige Meßwerte lassen sich jedoch in der Regel nur für **objektbezogene** Arbeitsleistungen im Sinne *Gutenbergs* ermitteln. Dies sind alle diejenigen Tätigkeiten, die unmittelbar mit dem Leistungserstellungsprozeß zusammenhängen und von primär ausführender Art sind.

Nach *Gutenberg* lassen sich drei Arten von objektbezogenen Arbeitsleistungen unterscheiden[3]:

a) Arbeitsverrichtungen, die unmittelbar am Produkt vollzogen werden, wie z. B. Werkstatt- oder Montagearbeiten,

b) Maschinenbedienungsarbeiten, die mittelbar zur Produktentstehung beitragen, wie z. B. Einlegen von Werkstücken zur maschinellen Bearbeitung, Umrüsten der Maschine und

c) Steuerungs-, Kontroll- und Überwachungstätigkeiten im Produktionsbereich. Hierzu gehören Arbeiten von Vorarbeitern, Meistern, Kontrolleuren, Terminplanern usw.

2.2 Einflußgrößen auf die menschliche Arbeitsleistung

Die Betriebsführung ist an einem unter Produktivitäts- und Wirtschaftlichkeitsgesichtspunkten optimalen Einsatz der menschlichen Arbeit interessiert. Um dieses Ziel zu erreichen, benötigt sie Kenntnisse über deren Einflußgrößen. Es fehlt im betriebswirtschaftlichen Schrifttum nicht an Versuchen, die

---

2 Dem dispositiven Faktor wird in dieser Arbeit wegen Seitenbeschränkungen kein eigenständiges Kapitel gewidmet. Betriebsführungs-, Planungs- und Organisationsaspekte der Produktionswirtschaft werden jedoch soweit erforderlich fallweise in den verschiedenen Kapiteln mitbehandelt.

3 *Reichwald, R.*: Arbeit als Produktionsfaktor, München/Basel 1977, S. 43 f.

zahlreichen und vielfältigen Determinanten der menschlichen Arbeitsleistung zu systematisieren. Das im folgenden zugrundegelegte System von Bestimmungsfaktoren, das der Arbeit von *Pfeiffer, Dörrie, Stoll* entnommen wurde, gilt auch heute noch als das vorherrschende Einflußgrößenmodell[4].

2.2.1 Intrapersonelle Einflüsse

Unter intrapersonellen Einflußgrößen werden alle Bestimmungsfaktoren der menschlichen Arbeitsleistung zusammengefaßt, die im wesentlichen im Arbeitenden selbst begründet sind. Hierzu zählen in erster Linie die **Leistungsfähigkeit** und die **Leistungsbereitschaft** des arbeitenden Individuums.

2.2.1.1 Leistungsfähigkeit

Die Leistungsfähigkeit bringt das maximale Potential an unterschiedlichsten Eigenschaften eines Menschen zum Ausdruck[5]. Diese Maximalleistung kann von einem Individuum jedoch nur unter besonderen Bedingungen und nur für kurze Zeit erbracht werden. Im Hinblick auf die Einflußfaktoren der Leistungsfähigkeit ist zwischen generellen und spezifischen Determinanten zu unterscheiden[6]. Zu den **generellen** Faktoren sind die angeborenen Anlagen eines Menschen und deren Entfaltung durch Wachstum, Lernen und Übung zu zählen. Der Grad der Entfaltung dieser Anlagen kann im Zeitablauf durch betriebliche Schulungsmaßnahmen (Ausbildung, Weiterbildung, Fortbildung) und/oder durch Lern- und Übungsprozesse im Rahmen der Durchführung der produktiven Tätigkeiten direkt beeinflußt werden. Das betriebliche Schulungswesen und tätigkeitsbezogene Lern- und Übungsprozesse bilden somit wichtige **spezifische** Determinanten der Leistungsfähigkeit des Menschen. In diese Kategorie von Bestimmungsfaktoren sind weiterhin das Geschlecht und das Alter eines Menschen einzuordnen.

2.2.1.2 Leistungsbereitschaft

Die Leistung des arbeitenden Menschen ist nicht nur von seiner Leistungsfähigkeit abhängig, sondern auch von seiner Bereitschaft zur Leistung. Die **Leistungsbereitschaft** umfaßt eine physiologische (= körperliche Disposition) und eine psychologische Komponente (= Leistungswillen)[7]. Die **kör-**

---

4 *Pfeiffer, W., Dörrie, U.* und *Stoll, E.*: Menschliche Arbeit in der industriellen Produktion, Göttingen 1977, S. 20.

5 *Wagner, H.*: Die Bestimmungsfaktoren der menschlichen Arbeitsleistung im Betrieb, Wiesbaden 1966; vertiefend auch *Corsten, H.*: Produktionswirtschaft: Einführung in das industrielle Produktionsmanagement, 7., vollst. überarb. u. wesentl. erw. Aufl., München u.a. 1998, S. 264 ff.

6 *Berthel, J.*: Personal-Management, Grundsätze für Konzeptionen betrieblicher Personalarbeit, 5., aktual. u. korr. Aufl., Stuttgart 1997, S. 37 ff.; *Hansmann, K.-W.*: Industrielles Management, 5., überarb. u. wesentl. erw. Aufl., München u.a. 1997, S. 176; *Pfeiffer, W., Dörrie, U.* und *Stoll, E.*, a.a.O., S. 21 ff.

7 *Berthel, J.*, a.a.O., S. 38; *Corsten, H.*, a.a.O., S. 267; *Pfeiffer, W., Dörrie, U.* und *Stoll, E.*, a.a.O., S. 38 ff.

perliche Disposition wird im wesentlichen von der **Tagesrhythmik** und bestimmten **Ermüdungs- und Erholungsvorgängen** im menschlichen Organismus beeinflußt. Nach der empirisch ermittelten physiologischen Arbeitskurve (= Tagesrhythmikkurve) liegen die Leistungsmaxima (Leistungsminima) des arbeitenden Menschen in den Morgenstunden zwischen 7 und 9 Uhr und in der Zeit der späten Nachmittags- und frühen Abendstunden (in den frühen Nachmittagsstunden gegen 15 Uhr und in der Nacht gegen 3 Uhr).

Tagesrhythmik sowie biologische, arbeitsbedingte und antriebsbedingte Ermüdungserscheinungen des Menschen haben für die betriebliche Arbeitsgestaltung, Pausenregelung und Festlegung der täglichen Arbeitszeit bedeutsame Konsequenzen. Diese Aktionsparameter sind so zu gestalten, daß stärkere negative Auswirkungen auf die Leistungsbereitschaft der Arbeitskräfte ausbleiben[8].

Inwieweit der **Leistungswille** als zweite Determinante der Leistungsbereitschaft des Menschen aktiviert wird, hängt im wesentlichen vom Ausmaß der Befriedigung seiner arbeitsbezogenen Bedürfnisse ab. Früher wurde in Anlehnung an den Taylorismus unterstellt, daß das einzige Ziel des Individuums die Maximierung des Geldeinkommens sei. Die **Hawthorne-Experimente** und die betriebliche Erfahrung zeigen jedoch, daß der Mensch mit seiner Arbeit auch die Befriedigung einer Reihe von psychologischen und sozialpsychologischen Bedürfnissen anstrebt. Mit *Maslow* lassen sich die Bedürfnisse eines Menschen allgemein und arbeitsbezogen wie folgt klassifizieren[9].

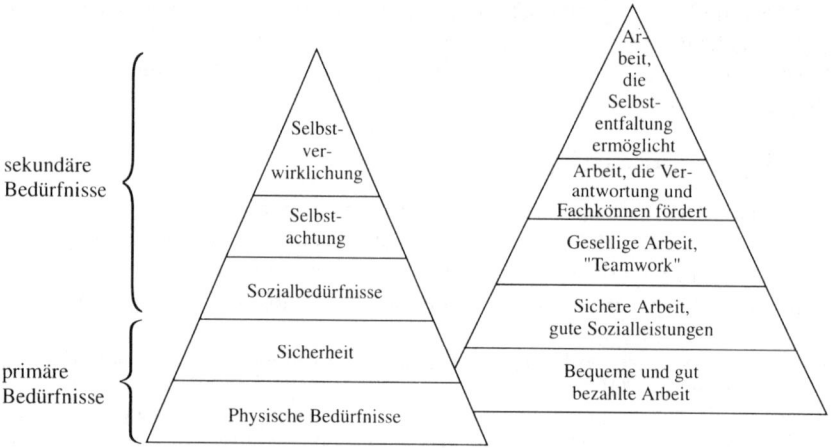

sekundäre Bedürfnisse	Selbst-ver-wirklichung	Arbeit, die Selbstentfaltung ermöglicht
	Selbst-achtung	Arbeit, die Verantwortung und Fachkönnen fördert
	Sozialbedürfnisse	Gesellige Arbeit, "Teamwork"
primäre Bedürfnisse	Sicherheit	Sichere Arbeit, gute Sozialleistungen
	Physische Bedürfnisse	Bequeme und gut bezahlte Arbeit

Abb. 2: Bedürfnistheorie von Maslow

---

8 *Corsten, H.*, a.a.O., S. 26 f.
9 Siehe *Berthel, J.*, a.a.O., S. 16 ff. und S. 21 ff.; *Kupsch, P. U., Marr, R.*: Personalwirtschaft, in: *Heinen, E.* (Hrsg.): Industriebetriebslehre, Entscheidungen im Industriebetrieb, 9. Aufl., Wiesbaden 1991, S. 729–896, hier S. 739; *Warnecke, H. J.*: Die Fraktale Fabrik, Revolution der Unternehmenskultur, 3. Aufl., Reinbek bei Hamburg, 1996, S. 50 ff.

Das Kernstück der Bedürfnistheorie von *Maslow* bildet seine These, wonach „höhere" (sekundäre) Bedürfnisse erst handlungsrelevant werden, wenn die Bedürfnisse „niederer" Ordnung (primäre Bedürfnisse) ausreichend befriedigt sind (= **Bedürfnishierarchiethese**). Die Gültigkeit dieser These ist umstritten[10]. Dennoch liefert diese Theorie einen brauchbaren, nämlich heuristisch relevanten Ausgangspunkt für die Analyse von Einflußfaktoren des Leistungswillens als Determinante der Leistungsbereitschaft des Individuums. Es sind dies im wesentlichen die Art und Komplexität der Arbeitsaufgabe (funktionsbedingte Determinanten), die sozialen, sachlichen, räumlichen und zeitlichen Arbeitsbedingungen (strukturbedingte Determinanten) sowie das Arbeitsentgelt, also vorwiegend extrapersonelle Einflußfaktoren[11].

2.2.2 Extrapersonelle Einflüsse

2.2.2.1 Art und Komplexität der Arbeitsaufgabe

Die **Art** und **Komplexität** einer bestimmten Arbeitsaufgabe als Bestimmungsgrößen des individuellen Leistungswillens kommen in deren **Anforderungsprofil** zum Ausdruck[12]. Im Schrifttum werden normalerweise folgende Anforderungsarten genannt: Kenntnisse, geistige Belastung, Geschicklichkeit, muskelmäßige Belastung, Verantwortung und Umweltbedingungen. Die Art der Arbeitsaufgabe wird durch den Inhalt des Anforderungsprofils festgelegt. Deren Komplexität ergibt sich hingegen aus der Anzahl der Anforderungsarten.

Inwieweit Art und Komplexität einer bestimmten Arbeitsaufgabe leistungsmotivierende Wirkungen ausüben, läßt sich nicht losgelöst vom Eignungsprofil des jeweiligen Aufgabenträgers beurteilen. Im allgemeinen gilt, daß von einer bestimmten Tätigkeit dann die größten leistungssteigernden Effekte ausgehen, wenn das Anforderungs- und Eignungsprofil übereinstimmen.

Das Anforderungsprofil einer Aufgabe wird von der **Technologie** der eingesetzten Arbeitsverfahren (Mechanisierung, Teilautomatisierung, Automation) und dem **Grad der Arbeitsteilung** wesentlich geprägt. Unsere Wirtschaft ist durch eine starke artmäßige Arbeitsteilung und durch den vermehrten Einsatz vollautomatischer Arbeitsverfahren gekennzeichnet. Starke artmäßige Arbeitsteilung, die häufig mit einer Verringerung der Komplexität von Arbeitsaufgaben einhergeht, ist nicht selten mit negativen Auswirkungen auf die Arbeitszufriedenheit und damit den Leistungswillen der Arbeitskräfte verbunden. Auch der Trend zu immer höheren Stufen der technischen Entwicklung

---

10 Vgl. hierzu *Corsten, H.*, a.a.O., S. 270 ff. und *Jehle, E.*: Unternehmung und gesellschaftliche Umwelt, Stuttgart 1980, S. 108 f.
11 *Berthel, J.*, a.a.O., S. 40; *Corsten, H.*, a.a.O., S. 265; *Pfeiffer, W., Dörrie, U.* und *Stoll, E.*, a.a.O., S. 48 f.
12 *Berthel, J.*, a.a.O., S. 35 und 119 ff.; *Corsten, H.*, a.a.O., S. 282 f.; *Pfeiffer, W., Dörrie, U.* und *Stoll, E.*, a.a.O., S. 56 ff.; *Hansmann, K.-W.*, a.a.O., S. 170 ff.; *Kupsch, P. U., Marr, R.*, a.a.O., S. 806 ff.

führt in vielen Fällen zu einer Verarmung der menschlichen Arbeit und als Konsequenz dessen zu einem Abbau an Leistungsmotivation[13]. Diesen negativen Effekten der Arbeitsteilung und Automation versucht man heute im Rahmen der Humanisierung von Arbeitsplätzen durch Aufgabenerweiterung (job enlargement und job enrichment) und wechselseitigen Aufgabentausch (job rotation) entgegenzuwirken.

Job Enlargement (Arbeitserweiterung) erweitert das Aufgabenspektrum des Mitarbeiters um Tätigkeiten gleicher Struktur und gleichartigen Schwierigkeitsgrades. So können zum Beispiel mehrere Montageschritte an einem Montagearbeitsplatz zusammengefaßt werden. Die Verarmung und Monotonie der menschlichen Arbeit in einem System der Arbeitsteilung können jedoch bei einer bloßen Erweiterung des Aufgabenfeldes nur zum Teil aufgehoben werden.

Eine nicht nur horizontale sondern auch vertikale Integration der Arbeitsaufgaben nimmt das **Job Enrichment** vor. Hierbei werden dem gewöhnlichen Arbeitsschema kontrollierende, planende und steuernde Tätigkeiten sowie Entscheidungsbefugnisse hinzugefügt. Ein Arbeitnehmer kann somit zusätzlich zu seinen bisherigen Aufgaben z. B. für die Materialbestellung, Einsatzplanung, Instandhaltung und Qualitätskontrolle zuständig sein. Die Ziele dieser Arbeitsbereicherung liegen zum einen in der optimalen Nutzung und Entwicklung des Qualifikationspotentials der Mitarbeiter und zum anderen in der Motivation der Mitarbeiter durch Eigenverantwortlichkeit und hochwertige Aufgaben.

Das vielseitig einsatzfähige Prinzip **Job Rotation** ergänzt das Tätigkeitsfeld der Arbeitnehmer durch regelmäßigen Arbeitsplatztausch. Diese Arbeitsorganisation berührt den herrschenden Grad der Spezialisierung in der Fertigung nur geringfügig und erreicht lediglich eine Erweiterung des Tätigkeitsfeldes in quantitativer Hinsicht. Dafür erhalten die Arbeitnehmer aber einen besseren Überblick über die betrieblichen Abläufe und somit auch ein besseres Gesamtverständnis ihrer Aufgaben im Leistungserstellungsprozeß. Aufgrund der hohen Anforderungen, die Job Rotation an die Flexibilität des einzelnen Arbeitnehmers stellt, sollte die Rotationsdauer an die spezifischen Aufgabenfelder angepaßt werden.

Bearbeitet und organisiert eine Gruppe von Mitarbeitern in Eigenverantwortung einen ganzen Aufgabenkomplex, so spricht man von **Teilautonomen Gruppen**. Diese bilden die umfassendste Ausweitung des Handlungsspielraumes der Arbeitnehmer. Gruppenleitung, Auswahl der Gruppenmitglieder und Aufgabenverteilung werden von der Gruppe eigenständig durchgeführt. Dabei können in Teilautonomen Gruppen sowohl Job Enlargement und Job Rotation als auch Job Enrichment praktiziert werden. Bei einer vergleichbaren

---

13 *Corsten, H.*, a. a. O., S. 287.

Qualifikation der beteiligten Mitarbeiter ist es Teilautonomen Gruppen möglich, Fehlzeiten aufzufangen und Ausnahmesituationen zu bewältigen.

Job Rotation, Job Enlargement und Job Enrichment stellen unterschiedliche Anforderungen an den Fertigungsablauf. Während sich Job Rotation auch in stark spezialisierten Massenfertigungsbetrieben einsetzen läßt, sind Job Enrichment, Job Enlargement und Teilautonome Gruppen aufgrund ihres Einflusses auf den Fertigungsablauf und auf den Grad der Arbeitsteilung auf flexiblere Formen der Fertigung angewiesen.

Bahnbrechend für die praktische Umsetzung solcher Leitbilder der Arbeitsstrukturierung war die Entwicklung der Informations- und Kommunikationssysteme in Produktion und Verwaltung[14].

2.2.2.2 Soziale Arbeitsumweltbedingungen

Neben der Art und Komplexität der Arbeitsaufgabe beeinflussen auch die **sozialen Arbeitsumweltbedingungen** die Leistungsbereitschaft der Arbeitskräfte[15]. In diesem Zusammenhang sind insbesondere **Gruppeneinflüsse**, der Führungsstil von Vorgesetzten sowie die **Leitungsorganisation** des Betriebes zu nennen. Durch die Zugehörigkeit des Menschen zu einer formalen oder informellen Gruppe im Betrieb kann dieser eine gewisse Befriedigung seiner sozialen Bedürfnisse und seiner Bedürfnisse nach Wertschätzung erfahren, die sich leistungsmotivierend auswirken kann. Bei Belästigungen am Arbeitsplatz (Mobbing) können allerdings leistungsvermindernde Effekte auftreten. Der Leistungswille eines Individuums kann weiterhin durch Gruppennormen positiv oder negativ beeinflußt werden.

Im betriebswirtschaftlichen Schrifttum wird zwischen einem **autoritären** und **partizipativen** Führungsstil unterschieden. Von der Existenz eines partizipativen Führungsstils wird in der Regel angenommen, daß er sich unter bestimmten situativen und motivationalen Bedingungen positiv auf die individuelle Leistungsbereitschaft auswirkt. Derartige Leistungseffekte werden auch von der Einführung der **Mitbestimmung** im Betrieb erwartet.

2.2.2.3 Sachliche Arbeitsumweltbedingungen

Von der Gestaltung der **sachlichen Arbeitsumweltbedingungen** wird sowohl die Leistungsfähigkeit eines Individuums als auch dessen Leistungsbereitschaft beeinflußt[16]. Zur vollen Ausschöpfung und Erhaltung der subjektiven

---

14 Vgl. zu den vorgestellten Konzepten auch *Reichwald, R., Dietel, B.*: Produktionswirtschaft, in: *Heinen, E.* (Hrsg.): Industriebetriebslehre, Entscheidungen im Industriebetrieb, 9., vollst. neu überarb. u. erw. Aufl. Wiesbaden 1991, S. 395–623, hier S. 440 ff.; *Berthel, J.*, a.a.O., S. 273 ff.; *Corsten, H.*, a.a.O., S. 287 ff.; *Kupsch, P. U., Marr, R.*, a.a.O., S. 804 ff.

15 *Berthel, J.*, a.a.O., S. 108 und S. 364 ff.; *Corsten, H.*, a.a.O., S. 290 ff.; *Hansmann, K.-W.*, a.a.O., S. 172; *Pfeiffer, W., Dörrie, U.* und *Stoll, E.*, a.a.O., S. 83 ff.

16 *Berthel, J.*, a.a.O., S. 342 ff. und S. 363 f.; *Corsten, H.*, a.a.O., S. 301 f.

Leistungsfähigkeit sind vor allem eine optimale Informationsversorgung des Arbeitenden und eine bedienungsgerechte sowie den sicherheitstechnischen Erfordernissen entsprechende Gestaltung des Arbeitsplatzes erforderlich.

Unter dem Aspekt einer optimalen **Informationsversorgung** ist in erster Linie auf eindeutige und vollständige Arbeitsanweisungen sowie auf eine optimale Gestaltung von Ableseinstrumenten Wert zu legen. Die **bedienungsgerechte** Gestaltung des Arbeitsplatzes zielt hingegen auf eine körpergerechte Griffhaltung der zur Erfüllung der Arbeitsaufgabe benötigten Arbeitsmittel. Deren Handgriffe sollten in Abmessung, Form und Material der menschlichen Hand angepaßt sein. Die Berücksichtigung der **sicherheitstechnischen** Erfordernisse ist vor allem unter dem Aspekt der Erhaltung der individuellen Leistungsfähigkeit von Bedeutung. Hierdurch wird in erster Linie eine Minimierung von Betriebsunfällen angestrebt. Diese können durch sicherheitsgefährdende Arbeitsbedingungen (z. B. Fehlen von Schutzvorrichtungen), sicherheitsgefährdende Handlungen von Arbeitskräften (z. B. zu hohe Arbeitsgeschwindigkeit) oder durch eine Reihe unvermeidbarer Ursachen bedingt sein.

Die Gestaltung der sachlichen Arbeitsumweltbedingungen hat auch Einfluß auf die Leistungsbereitschaft von Arbeitskräften. Im Interesse einer bestmöglichen körperlichen Disposition ist eine körpergrößen- und körperfunktionsgerechte Gestaltung des Arbeitsplatzes zu verwirklichen. Mit der **körpergrößengerechten** Gestaltung beschäftigt sich die Anthropometrie. Im Rahmen von anthropometrischen Aktivitäten geht es insbesondere um die körpergerechte Bestimmung der Arbeitshöhe, der Sitz- bzw. Standhöhe, des Greifraumes und des Wirkraumes der Beine des Arbeitenden. Die **körperfunktionsgerechte** Gestaltung der sachlichen Arbeitsbedingungen zielt hingegen auf eine dem menschlichen Organismus angepaßte Arbeitsweise und auf die Herstellung einer menschengerechten physikalischen Arbeitsumgebung durch Schaffung optimaler Klima-, Lärm-, Beleuchtungs-, Schwingungs- und Staubverhältnisse.

2.2.2.4 Zeitliche Arbeitsumweltbedingungen

Die Gestaltung der zeitlichen Arbeitsumweltbedingungen – Regelung der Pausen und der Arbeitszeit –, die vornehmlich im Interesse einer Steigerung der individuellen Leistungsbereitschaft erfolgt, muß sich im Rahmen bestimmter gesetzlicher Vorschriften und tariflicher Vereinbarungen vollziehen: Arbeitszeitordnung, Gewerbeordnung, Jugendarbeitsschutzgesetz, Mutterschutzgesetz, usw.[17].

Pausen sind erforderlich, um den durch Ermüdungserscheinungen beim Arbeitenden hervorgerufenen Leistungsabfall auszugleichen. Die Pausenrege-

---

17 *Pfeiffer, W., Dörrie, U.* und *Stoll, E.*, a. a. O., S. 126 ff.

lung hat im einzelnen die Anzahl und die Dauer dieser Arbeitsunterbrechungen sowie deren Einbau in den Tagesablauf festzulegen. Hierbei sind Kenntnisse über den Verlauf der Ermüdungs-, Erholungs-, Übungs- und Tagesrhythmikkurve unabdingbar. Einschlägige arbeitsphysiologische Untersuchungen zeigen, daß von vielen, relativ kurzen Pausen die größten leistungsfördernden Wirkungen ausgehen.

Bei der Festlegung der Zahl und Dauer der Pausen im Tagesablauf sind jedoch auch betriebsspezifische Bedingungen zu beachten. So werden Betriebe mit einem hohen Anteil an geistigen Arbeiten eine andere Pausenregelung aufweisen als Unternehmen, in denen die körperliche Arbeit überwiegt. Auch die Technologie der eingesetzten Produktionsverfahren kann eine betriebsspezifische Pausenregelung erfordern, z.B. bei Zwangslauffertigung[18].

Die Leistungsbereitschaft des Arbeitenden wird weiterhin von der **Arbeitszeitregelung** wesentlich beeinflußt. Maßnahmen zur Regelung der Arbeitszeit beziehen sich auf die Festlegung der in einer Periode zu leistenden Arbeitsstunden (z.B. pro Woche), die Bestimmung von Beginn und Ende der täglichen und wöchentlichen Arbeitszeit und die Regelung von Urlaubszeit und -dauer[19].

Die Höchstdauer der Arbeitszeit in einer bestimmten Periode ist durch gesetzliche Bestimmungen und tarifliche Vereinbarungen weitgehend festgelegt. Zur Disposition des Betriebes steht lediglich eine Arbeitszeitverkürzung bei Zahlung eines Lohnausgleichs.

Bei der Festlegung von Beginn und Ende der täglichen Arbeitszeit ist zwischen einer festen und gleitenden Arbeitszeitregelung zu unterscheiden. Die Fixierung der täglichen Arbeitszeit kann auch den sogenannten Schichtbetrieb umfassen. Spät- und Nachtschichten führen in der Regel zu einem Leistungsabfall bei den Arbeitskräften. Dennoch kann Schichtarbeit aus wirtschaftlichen Gründen zweckmäßig sein, etwa um die Leerkosten bei kapitalintensiven Anlagen zu senken.

Im Rahmen der **gleitenden** Arbeitszeit haben die Arbeitskräfte die Möglichkeit, Beginn und Ende der täglichen Arbeitszeit unter Aufrechterhaltung der betrieblich fixierten Gesamtarbeitszeit selbst festzulegen. Im Hinblick auf den Grad der Selbstbestimmung ist zwischen der **einfach** gleitenden Arbeitszeit und der gleitenden Arbeitszeit mit **Zeitausgleich** zu unterscheiden. Für beide Varianten gilt normalerweise, daß der Arbeiter während der sogenannten Kernzeit anwesend sein muß. Nur bei der gleitenden Arbeitszeit mit Zeitausgleich besteht die Möglichkeit, von der betrieblich festgelegten Tagesarbeitszeit abzuweichen und den Zeitausgleich innerhalb eines längeren Zeitraumes vorzunehmen.

---

18 *Corsten, H.*, a.a.O., S. 302.
19 *Berthel, J.*, a.a.O., S. 354 ff.; *Corsten, H.*, a.a.O., S. 303; *Hansmann, K.-W.*, a.a.O., S. 196 f.

Bei der Bestimmung der Urlaubsdauer und deren Integration in den jährlichen Arbeitsprozeß laufen die Interessen der Belegschaftsmitglieder und des Betriebes häufig zuwider. Als ein für alle Beteiligten tragbarer Kompromiß hat sich in der Praxis eine Urlaubsregelung erwiesen, welche die gesamte Urlaubszeit aufspaltet in Werksferien und einen durch den Arbeiter frei disponierbaren Teil der Urlaubszeit.

Auch von den zur Zeit in Theorie und Praxis diskutierten Formen der **Arbeitszeitflexibilisierung** sind gewisse leistungsmotivierende Auswirkungen zu erwarten.

Maßnahmen der **Arbeitszeitflexibilisierung** tragen aber nicht nur zur Motivation der Mitarbeiter bei, sondern ermöglichen auch eine optimale Auslastung der technischen Anlagen bei voranschreitender Arbeitszeitverkürzung und gleichzeitiger Anpassung des Arbeitseinsatzes an die Auftragslage.

Eine Möglichkeit der Arbeitszeitflexibilisierung besteht in der Lösung der **Betriebszeit** von der Arbeitszeit. Im Idealfall wird eine siebentägige Betriebszeit angestrebt, die bei gleichbleibendem Arbeitsvolumen des Mitarbeiters durch eine Verschiebung seiner Arbeitszeiten erreicht wird.

Eine Erweiterung der Betriebszeit oder die Einführung von Teilzeitverträgen ermöglichen eine Arbeitszeitvariation, die effiziente Anpassungen an den Arbeitszeitbedarf und die Arbeitszeitinteressen vornimmt[20].

Die **kapazitätsorientierte variable Arbeitszeit** gibt dem Unternehmen die Möglichkeit, auf Beschäftigungsschwankungen zu reagieren, indem sie den Zeitpunkt der Leistungserbringung in das Entscheidungsfeld der Unternehmung verlegt. Der Arbeitnehmer erhält einen Arbeitsvertrag, der die Solleistung auf einen längeren Zeitraum festlegt. Innerhalb dieses Zeitraumes kann die Arbeitsleistung variabel abgefordert werden[21].

Die **variable Arbeitszeit** bezieht den Mitarbeiter in die Entscheidung über den Zeitpunkt und die Dauer der zu leistenden Arbeit mit ein. Die Koordination erfolgt durch Absprache entweder zwischen Unternehmen und Mitarbeiter, zwischen den betroffenen Mitarbeitern oder über implizite Koordination durch Anreizsysteme.

Zeitlich begrenzte Beschäftigungsanstiege können durch die Nutzung von Personalleasing abgefangen werden, um die Flexibilität der Produktion zu erhalten[22].

Auch eine Verlängerung des Berechnungszeitraumes kann die Anpassungsfähigkeit der Arbeitszeit erhöhen. Bei der sogenannten **Jahresarbeitszeit** kön-

---

20 *Hamel, W.*: Arbeitszeit, in: *Gaugler, E., Weber, W.* (Hrsg.): Handwörterbuch des Personalwesens, 2., neubearb. u. erg. Aufl., Stuttgart 1992, Sp. 442–458, hier Sp. 445; *Hansmann, K.-W.* a. a. O., S. 196 ff.

21 Zur kapazitätsorientierten und individuellen variablen Arbeitszeit vgl. *Corsten, H.*, a. a. O., S. 304.

22 *Berthel, J.*, a. a. O., S. 172.

nen sowohl Beschäftigungsschwankungen als auch individuelle Freizeitbedürfnisse berücksichtigt werden. **Zeitsparkonten**, die Überstunden und Resturlaub verrechnen, sowie Langzeiturlaub (**Sabbatical**) sind weitere Maßnahmen, die beiden Seiten, sowohl Arbeitgebern als auch Arbeitnehmern, Handlungsspielräume eröffnen.

Eine Möglichkeit, den individuellen Arbeitszeitbedürfnissen der Mitarbeiter nachzukommen, ist die **Teilzeitarbeit** auf der Basis des **Job Sharing**. Ein Vollzeit-Arbeitsplatz wird entweder zeitbezogen oder aufgabenbezogen auf zwei oder mehrere Mitarbeiter aufgeteilt. Die Koordination der Arbeit und die Verantwortung für die Aufgabenerfüllung übernehmen beide Job Sharing Partner gemeinsam [23].

Auch in Übergangssituationen am Anfang oder am Ende der Berufstätigkeit (**Altersteilzeit**) lassen sich Absprachen zwischen Unternehmen und Mitarbeitern treffen, die unter dem Begriff gleitender Übergang oder **Lebensarbeitszeit** zusammengefaßt werden. Die Länge der Teilzeitphase, ihre Positionierung zum Berufseintritt oder -austritt, die Anzahl der Anpassungsstufen und der Grad der Mitbestimmung der Arbeitnehmer sind dabei frei wählbar.

Eine hohe Arbeitsflexibilität und eine gesteigerte Leistungsbereitschaft des Arbeitenden ermöglichen insbesondere **telekooperative Arbeitsformen**.

Unter telekooperativen Arbeitsformen kann die Gesamtheit mediengestützter arbeitsteiliger Leistungserstellungsformen zwischen verteilten Aufgabenträgern, Organisationseinheiten und/oder Organisationen zusammengefaßt werden [24]. Im einzelnen können Telearbeit, Telemanagement und Teleleistung unterschieden werden [25].

Die **Telearbeit** setzt eine räumliche Trennung des Arbeitsortes und des Arbeitsverwendungsortes voraus. Diese Distanz wird durch eine elektronische Vernetzung, die den Informationsaustausch zwischen Auftraggeber und Telearbeiter ermöglicht, überbrückt [26]. In Abhängigkeit von zeitlichen, rechtlichen und räumlichen Kriterien [27] lassen sich unterschiedliche Telearbeitsformen (z. B. Vollzeit-Telearbeit, Bürozentrierte Telearbeit, Teleheimarbeit) unter-

---

23 *Berthel, J.*, a.a.O., S. 354–356; *Beyer, H. T.*: Arbeitszeitmodelle, in: *Gaugler, E., Weber, W.* (Hrsg.): Handwörterbuch des Personalwesens, 2., neubearb. u. erg. Aufl., Stuttgart 1992, Sp. 458–471, hier Sp. 463 ff.; *Corsten, H.*, a.a.O., S. 304; *Hamel, W.*, a.a.O., Sp. 455 ff.; *Kupsch, P. U., Marr, R.*, a.a.O., S. 811 ff.
24 Vgl. *Reichwald, R., Möslein, K., Sachenbacher, H., Englberger, H.* und *Oldenburg, S.*: Telekooperation: Verteilte Arbeits- und Organisationsformen, Berlin u.a. 1998, S. 65.
25 Vgl. ebenda, S. 75.
26 Vgl. auch *Kordey, N.* und *Korte, W.*: Telearbeit erfolgreich realisieren: Das umfassende, aktuelle Handbuch für Entscheidungsträger und Projektverantwortliche, Braunschweig u.a. 1996, S. 10 f., *Reichwald, R., Möslein, K., Sachenbacher, H., Englberger, H.* und *Oldenburg, S.*, a.a.O., S. 79.
27 Vgl. zu weiteren Unterscheidungskriterien *Wollnik, M.*: Telearbeit, in: HWO, 3. Aufl., Stuttgart 1992, Sp. 2401 ff.

scheiden, wobei insbesondere von der **alternierenden Teleheimarbeit** positive Auswirkungen auf Arbeitsproduktivität und -flexibilität berichtet werden[28]. Für die Unternehmen bietet die Arbeitsform darüber hinaus Kostenersparnisse durch eingesparte Büroflächen und die Möglichkeit des bedarfsgerechten Einsatzes der Mitarbeiter.

Das **Telemanagement** umfaßt alle Aspekte der Führung und Koordination von Telearbeit. Die räumliche Trennung von Führungskraft und Mitarbeiter erfordert einen Führungsstil, in dessen Zentrum die konkrete Zielvorgabe und die Delegation von Entscheidungsbefugnissen stehen. Die physische Anwesenheitskontrolle als klassischer Bestandteil der Führungsaufgabe wird weitgehend durch das Vertrauen in die Leistungsfähigkeit und Zielorientierung der Mitarbeiter ersetzt. Dieser **kooperative Führungsstil** setzt sowohl qualifizierte Führungskräfte als auch eine hohe Selbständigkeit und Eigenverantwortlichkeit der Mitarbeiter voraus[29].

„**Teleleistungen** sind Informationsprodukte, welche mit Hilfe der neuen Telemedien auch über räumliche Entfernung hinweg angeboten, nachgefragt und ausgetauscht werden können[30]." Das Produktspektrum ist von großer Vielfalt und umfaßt Verwaltungsleistungen (z. B. Teleberatung) und Ausbildungsleistungen (z. B. Telelearning) bis hin zu elektronischen Handelssystemen (z. B. Tele-Brokering). Daher wird den Teleleistungen ein gewisses Potential zur Standortsicherung und Beschäftigungsverbesserung zugeschrieben[31].

2.2.2.5 Arbeitsmethodik

Schließlich ist noch die zum Einsatz kommende **Arbeitsmethodik** als extrapersonelle Einflußgröße der menschlichen Arbeitsleistung zu nennen. Dieser Begriff umfaßt alle Regeln, derer sich die Arbeitskraft im Rahmen eines gegebenen Sachsystems bei der Durchführung einer bestimmten Arbeitsaufgabe bedient[32]. Die spezifische Arbeitsmethodik übt vor allem über die körperliche Disposition und den Leistungswillen einen Einfluß auf die menschliche Arbeitsleistung aus.

---

28 Vgl. *Arz, H.* und *Wiesehahn, A.*: Alternierende Telearbeit bei den LVM-Versicherungen: Entwicklung und Erfahrungen, in: *Deges, F.* (Hrsg.): Einsatz interaktiver Medien im Unternehmen, Stuttgart 1999, S. 227–246; *Glaser, W. R.* und *Glaser, M. O.*: Telearbeit in der Praxis: Psychologische Erfahrungen mit Außerbetrieblichen Arbeitsstätten bei der IBM Deutschland GmbH, Neuwied u. a. 1995; *Niggl, M.*: Teleworking als innovative Form organisationaler Zusammenarbeit – Ein erster Erfahrungsbericht zur Einführung von alternierender Telearbeit bei der BMW AG, in: Zeitschrift für Arbeitswissenschaften, Nr. 4, 51. Jg. (1997), S. 259–266.

29 Vgl. auch *Rensmann, J. H.* und *Gröpler, K.*: Telearbeit: Ein praktischer Wegweiser, Berlin u. a. 1998, S. 119 f.

30 *Reichwald, R., Möslein, K., Sachenbacher, H., Englberger, H.* und *Oldenburg, S.*, a. a. O., S. 169, Hervorhebung nicht im Original.

31 Vgl. ebenda, S. 170.

32 *Corsten, H.*, a. a. O., S. 304 ff.; *Pfeiffer, W., Dörrie, U.* und *Stoll, E.*, a. a. O., S. 157.

Die größten leistungssteigernden Effekte gehen von Arbeitsmethoden aus, bei deren Gestaltung Ergebnisse von systematischen Bewegungsstudien Berücksichtigung gefunden haben. Danach ist Voraussetzung einer optimalen Arbeitsmethode, daß sie nach den Prinzipien der Bewegungsvereinfachung, der Bewegungsverdichtung sowie der Mechanisierung von Bewegungen und Bewegungsabläufen erfolgt[33].

2.2.3 Arbeitsentgelt

Die wohl wichtigste Einflußgröße der menschlichen Arbeitsleistung ist im **Arbeitsentgelt** als Ausdruck aller vom Betrieb geleisteten materiellen Zahlungen an die Arbeitskräfte zu erblicken. Innerhalb des Arbeitsentgeltes kommt dem **Lohn** eine hervorragende Bedeutung zu. Die Schaffung eines aus der Sicht des Arbeitnehmers gerechten Entlohnungssystems stellt deshalb eine wichtige Aufgabe des Betriebes dar. Die Urteilsbildung der Arbeitnehmer im Hinblick auf das Postulat der Lohngerechtigkeit erfolgt vor allem durch eine vom Grundsatz der **Äquivalenz** von **Lohn** und **Leistung** geleiteten Gegenüberstellung des eigenen Lohnes mit dem der Kollegen für Tätigkeiten gleicher Arbeitsschwierigkeit (= horizontale innerbetriebliche Entgeltrelationen) und durch Vergleich mit Tätigkeiten unterschiedlicher Arbeitsschwierigkeit (= vertikale innerbetriebliche Entgeltrelationen)[34].

Zur Bestimmung des gerechten Leistungslohnes stehen dem Betrieb verschiedene Methoden zur Verfügung. Die Arbeits- und die Leistungsbewertung dienen der Bestimmung von **Lohnsätzen** im Hinblick auf unterschiedliche Tätigkeiten und Personen. Im Rahmen der **Arbeitsbewertung** erfolgt die Ermittlung des Schwierigkeitsgrades einer bestimmten Arbeitsaufgabe unabhängig von bestimmten Arbeitskräften. Bei der **Leistungsbewertung** werden hingegen individuelle Leistungsunterschiede als Basis der Lohnsatzdifferenzierung erfaßt. Kurzfristige Leistungsunterschiede werden durch den Ansatz unterschiedlicher **Lohnformen** zu erfassen versucht.

2.2.3.1 Arbeitsbewertung

Die Arbeitsbewertung kann nach summarischen oder analytischen Verfahren erfolgen[35]. Bei **summarischen** Verfahren wird eine bestimmte Arbeitsaufgabe als Ganzes bewertet, wobei das Rangfolgeverfahren oder das Lohngruppenverfahren zum Einsatz kommen können. Im Rahmen des summarischen Rangfolgeverfahrens werden die Tätigkeiten eines Betriebes nach ihrer Schwierigkeit in eine Rangfolge gebracht. Diese dient als Grundlage der Lohnsatzdifferenzie-

---

33 *Kupsch, P. U., Marr, R.*, a.a.O., S. 806ff.; *Pfeiffer, W., Dörrie, U.* und *Stoll, E.*, a.a.O., S. 160ff.

34 *Berthel, J.*, a.a.O., S. 388f.; *Corsten, H.*, a.a.O., S. 307f.; *Pfeiffer, W., Dörrie, U.* und *Stoll, E.*, a.a.O., S. 171.

35 *Corsten, H.*, a.a.O., S. 309ff.; *Hansmann, K.-W.*, a.a.O., S. 176ff.; *Pfeiffer, W., Dörrie, U.* und *Stoll, E.*, a.a.O., S. 181ff.

rung. Im Rahmen des summarischen Lohngruppenverfahrens werden die Arbeiten in bestimmte festgelegte Lohngruppen eingeordnet, die unterschiedliche Arbeitsschwierigkeiten zum Ausdruck bringen und durch Richtbeispiele näher beschrieben werden. In der Regel werden 6–12 Lohngruppen gebildet, denen unterschiedliche Lohngruppenschlüssel zugeordnet werden. Die Lohngruppe 1 umfaßt normalerweise Tätigkeiten mit nur geringem Schwierigkeitsgrad (z. B. Hofkehren). Ihnen wird z. B. im Lohngruppenkatalog der Metallindustrie von Nordwürttemberg und Nordbaden, der 12 Lohngruppen umfaßt, der Lohngruppenschlüssel 75 % zugeordnet. Das bedeutet, daß der Lohnsatz für diese Tätigkeiten 75 % des tariflich verankerten Ecklohnes beträgt. Die Arbeiten mit der größten Schwierigkeit rangieren im Rahmen des angesprochenen Lohngruppenkatalogs in Lohngruppe 12 mit dem Lohngruppenschlüssel 135 %.

Die summarische Arbeitsbewertung liefert in der Regel keine zufriedenstellenden Ergebnisse. Deshalb wurde die **analytische** Arbeitsbewertung entwickelt, bei der die Schwierigkeit einer Tätigkeit auf der Grundlage einzelner **Anforderungsarten** beurteilt wird. Im Rahmen der Anforderungsanalyse häufig zum Zuge kommende Anforderungsarten sind:

– Kenntnisse
– geistige Belastung
– Geschicklichkeit
– muskelmäßige Belastung
– Verantwortung
– Umweltbedingungen.

Bei der Bewertung der zu berücksichtigenden Anforderungen wird von der Normalleistung ausgegangen, um individuelle Leistungsunterschiede bei der Bestimmung der Arbeitswerte einer bestimmten Tätigkeit auszuschalten. Der Arbeitswert einer Tätigkeit ergibt sich aus der Summe der Zahlenwerte für die einzelnen Anforderungsarten. Die Bestimmung des Arbeitswertes einer Aufgabe kann im Rahmen der analytischen Arbeitsbewertung nach dem Rangreihenverfahren oder dem Stufenwertzahlverfahren erfolgen[36].

2.2.3.2 Leistungsbewertung

Durch die Leistungsbewertung gehen individuelle Leistungsunterschiede in die Lohnsätze ein. Als Bemessungsgrundlage der individuellen Leistung dient in der Regel das Arbeitsergebnis. Im Interesse einer sachgerechten Leistungsbewertung sollten jedoch auch noch weitere Leistungskriterien in die Messung einbezogen werden, wie z. B. die Fortbildungsbereitschaft, kollegiales Verhalten u. a. Diese Komponenten sind jedoch in der Regel nur ordinal meßbar[37].

---

36 Beispiele zu diesem Verfahren finden sich bei *Pfeiffer, W., Dörrie, U.* und *Stoll, E.*, a. a. O., S. 196 ff.; differenzierte Betrachtungen bei *Berthel, J.*, a. a. O., S. 389; *Corsten, H.*, a. a. O., S. 308 ff.; *Hansmann, K.-W.*, a. a. O., S. 179 f.
37 *Berthel, J.*, a. a. O., S. 389; *Corsten, H.*, a. a. O., S. 325.

2.2.3.3 Lohnformen

Kurzfristige Leistungsunterschiede können in den Lohnsätzen nicht erfaßt werden. Es wird deshalb versucht, diese Art persönlicher Leistungsunterschiede über die **Lohnformen** zu erfassen. Abb. 3 vermittelt einen Überblick über die in der Praxis am häufigsten vorkommenden Lohnformen[38].

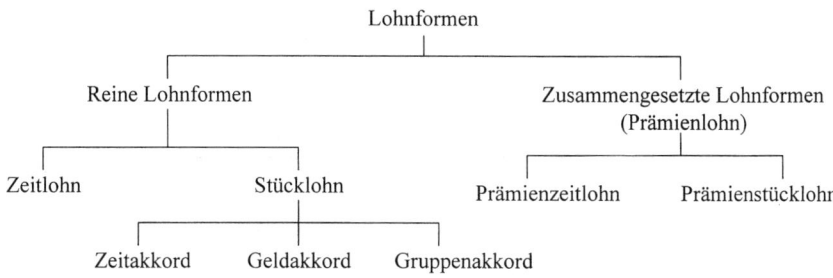

Abb. 3: Lohnformen

2.2.3.3.1 Zeitlohn

Beim **Zeitlohn** dient die Dauer der Arbeitszeit als Bemessungsgrundlage für die Entlohnung ohne Rücksicht auf die während dieser Zeit geleistete Arbeit. Dennoch kann der Zeitlohn als mittelbarer Leistungslohn näher gekennzeichnet werden, denn individuelle Leistungsunterschiede und differierende Arbeitsschwierigkeiten werden in den verschiedenen Lohnsätzen erfaßt. Der Zeitlohn kommt in der Praxis normalerweise unter folgenden Bedingungen zum Einsatz[39]:

1. bei qualitativ anspruchsvollen Aufgaben (z.B. feinmechanischen Arbeiten),
2. bei sicherheitsgefährdenden Tätigkeiten (z.B. Dachdeckerarbeiten),
3. bei nicht meßbaren Arbeiten (z.B. geistig-kreativen Arbeiten),
4. bei unregelmäßig und sich ständig verändernden Arbeitsverrichtungen (z.B. Pförtner-, Lager-, Transport- und Reparaturarbeiten) und
5. bei wenig beeinflußbaren Tätigkeiten (z.B. Arbeiten am Fließband).

Der Zusammenhang zwischen der Leistung (Stck./Std.), dem Stundenlohn (DM/Std.) und den Stücklohnkosten beim Zeitlohn zeigt Abb. 4:

---

38 *Corsten, H.*, a.a.O., S. 319; *Pfeiffer, W., Dörrie, U.* und *Stoll, E.*, a.a.O., S. 244.
39 *Berthel, J.*, a.a.O., S. 390ff.; *Corsten, H.*, a.a.O., S. 319f.; *Hansmann, K.-W.*, a.a.O., S. 187f.

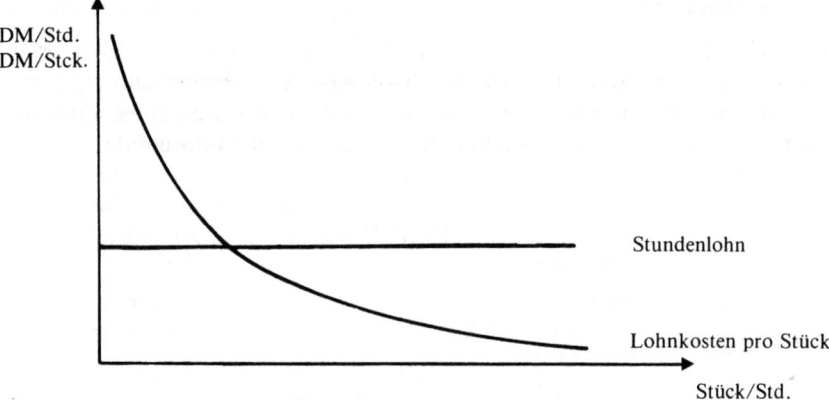

*Abb. 4: Zusammenhang zwischen der Leistung, dem Stundenlohn und den Stück-
lohnkosten beim Zeitlohn*

Der Zeitlohn erfaßt keine kurzfristigen interpersonellen bzw. intrapersonellen
Leistungsunterschiede. Deshalb gehen von ihm kaum leistungssteigernde Wirkungen auf die Arbeitskräfte aus. Bei seiner Anwendung trägt der Betrieb allein
das Risiko geringer Arbeitsleistung und die zu seiner Verminderung anfallenden Kontrollkosten. Diesen Nachteilen des Zeitlohnes stehen die Einfachheit
seiner Abrechnung, die Schonung von Mensch und Maschine, geringe Unruhen
im Betrieb und mögliche Qualitätsverbesserungen als Vorteil gegenüber[40].

2.2.3.3.2 Akkordlohn (Stücklohn)

Beim **Akkordlohn** wird nicht die Dauer der Arbeitszeit, sondern das mengenmäßige Arbeitsergebnis bezahlt[41]. Grundlage für die Berechnung des Akkordlohnes bildet der **Grundlohn (= Akkordrichtsatz)**. Dieser errechnet
sich wie folgt:

Tariflich garantierter Mindestlohn
+ Akkordzuschlag (etwa 15–20 % des Mindestlohnes)

= Grundlohn (Akkordrichtsatz)

Durch den **Akkordzuschlag** liegt der Akkordlohn in der Regel von vornher-
ein über dem Zeitlohn für vergleichbare Arbeit. Dieser Zuschlag wird normalerweise gewährt, weil bei der Akkordarbeit eine höhere Leistungsbereitschaft

---

40 Vgl. zu den Vor- und Nachteilen des Zeitlohns *Pfeiffer, W., Dörrie, U.* und *Stoll, E.*,
    a.a.O., S. 246 f.; allgemeine Aussagen zum Zeitlohn auch bei *Corsten, H.*, a.a.O.,
    S. 320; *Hansmann, K.-W.*, a.a.O., S. 188.
41 Vgl. zum Akkordlohn *Berthel, J.*, a.a.O., S. 392 ff.; *Corsten, H.*, a.a.O., S. 320 ff.;
    Hansmann, K.-W., a.a.O., S. 183 ff.; *Pfeiffer, W., Dörrie, U.* und *Stoll, E.*, a.a.O.,
    S. 247 ff.

und Leistungsintensität der Arbeitskräfte unterstellt wird. Der Grundlohn bildet den Stundenverdienst des Arbeiters bei Normalleistung.

Nach der Art des Akkordlohnes kann zwischen Zeit- und Geldakkord unterschieden werden. Beim **Zeitakkord** wird der Grundlohn durch 60 dividiert. Man erhält durch diese Division den sogenannten **Minutenfaktor** (DM/Min.). Dieser Betrag stellt also den Verdienst des Akkordlohnarbeiters pro Minute bei Normalleistung dar. Diese wird durch eine bestimmte Vorgabezeit (Min./Stck.) ausgedrückt. Der Stundenverdienst nach dem Zeitakkord errechnet sich nach folgender Formel:

$$\text{Zeitakkord:} \quad \frac{\text{Verdienst}}{\text{Std.}} = \frac{\text{Stck.}}{\text{Std.}} \times \frac{\text{Min.}}{\text{Stck.}} \times \frac{\text{DM}}{\text{Min.}}$$

Beim **Geldakkord** wird der Akkordrichtsatz durch die bei Normalleistung zu erbringende Stückzahl dividiert. Man erhält dadurch einen Geldbetrag pro Stück (DM/Stck.), den **Geldsatz**. Der Stundenverdienst nach dem Geldakkord ergibt sich wie folgt:

$$\text{Geldakkord:} \quad \frac{\text{Verdienst}}{\text{Std.}} = \frac{\text{Stck.}}{\text{Std.}} \times \frac{\text{DM}}{\text{Stck.}}$$

Zeit- und Geldakkord unterscheiden sich vom Ergebnis her nicht, da der Ausdruck Min./Stck. × DM/Min. sich zu DM/Stck. kürzen läßt. Der Zeitakkord hat jedoch den Geldakkord in letzter Zeit in zunehmendem Maße verdrängt, weil der erstere für den Akkordarbeiter und für die Produktionsplanung informativer und bei Änderungen von Akkordrichtsätzen leichter zu handhaben ist.

Auch beim Akkordlohn läßt sich der Zusammenhang zwischen dem Stundenverdienst und den Stücklohnkosten in Abhängigkeit von der Leistung graphisch darstellen:

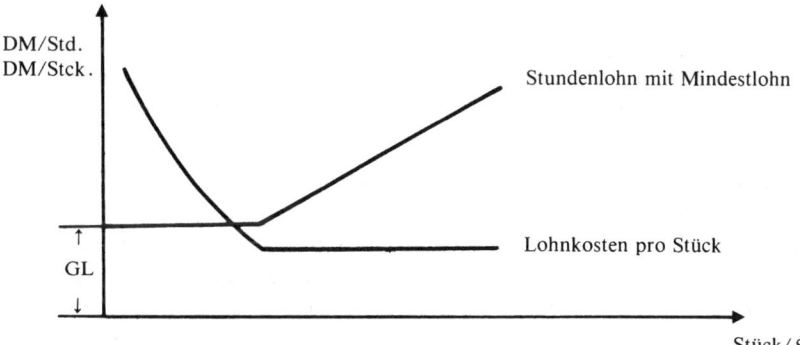

Abb. 5: Zusammenhang zwischen der Leistung, dem Stundenlohn und den Stücklohnkosten beim Akkordlohn

Beispiel einer Lohnberechnung:

Gegeben ist ein Mindeslohn (ML) von 5,– DM/Std. Der Akkordzuschlag (AZ) beträgt 20%, der Leistungsgrad (LG) = 150%, die Istleistung (IL) = 15 Stck./Std. Gesucht sind: die Normalleistung (NL), der Akkordrichtsatz (AR), der Minutenfaktor (MF), die Vorgabezeit (VZ), der Geldsatz (GS), die verrechneten Minuten (VM) und der Stundenverdienst (SV).

Lösung:

(1) $NL = \dfrac{IL \times 100}{LG} = \dfrac{15 \text{ Stck./Std.} \times 100}{150} = 10 \text{ Stck./Std.}$

(2)   AR: Mindestlohn   = 5,– DM/Std.
 + Akkordzuschlag = 1,– DM/Std.

 = Akkordrichtsatz = 6,– DM/Std.

(3) $MF = \dfrac{AR}{60} = \dfrac{6,- \text{ DM/Std.}}{60 \text{ Min./Std.}} = 0,10 \text{ DM/Min.}$

(4) $VZ = \dfrac{60}{NL} = \dfrac{60 \text{ Min./Std.}}{10 \text{ Stck./Std.}} = 6 \text{ Min./Stck.}$

(5) $GS = \dfrac{AR}{NL} = \dfrac{6,- \text{ DM/Std.}}{10 \text{ Stck./Std.}} = 0,60 \text{ DM/Stck.}$

(6) $VM = VZ \times IL = 6 \text{ Min./Stck.} \times 15 \text{ Stck./Std.} = 90 \text{ Min./Std.}$

(7) $SV_1 = AR \times LG = 6,- \text{ DM/Std.} \times 1,5 = 9,- \text{ DM/Std.}$

(8) $SV_2 = MF \times VM = 0,10 \text{ DM/Min.} \times 90 \text{ Min./Std.} = 9,- \text{ DM/Std.}$

(9) $SV_3 = GS \times IL = 0,60 \text{ DM/Stck.} \times 15 \text{ Stck./Std.} = 9,- \text{ DM/Std.}$

Werden Leistungsvorgaben nicht auf einzelne Mitarbeiter sondern auf Gruppen von Mitarbeitern bezogen (Teilautonome Gruppen), so kann der Einzelakkord nicht eingesetzt werden. In diesem Fall verwendet man einen **Gruppenakkord**, der die Leistungsvorgabe auf die gesamte Gruppe verrechnet.

Die Verteilung des Akkordzuschlages auf einzelne Gruppenmitglieder erfolgt demnach anhand von Schlüsselgrößen (z. B. über die Äquivalenzziffernrechnung). Die Verantwortung für die Entgeltverteilung kann allerdings auch der Gruppe übertragen werden, in der Annahme, daß innerhalb der Gruppe Leistungsunterschiede präziser erkannt werden können.

Die erschwerte Verrechnung des Mehrverdienstes auf einzelne Mitarbeiter und der geringere Informationsstand bezüglich der Leistungen des einzelnen Beschäftigten stellen Nachteile des Gruppenakkords dar. Sie werden jedoch durch Einsparungen im Bereich der Leistungsmessung und durch eine höhere Produktivität ausgeglichen[42].

Auch beim Akkordlohn stehen sich bestimmte Vor- und Nachteile gegenüber. Von dieser Lohnform geht einerseits ein starker Anreiz zur Leistungssteigerung aus, zumal sich die gesamte Mehrleistung im Verdienst der Arbeitskräfte niederschlägt. Für den Betrieb bedeutet der Einsatz dieser Entlohnungsform eine bessere Ausnutzung der Betriebsmittelkapazitäten und bis zu einem gewissen Grad eine Abwälzung des Risikos für Minderleistungen auf die Arbeitnehmer. Schließlich bringt der Akkordlohn auch für die Kostenrechnung Vorteile mit sich, weil die Lohnkosten pro Stück konstant sind und damit eine sichere Grundlage für die Vorkalkulation bieten.

Beim Einsatz des Akkordlohnes besteht andererseits die Gefahr der Überbeanspruchung von Mensch und Maschine. Ferner können als Folge seiner Anwendung Qualitätsminderungen nicht ausgeschlossen werden. In der Praxis besteht darüber hinaus häufig ein Mißtrauen gegenüber dem Akkordlohn seitens der Belegschaft, insbesondere gegenüber der Ermittlung von Akkordsätzen. Dieses Mißtrauen kann jedoch durch die Anwendung anerkannter und exakter Verfahren zur Bestimmung der Normalleistung abgebaut werden. Der Einsatz des Akkordlohnes ist auch nicht für alle Arbeitsverrichtungen zweckmäßig. Geistigkreative, störanfällige, einmalige und von den Arbeitskräften nicht beeinflußbare Arbeitsaufgaben sollten ebensowenig zum Gegenstand von Akkordarbeit gemacht werden, wie Arbeitsverrichtungen, bei denen eine optimale Nutzung von Betriebsmitteln und anderen Inputfaktoren im Vordergrund steht.

2.2.3.3.3 Prämienlohn

Der **Prämienlohn** liegt vor, wenn neben einem vereinbarten Grundlohn planmäßig und regelmäßig ein zusätzliches Entgelt für bestimmte Mehrleistungen des Arbeitnehmers gewährt wird[43]. Diese Lohnform kann mit dem Zeitlohn (Prämienzeitlohn) oder mit dem Stücklohn (Prämienstücklohn) gekoppelt werden. Die Gewährung einer Prämie zum Grundlohn als Zeitlohn wird angestrebt, um die fehlenden Leistungsanreize dieser Lohnform zu überwinden. Eine Verbindung des Grundlohnes als Stücklohn mit einer Prämie erfolgt in der Regel mit dem Ziel, Nachteile des Akkordlohnes, die aus seiner ausschließlichen Mengenorientierung resultieren, zu vermeiden. So können z. B. für Unterschreitungen der zulässigen Ausschußquote, für Ersparnisse von Material und Energie, für eine sorgfältige Behandlung von Maschinen und Werkzeugen, für die Reduzierung von Warte- und Leerlaufzeiten Prämien gewährt werden. In der Regel ist es so, daß die Prämie für die Mehrleistung zwischen den Arbeitskräften und dem Betrieb geteilt wird.

---

42 Zu der Problematik des Gruppenakkordes siehe *Berthel, J.*, a. a. O., S. 393 f.; *Hansmann, K.-W.*, a. a. O., S. 185 ff.; *Kupsch, P. U., Marr, R.*, a. a. O., S. 831.

43 Zum Prämienlohn siehe *Pfeiffer, W., Dörrie, U.* und *Stoll, E.*, a. a. O., S. 254 ff.; *Berthel, J.*, a. a. O., S. 394.

In der Praxis sind verschiedene Prämienlohnsysteme entwickelt worden, deren Aufbau und Durchführung sich im Vergleich zu den anderen Lohnformen wesentlich komplizierter gestalten. Die wichtigsten Prämienlohnsysteme sind: das System von *Halsey, Rowan, Taylor* und das von *Bedaux*[44].

2.2.4 Soziallohn

Das Arbeitsentgelt umfaßt neben dem Leistungslohn als zweite Komponente auch den **Soziallohn**. Unter dem Begriff des Soziallohnes sollen hier alle materiellen Entgelte subsumiert werden, die den Arbeitnehmern aus sozialen Erwägungen heraus gewährt werden. Hierzu gehören die gesetzlich und tariflich verankerten Sozialleistungen, die freiwilligen Sozialleistungen sowie die dem Arbeitnehmer aus der leistungsunabhängigen Erfolgsbeteiligung zufließenden Beträge.

3. Betriebsmittel

3.1 Begriff und Arten von Betriebsmitteln

Zum Produktionsfaktor **Betriebsmittel** gehören – mit Ausnahme der menschlichen Arbeit – alle **langfristig nutzbaren Güter**[1]. Betriebsmittel werden also nicht durch einen einmaligen Einsatz im Produktionsprozeß verbraucht, sondern geben während ihrer Nutzungsdauer wiederholt Leistungen für die Produktion ab. Sie werden deshalb auch als **Potentialfaktoren** bezeichnet.

Zu den Betriebsmitteln zählen sowohl **materielle Güter**, wie Grundstücke, Gebäude, Maschinen und maschinelle Anlagen oder die Betriebs- und Geschäftsausstattung, als auch **immaterielle Güter**, wie Patente, Marken- und Urheberrechte, Konzessionen oder Lizenzen.

3.2 Ergiebigkeitskomponenten von Betriebsmitteln

Die Bestimmungsgründe für eine optimale Ergiebigkeit von Betriebsmitteln sind in Abb. 6 zusammengefaßt[2].

Grundvoraussetzung für eine optimale Ergiebigkeit ist ein **hoher technischer Leistungsstand** der Betriebsmittel. Hinzu kommen mehrere unternehmensspezifische Eignungsfaktoren.

---

44 Vgl. zu diesen Systemen *Hansmann, K.-W.*, a.a.O., S. 189.

1 Anders als z.B. bei *Gutenberg* oder *Heinen* werden Hilfs- und Betriebsstoffe hier nicht als Betriebsmittel betrachtet, sondern zu den Werkstoffen gerechnet; vgl. *Gutenberg, E.*, a.a.O., S. 4 und *Heinen, E.*: Betriebswirtschaftliche Kostenlehre, 6. verb. und erweiterte Auflage, Wiesbaden 1983, S. 248.

2 Vgl. *Gutenberg, E.*, a.a.O., S. 70ff. und *Steffen, R.*: Analyse industrieller Elementarfaktoren in produktionstheoretischer Sicht, Berlin 1973, S. 41–47.

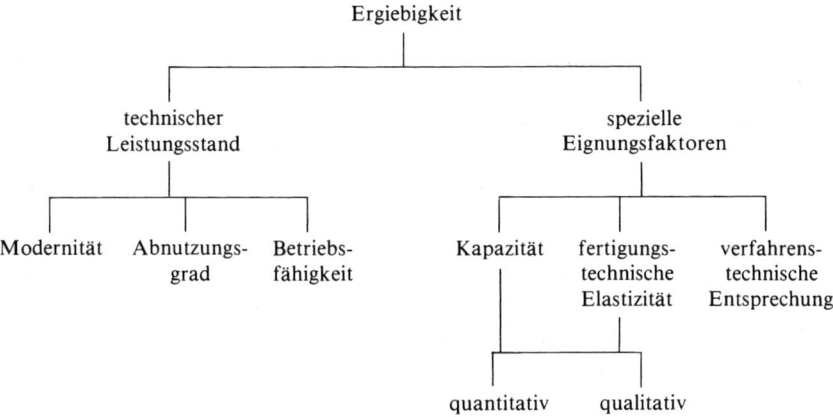

Abb. 6: Ergiebigkeitskomponenten von Betriebsmitteln

3.2.1 Technischer Leistungsstand

Der technische Leistungsstand eines Betriebsmittels hängt von dessen Modernität, Abnutzungsgrad und Betriebsfähigkeit ab.

Je höher der Grad der **Modernität** eines Betriebsmittels ist, je mehr es also dem aktuellen Stand der technischen Entwicklung entspricht, desto größer ist in der Regel seine Ergiebigkeit. Denn technischer Fortschritt ist meist mit einer Verbesserung der Leistungsfähigkeit und/oder der Wirtschaftlichkeit von Betriebsmitteln verbunden.

Das **technische Veralten** eines Betriebsmittels mindert seinen Wert für den Betrieb, obwohl damit kein Substanzverlust, d. h. keine Einschränkung der technischen Nutzungsmöglichkeiten verbunden ist. Die Entwicklung von Betriebsmitteln mit höherer Leistungsfähigkeit bzw. Wirtschaftlichkeit führt jedoch zu einer Verringerung der wirtschaftlichen Nutzungsmöglichkeiten und eventuell[3] zum Ersatz vorhandener Betriebsmittel.

Gleiches gilt für den Fall **wirtschaftlichen Veraltens**, der eintritt, wenn Betriebsmittel, die auf die Fertigung bestimmter Produkte spezialisiert sind, bei einem Nachfragerückgang bzw. -ausfall bei diesen Produkten nicht anderweitig verwendet werden können.

Der technische Leistungsstand und damit die Ergiebigkeit eines Betriebsmittels verringert sich mit wachsendem **Abnutzungsgrad**. Das Ausmaß der Abnutzung kann von verschiedenen Ursachen bestimmt sein, wobei meist mehrere Ursachen gleichzeitig auf ein Betriebsmittel einwirken.

---

3 Ob es sich für einen Betrieb lohnt, ein vorhandenes Betriebsmittel zu ersetzen, ist durch eine Investitionsrechnung zu klären.

Als wichtigste Abnutzungsarten lassen sich unterscheiden[4]:

- **Gebrauchs-** oder **nutzungsbedingter Verschleiß** durch den Einsatz der Betriebsmittel im Produktionsprozeß;
- **Substanzverringerung** als besondere Form des nutzungsbedingten Verschleißes bei Gewinnungsbetrieben (Bergwerken, Kiesgruben, Ölquellen etc.); die „Abnutzung" des Bodens erfolgt hier durch Abbau bzw. Förderung von Rohstoffen.
- **Zeit-** oder **umweltbedingter Verschleiß**: die Abnutzung oder der Werteverzehr erfolgen unabhängig von der betrieblichen Nutzung durch Zeitablauf, etwa infolge von Korrosion, Zersetzung oder Fäulnis.
- **Katastrophenverschleiß** durch außergewöhnliche und unvorhersehbare Ereignisse, wie Brand- und Wasserschäden, Explosionen, Diebstahl, Unfälle;
- **Fristablauf** oder **Ablauf des Rechtsschutzes**, z. B. bei Patenten.

Durch regelmäßige Überwachung, Pflege und Wartung, rechtzeitige Durchführung von Reparaturen und besondere Schutzmaßnahmen (wetterfeste Überdachungen, Schutzanstriche usw.) kann der Abnutzung der Betriebsmittel entgegengewirkt und ein hohes Maß an **Betriebsfähigkeit** als weiterem für die Ergiebigkeit bedeutsamen Faktor sichergestellt werden. Die hier angesprochenen Aspekte werden in Kapitel 3.3 „Instandhaltung von Betriebsmitteln" vertiefend behandelt.

3.2.2 Spezielle Eignungsfaktoren

Die wichtigsten Merkmale zur Beurteilung der Eignung eines Betriebsmittels für einen bestimmten Betrieb stellen Kapazität, Elastizität und verfahrenstechnische Entsprechung dar.

3.2.2.1 Kapazität

Jedes Betriebsmittel besitzt nur eine von seinen technischen Eigenschaften abhängige, begrenzte Leistungsfähigkeit. Die Kapazität eines Betriebsmittels verstanden als Leistungsvermögen in einer Periode, läßt sich sowohl hinsichtlich der Leistungsmenge als auch der Art und Güte der Leistungen beschreiben, so daß zwischen quantitativer und qualitativer Kapazität zu unterscheiden ist.

Als **quantitative Kapazität** bezeichnet man das **mengenmäßige Leistungsvermögen** eines Betriebsmittels **in einem Zeitabschnitt**[5]. Maßstab für die Erfassung der quantitativen Kapazität ist in erster Linie das Leistungsergebnis, eine Messung erfolgt also in Ausbringungsmengeneinheiten pro Periode.

---

4 Zu den Ursachen der Abnutzung von Betriebsmitteln und der Erfassung der damit verbundenen Wertminderungen als kalkulatorische Abschreibungen und Wagniskosten siehe: *Götzinger, M., Michael, H.*: Kosten- und Leistungsrechnung, 6. Aufl., Heidelberg 1993.
5 *Reichwald, R., Dietel, B.*: Produktionswirtschaft, in: *Heinen, E.* (Hrsg.): Industriebetriebslehre, a. a. O., S. 395–622, hier S. 453.

Ist eine maximale Ausbringungsmenge nicht eindeutig feststellbar – z.B. wenn auf einer Maschine in einer Periode mehrere verschiedenartige Produkte hergestellt werden – ist ein geeigneter Ersatzmaßstab heranzuziehen, wie etwa Maschinenstunden, verbrauchte Werkstoffmengen etc.

Vielfach wird eine Differenzierung des Begriffs der quantitativen Kapazität vorgenommen. So führt z.B. *Gutenberg* neben der Maximalkapazität als technisch bedingter oberer Leistungsgrenze die minimale und die optimale Kapazität als Unterbegriffe quantitativer Kapazität an[6].

Unter **minimaler Kapazität** versteht *Gutenberg* die für die Funktionsfähigkeit oder eine wirtschaftliche Nutzung von Betriebsmitteln notwendige Mindestleistung. So erfordert z.B. die Inbetriebnahme eines Hochofens technisch zwingend die Realisierung einer bestimmten Mindestausbringung.

Rein wirtschaftlich bestimmt ist der Begriff der **optimalen Kapazität**. Sie stellt nach *Gutenberg* die Leistungsmenge pro Periode dar, bei der die Stückkosten am niedrigsten sind. Jedes Betriebsmittel ist auf eine bestimmte Leistung hin konstruiert, bei der es besonders wirtschaftlich arbeitet. Abweichungen von dieser Leistung führen zu einer Erhöhung der Stückkosten. In Abb. 7 ist ein solcher Stückkostenverlauf bei Veränderung der Intensität[7], d.h. der Leistung eines Betriebsmittels in einem Zeitpunkt, dargestellt.

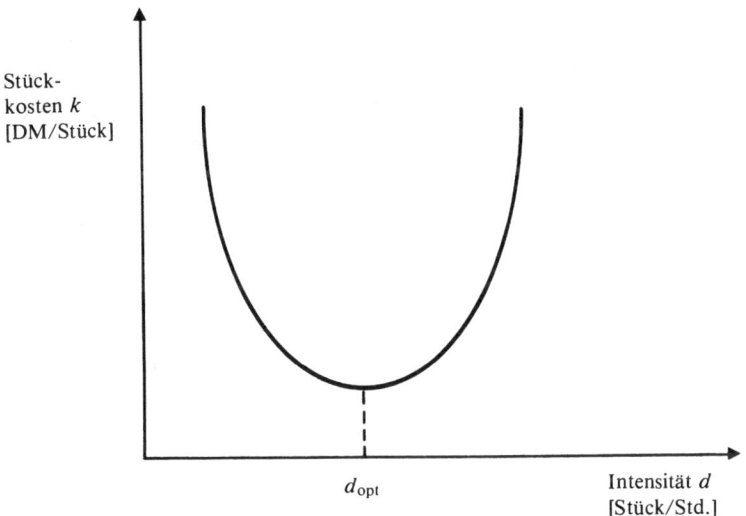

Stück-
kosten *k*
[DM/Stück]

d_{opt}

Intensität *d*
[Stück/Std.]

Abb. 7: Stückkostenverlauf bei Veränderung der Intensität eines Betriebsmittels

---

6 Vgl. auch zum folgenden *Gutenberg, E.*, a.a.O., S. 73 ff.
7 Vgl. hierzu im einzelnen Abschnitt 3.3.2 des dritten Teils.

Bei der Intensität d_{opt} wird mit den geringsten Stückkosten produziert. Die optimale Kapazität ist die Leistungsmenge einer Periode T, die sich ergibt, wenn das Betriebsmittel während der gesamten Periode T mit der Intensität d_{opt} betrieben wird. Das Erreichen des Optimums hängt also nicht nur von der Leistungsmenge einer Periode ab, sondern auch von der zeitlichen Verteilung der Produktion, die während der gesamten Periode nicht zu einer Abweichung von der optimalen Intensität führen darf.

So kann z. B. ein Elektrizitätswerk eine der optimalen Kapazität entsprechende Menge Strom pro Monat erzeugen, ohne daß wegen der stark schwankenden Intensität der Stromerzeugung mit ihren Tagesspitzen und unzureichender Kapazitätsauslastung in der Nacht das Stückkostenoptimum realisiert werden kann.

Im Hinblick auf die quantitative Kapazität hängt die Eignung und damit die Ergiebigkeit eines Betriebsmittels davon ab, inwieweit bei gegebener Leistungsmenge und ihrer zeitlichen Verteilung eine optimale Kapazitätsauslastung möglich ist. Dies kann um so eher erreicht werden, je größer die „Zone optimaler Nutzung"[8] ist, je mehr also die Intensität von der optimalen abweichen kann, ohne daß die Stückkosten spürbar steigen.

Eine hohe Ergiebigkeit setzt aber auch die Abstimmung der quantitativen Kapazitäten des gesamten Betriebsmittelbestandes eines Betriebes voraus. Je stärker sich insbesondere die optimalen Kapazitäten voneinander unterscheiden, um so mehr wird ein Teil der Betriebsmittel überbeansprucht (Engpaßfaktoren), ein anderer unzureichend ausgelastet, deren Ergiebigkeit somit verringert.

Unter dem Begriff der **qualitativen Kapazität** werden Art und Güte der Leistungen eines Betriebsmittels zusammengefaßt. Als Maßstab qualitativer Kapazität dienen die Anzahl sowie die qualitativen Eigenschaften möglicher Leistungsarten (Produkte, Verrichtungen) einerseits und die Anforderungen an die übrigen im Fertigungsprozeß eingesetzten Produktionsfaktoren (Werkstoffe, Arbeit) andererseits[9].

So läßt sich die qualitative Kapazität einer Drehbank durch die Anzahl der Produkte (Wellen, Schrauben etc.), deren Qualität (Fertigungstoleranzen, maschinenbedingte Ausschußquote), die Art der verwendeten Werkstoffe (Eisen, Messing etc.) und ihre Eigenschaften (Abmessungen, Härtegrad, Bruchfestigkeit etc.) sowie die notwendige Qualifikation des Bedienungspersonals (Fach- oder Hilfsarbeiter) beschreiben.

Die Eignung eines Betriebsmittels hängt – analog zur quantitativen Kapazität – zunächst von dem Ausmaß ab, in dem bei gegebenem Produktionsprogramm eine optimale Auslastung der qualitativen Kapazität erreicht werden

---

8 Vgl. *Gutenberg, E.*, a. a. O., S. 75.
9 Vgl. *Reichwald, R., Dietel, B.*: Produktionswirtschaft, a. a. O., S. 453.

kann[10]. Je weniger z. B. eine Maschine in der Lage ist, die maximal zulässigen Fertigungstoleranzen, d. h. Abweichungen von den geforderten Eigenschaften eines Werkstücks, einzuhalten, um so größer wird der Ausschuß; die Ergiebigkeit verringert sich aufgrund dieser Überbeanspruchung der Maschine. Eine geringe Ergiebigkeit ist auch die Folge unzureichender Ausnutzung des qualitativen Leistungsvermögens, wie sie z. B. vorliegt, wenn bei einer Drehbank, die die Bearbeitung von Werkstücken mit bis zu 50 cm Durchmesser erlaubt, der überwiegende Teil der Fertigung einer Periode auf Werkstücke mit weit geringerem Durchmesser entfällt.

Hinzu kommt als Ergiebigkeitsdeterminante die Abstimmung auch der qualitativen Kapazitäten in einem Betrieb. Eine solche Abstimmung soll soweit wie möglich verhindern, daß auf der einen Seite qualitative Kapazitätsengpässe entstehen, andererseits qualitative Kapazitäten ungenutzt bleiben[11].

3.2.2.2 Fertigungstechnische Elastizität

Unter der **fertigungstechnischen Elastizität** eines Betriebsmittels versteht man seine **Anpassungsfähigkeit an wechselnde Produktionsbedingungen.** Die Notwendigkeit zu Anpassungen entsteht z. B., wenn schwankende Beschaffungs- oder Absatzmöglichkeiten, die durch Lagerhaltung nicht ausgeglichen werden können, eine gleichmäßige Kapazitätsauslastung verhindern, wenn Nachfrageverschiebungen auf dem Absatzmarkt eine Änderung des Produktionsprogramms nach Art und/oder Menge der Erzeugnisse erfordern oder neuartige Werkstoffe mit veränderten fertigungstechnischen Anforderungen eingeführt werden.

Auch der Begriff der fertigungstechnischen Elastizität besitzt eine quantitative und eine qualitative Komponente[12]. **Quantitative Elastizität** stellt die Fähigkeit dar, ein Betriebsmittel durch Variation der Einsatzzeit und/oder der Intensität an wechselnde Produktionsmengen anzupassen, **qualitative Elastizität** die Fähigkeit, wechselnden qualitativen Anforderungen, z. B. durch Umrüstung, gerecht zu werden.

Der **Grad der Elastizität** wird zum einen durch den mengenmäßigen und qualitativen Spielraum (**Anpassungsmöglichkeiten**), zum anderen durch die für eine Anpassung notwendige Zeitspanne (**Anpassungsgeschwindigkeit**) bestimmt. Werden neben technischen auch ökonomische Aspekte berücksichtigt, sind zusätzlich die **durch eine Anpassung verursachten Kosten** in die Beurteilung der Elastizität eines Betriebsmittels einzubeziehen.

Die Eignung eines Betriebsmittels ist um so größer, je stärker die fertigungstechnische Elastizität den Bedürfnissen des Betriebes entspricht. Zu geringe

---

10 Vgl. *Gutenberg, E.*, a. a. O., S. 77.
11 Vgl. *Reichwald, R., Dietel, B.*: Produktionswirtschaft, a. a. O., S. 453.
12 Vgl. auch zum folgenden *Gutenberg, E.*, a. a. O., S. 80 ff.

Elastizität verzögert notwendige Anpassungsmaßnahmen und erhöht die Anpassungskosten. Übersteigt hingegen die vorhandene Anpassungsfähigkeit das notwendige Maß, ist die laufende Produktion mit höheren Kosten verbunden, da Betriebsmittel mit hoher Elastizität in der Regel unwirtschaftlicher arbeiten als solche mit begrenzten Einsatzmöglichkeiten.

3.2.2.3 Verfahrenstechnische Entsprechung

Neben einen hohen technischen Leistungsstand, die Abstimmung der quantitativen und qualitativen Kapazitäten des Betriebsmittelbestandes und deren optimale Auslastung sowie einen angemessenen Grad an fertigungstechnischer Elastizität tritt nach *Gutenberg* die **verfahrenstechnische Entsprechung** als weitere Bestimmungsgröße der Ergiebigkeit von Betriebsmitteln[13].

Die Entscheidung für bestimmte Betriebsmittel bedeutet zugleich eine Festlegung auf bestimmte Fertigungsverfahren. So wird z. B. mit der Auswahl der Betriebsmittel über den Mechanisierungs- bzw. Automatisierungsgrad der Fertigung entschieden. Die zur Verfügung stehenden Verfahren werden – dies gilt nicht nur hinsichtlich der Arbeitstechnik, sondern auch anderer Verfahrensmerkmale[14] – in unterschiedlicher Weise den Bedürfnissen eines Betriebes gerecht. Eine hohe Ergiebigkeit des Betriebsmittelbestandes ist nur dann gewährleistet, wenn die Betriebsmittel dem für den Betrieb optimalen Fertigungsverfahren entsprechen.

Die **Verfahrenswahl** wird wesentlich von der Wirtschaftlichkeit der Verfahrensalternativen bestimmt. Das für den Betrieb optimale Verfahren wird unter diesem Aspekt über einen Kostenvergleich ermittelt. In Abb. 8 sind die Kostenkurven dreier Fertigungsverfahren *A, B* und *C* dargestellt. Für eine Ausbringung (Beschäftigung) x: $0 < x \leqq x_1$ stellt Verfahren *A* die kostengünstigste Variante dar, für x: $x_1 \leqq x \leqq x_3$ das Verfahren *B* und für alle x: $x \geqq x_3$ das Verfahren *C*. Für einen Betrieb ist das Verfahren optimal, das bei der zu erwartenden Beschäftigung am wirtschaftlichsten arbeitet.

Die Mengen x_1, x_3 (und x_2[15]) werden auch als **kritische Produktionsmengen** bezeichnet; das sind die Mengen, bei denen sich ein Verfahrenswechsel lohnt, wenn die Beschäftigung die jeweilige kritische Menge dauerhaft überschreitet bzw. bei einem Beschäftigungsrückgang unterschreitet. Bei einer kritischen Menge sind die Kosten der betrachteten Verfahren (bei x_1: *A* und *B*) gleich hoch, oberhalb der kritischen Menge ist das eine Verfahren (*B*), unterhalb das andere (*A*) vorteilhafter.

---

13 Vgl. *Gutenberg, E.*, a. a. O., S. 85 ff.
14 Zur Einteilung der Fertigungsverfahren nach verschiedenen Merkmalen vgl. Abschnitt 5.1 des ersten Teils.
15 Für den in Abb. 8 dargestellten Verfahrensvergleich ist die kritische Menge x_2 ohne Bedeutung, da bei x_2 beide Verfahren *A* und *C* eine geringere Wirtschaftlichkeit als das Verfahren *B* aufweisen.

Die Linie, die für jede Ausbringung x das kostengünstigste Verfahren ausweist, stellt die **Operationslinie**[16] des Betriebes dar, sie bestimmt **langfristig** das Verhalten des Betriebes bei Änderungen der Beschäftigung.

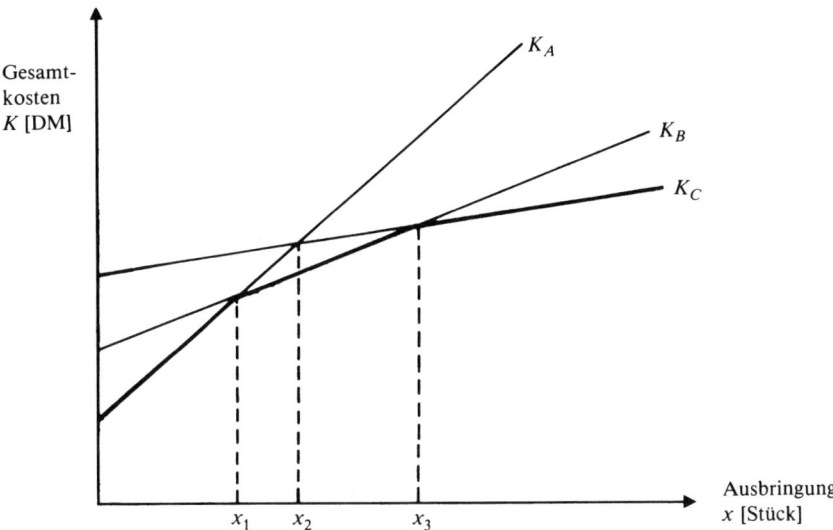

Abb. 8: Vergleich der Wirtschaftlichkeit von Fertigungsverfahren

3.3 Instandhaltung von Betriebsmitteln

3.3.1 Begriff und Bedeutung der Instandhaltung

Unter dem Begriff der Instandhaltung sind alle Maßnahmen der **Wartung**, der **Inspektion** und der vorbeugenden und ausfallbedingten **Reparatur** zu verstehen. Aufgrund der zunehmenden Mechanisierung und Automatisierung der Produktion steigt auch die relative Bedeutung der Instandhaltung, da Stillstände und Ausfälle von Betriebsmitteln immer kostspieliger werden. Ziel der Instandhaltung ist es, unter Beachtung der Wirtschaftlichkeit die Zuverlässigkeit der Betriebsmittel aufrechtzuerhalten oder gar zu steigern, ihre Verfügbarkeit sicherzustellen und die Sicherheit für Mitarbeiter und Umwelt zu gewährleisten. Dabei gilt es insbesondere, die Summe der sich gegenläufig entwickelnden Instandhaltungs- und Anlagenausfallkosten zu minimieren (Dilemma der Instandhaltung).

---

16 Vgl. *Busse von Colbe, W., Laßmann, G.*: Betriebswirtschaftstheorie, Bd. 1 Grundlagen, Produktions- und Kostentheorie, 5. Aufl., Berlin u.a. 1991, S. 296.

3.3.2 Instandhaltungsstrategien und Prioritätsregeln

Instandhaltungen sollten nicht willkürlich oder sporadisch erfolgen, sondern im Einklang mit den Unternehmenszielen **geplant** werden. Dazu ist eine Auswahl zwischen verschiedenen Instandhaltungsstrategien zu treffen, die angeben, zu welchen Zeitpunkten welche Instandhaltungsmaßnahmen an welchen Betriebsmitteln bzw. Betriebsmittelteilen durchzuführen sind.

Abbildung 9 gibt einen Überblick über die wichtigsten Instandhaltungsstrategien.

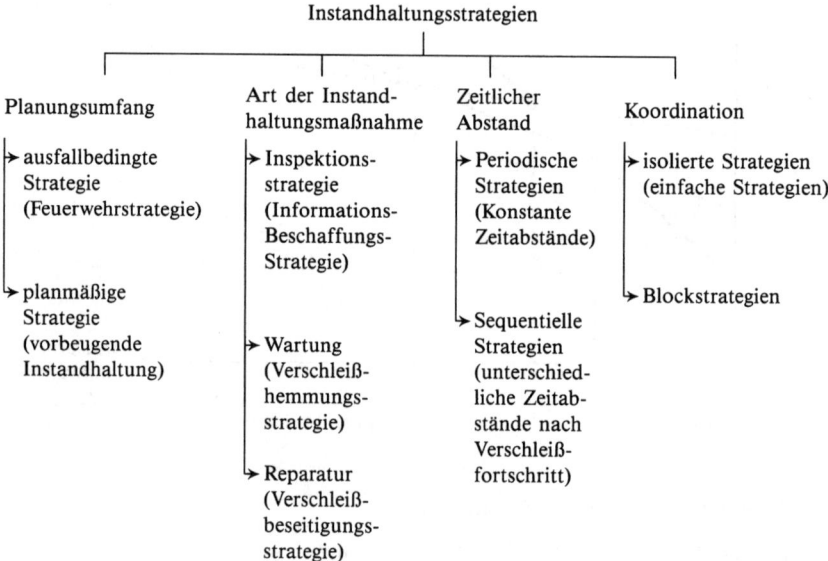

Abb. 9: Klassifikation von Instandhaltungsstrategien

Erfolgt die Klassifikation nach dem Kriterium Planungsumfang sind **ausfallbedingte** und **planmäßige** Instandhaltungsstrategien zu unterscheiden. Vorteil der ausfallbedingten Strategie ist es, daß keine Kosten für vorbeugende Maßnahmen (z. B. Ersatzteilkosten) oder Planungskosten anfallen. Gewichtiger sind jedoch die möglichen Nachteile der sogenannten „Feuerwehrstrategie", die sich in relativ häufigen Betriebsmittelstillständen, längeren Reparaturzeiten und höheren Kosten bei Ausfallreparaturen äußern können.

Vorbeugende Reparaturen sind insbesondere bei steigenden Ausfallraten (Verschleiß- oder Altersausfällen) von Betriebsmitteln zweckmäßig. Ein entscheidender Vorteil der planmäßigen Instandhaltung ist es, daß diese während der geplanten Stillstandszeiten der Betriebsmittel (Nacht, Wochenende) durchführbar ist und damit die Nutzungszeit des Betriebsmittels nicht verringert wird. Durch vorbeugende Reparaturen können Schäden aufgrund von

Anlagenausfällen vermieden werden und die reparaturbedingten Stillstandszeiten sowie die Reparaturkosten gesenkt werden, da die Fehlersuche entfällt und geplante Maßnahmen meist rascher ablaufen. Auf der anderen Seite müssen jedoch hohe Planungs- und Informationsbeschaffungskosten sowie das Auswechseln noch funktionstüchtiger Teile in Kauf genommen werden.

Bei Differenzierung hinsichtlich der Art der Instandhaltungsmaßnahmen sind **Inspektion, Wartung** und **Reparatur** zu unterscheiden. Die Inspektion dient der Beschaffung von Informationen über den Zustand eines Betriebsmittels, so daß Mängel oder Schäden frühzeitig erkannt werden können. Unter Wartung versteht man die regelmäßige Pflege von Betriebsmitteln durch Reinigen, Schmieren, Imprägnieren, Konservieren, Anziehen von Schrauben etc. Z. B. werden Schmierpläne aufgestellt, die bestimmen, welche Betriebsmittel wann, wo und womit geschmiert werden müssen, um dem Verschleiß und Energieverlusten (Reibungsverlusten) vorzubeugen. Wartungsaktivitäten dienen somit vornehmlich der Verschleißhemmung.

Reparaturen sind erforderlich, um Mängel zu beseitigen und um den Soll-Zustand eines Betriebsmittels wiederherzustellen. Sie haben also primär die Verschleißbescheinigung zum Ziel. Reparaturen können vorbeugend, beispielsweise der Austausch von derzeit noch funktionsfähigen Teilen, oder ausfallbedingt vorgenommen werden.

Nach dem zeitlichen Abstand der Instandhaltungsaktivitäten können **periodische** und **sequentielle** Strategien unterschieden werden. Bei periodischen Strategien wird die Instandhaltung in einmal festgelegten konstanten Zeitabständen vorgenommen, **sequentielle** Strategien sehen die Durchführung von Instandhaltungsaktivitäten nach unterschiedlichen Zeitabständen in Abhängigkeit vom Verschleißfortschritt eines Betriebsmittels vor. In der Regel verringern sich die Instandhaltungsintervalle mit zunehmendem Alter einer Anlage.

Bei **isolierten** Strategien werden für jedes Verschleißteil die Instandhaltungsaktivitäten gesondert geplant. Werden die einzelnen Aktivitäten jedoch so geplant, daß zum gleichen Zeitpunkt mehrere Verschleißteile, die einen Instandhaltungsblock bilden, gemeinsam instandgehalten werden, so handelt es sich um **Blockstrategien**[17]. Die Entscheidung über diese Art der Koordination erfolgt auf der Basis einer Wirtschaftlichkeitsanalyse, bei der die Ersparnisse an Instandhaltungsrüstkosten und die sonstigen Vorteile der Koordination dem möglichen Nachteil einer frühzeitigen Reparatur oder Erneuerung eines derzeit noch funktionsfähigen Teils gegenübergestellt werden.

Neben der Auswahl von Instandhaltungsstrategien muß die Instandhaltungsabteilung auch die Reihenfolge der Bearbeitung der einzelnen Instandhal-

---

17 Vgl. *Männel, W.*: Wirtschaftlichkeitsfragen der Anlagenerhaltung, Wiesbaden 1968, S. 142.

tungsaufträge festlegen. Hierfür sind verschiedene Prioritätsregeln entwickelt worden. Die wichtigsten sind[18]:

- Bevorzugung der zuerst ausgefallenen Betriebsmittel (first come, first served).
- Bevorzugung der Betriebsmittel mit den höchsten Stillstandskosten pro Zeiteinheit (Regel I).
- Bevorzugung der Betriebsmittel mit der kürzesten Reparaturdauer (Regel II).
- Bevorzugung jener Betriebsmittel, während deren Reparatur bei den übrigen reparaturbedürftigen Anlagen insgesamt die geringsten Stillstandskosten entstehen (Regel III).
- Bevorzugung jener Betriebsmittel, bei denen das engpaßbezogene Stillstandskostenniveau am höchsten ist (Regel IV).

Die first-come-first-served-Regel läßt sich nur dann sinnvoll anwenden, wenn die entstehenden Stillstandskosten weitgehend unabhängig von der gewählten Reihenfolge sind (z. B. Ausfall zweier Anlagen im gleichen Fertigungsstrang, keine Pufferläger zwischen den ausgefallenen Anlagen). Die Prioritätsregeln I–IV werden in Abbildung 10 einem Vergleich unterzogen.

Die Anwendung der Prioritätsregel IV führt zur Minimierung der insgesamt anfallenden wartezeitbedingten Stillstandskosten aller Maschinen. Sie bestimmt daher die **optimale** Reihenfolge der Instandhaltungsaufträge. Allerdings sind die Regeln I–IV für den Einsatz in der Praxis nur sehr eingeschränkt tauglich, da regelmäßig weder die benötigte Reparaturzeit noch die Stillstandskosten hinreichend genau geschätzt werden können. Deshalb bietet sich der Einsatz einfacherer Regeln zur Reihung der Aufträge an, beispielsweise:

Vorrangige Instandsetzung der Anlage,

- vor der der Auftrag mit der höchsten Kapitalbindung wartet
- vor der der Auftrag mit dem höchsten Deckungsbeitrag wartet
- vor der ein Auftrag wartet, der im Falle verspäteter Auslieferung mit Pönalen bewehrt ist und dessen Schlupfzeit[19] gegen Null tendiert
- vor der ein Auftrag wartet, bei dessen verspäteter Auslieferung ein wichtiger Kunde betroffen ist und dessen Schlupfzeit gegen Null tendiert
- die sich am Ende des Produktionsprozesses befindet
- deren Ausfallursache bekannt ist
- die sich in Nähe des aktuellen Aufenthaltsortes der Instandhalter befindet
- deren ausfallende Produktionsmenge kurzfristig nicht durch eine parallel laufende Anlage oder ein Pufferlager überbrückt werden kann

---

18 Vgl. *Männel, W.*: Vorbeugende Instandhaltung, Frankfurt am Main/Berlin 1971, S. 34–36.
19 Zum Begriff und zur Berechnung der Schlupfzeit vgl. Abschnitt 6.2.2.4.3.

Zellen	1 Prioritätsregeln	2 Bearb.-Reihenfolge	3 Betriebsmittel (Instandsetzungsaufträge)	4 Zeitbedarf für die Instandsetzung (Wartezeit der "übrigen" Betriebsmittel) [Std.]	5 Stillstandskosten pro Stunde [DM/Std.]	6 (5):(4) Stillstandskosten pro Stunde je Instandhaltungszeitbedarf [DM/Std.]	7 wartezeitbedingte Stillstandskosten aller "übrigen" Betriebsmittel pro Stunde [DM/Std.]	8 während der Reparaturzeit der zu reparierenden Betriebsmittel [DM]
1	I	1.	d	10	80		270[1]- 80 = 190	1900
2		2.	b	8	70		190 - 70 = 120	960
3		3.	c	12	60		120 - 60 = 60	720
4		4.	a	7	35		60 - 35 = 25	175
5		5.	e	14	25		0	0
6	insgesamt anfallende "wartezeitbedingte" Stillstandskosten							3755
7	II	1.	a	7	35		270[1]- 35 = 235	1645
8		2.	b	8	70		235 - 70 = 165	1320
9		3.	d	10	80		165 - 80 = 85	850
10		4.	c	12	60		85 - 60 = 25	300
11		5.	e	14	25		0	0
12	insgesamt anfallende "wartezeitbedingte" Stillstandskosten							4115
13a	III	1.	a	7	35		270[1]- 35 = 235	1645
13b		1.	b	8	70		270 - 70 = 200	1600
13c		1.	c	12	60		270 - 60 = 210	2520
13d		1.	d	10	80		270 - 80 = 190	1900
13e		1.	e	14	25		270 - 25 = 245	3430
14a		2.	a	7	35		200 - 35 = 165	1155
14b		2.	c	12	60		200 - 60 = 140	1680
14c		2.	d	10	80		200 - 80 = 120	1200
14d		2.	e	14	25		200 - 25 = 175	2450
15a		3.	c	12	60		165 - 60 = 105	1260
15b		3.	d	10	80		165 - 80 = 85	850
15c		3.	e	14	25		165 - 25 = 140	1960
16a		4.	c	12	60		85 - 60 = 25	300
16b		4.	e	14	25		85 - 25 = 60	840
17		5.	e	14	25		0	0
18	insgesamt anfallende "wartezeitbedingte" Stillstandskosten							3905
19	IV	1.	b	8	70	8,75	270[1]- 70 = 200	1600
20		2.	d	10	80	8,0	200 - 80 = 120	1200
21		3.	c	12	60	5,0	120 - 60 = 60	720
22		4.	a	7	35	5,0	60 - 35 = 25	175
23		5.	e	14	25	1,79	0	0
24	insgesamt anfallende "wartezeitbedingte" Stillstandskosten							3695

[1] Summe der stillstandszeitproportionalen Stillstandskosten pro Stunde für alle Betriebsmittel (35+70+60+80+25=270)

Abb. 10: Rechnerischer Vergleich der Prioritätsregeln

Welche Regel in einem Unternehmen zur Anwendung gelangen sollte, läßt sich nicht grundsätzlich sondern nur situativ entscheiden. Die Kombination mehrerer Regeln ist regelmäßig sinnvoll.

4. Werkstoffe

4.1 Werkstoffarten

Unter dem Elementarfaktor Werkstoff werden alle Güter zusammengefaßt, die Grund- oder Ausgangsstoffe für die Produktion von Erzeugnissen sind und zur Aufrechterhaltung der Produktion dienen[1]. Fast alle diese Güter sind bereits von anderen Betrieben gewonnen, bearbeitet oder erzeugt worden. Zu den Werkstoffen sind vor allem Roh-, Hilfs- und Betriebsstoffe zu rechnen. Ferner zählt man zu ihnen alle Güter, die als Fertigteile in ein Produkt eingehen. Werkstoffe werden in der Literatur mitunter auch als Repetierfaktoren bezeichnet, weil sie im Produktionsprozeß verbraucht werden und für jeden Produktionsakt neu beschafft bzw. dem Lager entnommen werden müssen.

Rohstoffe bilden den Hauptbestandteil der Erzeugnisse einer Unternehmung. Sie gehen substantiell in die Fertigerzeugnisse ein. Zu den Rohstoffen zählen z. B. Eisen, Holz, Leder, Wolle.

Hilfsstoffe sind Nebenbestandteile der Erzeugnisse. Sie gehen zwar ebenfalls substantiell in die Fertigfabrikate ein, spielen jedoch mengen- und wertmäßig nur eine untergeordnete Rolle, so z. B. Anstrichmittel für Maschinen.

Betriebsstoffe dienen der Ingangsetzung und Aufrechterhaltung des betrieblichen Leistungserstellungsprozesses. Sie gehen jedoch substantiell **nicht** in die Erzeugnisse ein. Zu den Betriebsstoffen zählen Treibstoffe, Strom, Schmiermittel.

4.2 Ergiebigkeitskomponenten von Werkstoffen

Die Produktivität der Fertigung wird durch die Werkstoffe wesentlich beeinflußt. Als Ergiebigkeitskomponenten dieses Produktionsfaktors spielen die in Abb. 11 aufgezeigten Faktoren eine entscheidende Rolle[2]:

Bei **Materialverlusten** ist zwischen Abfall, Nebenprodukten und Ausschuß zu unterscheiden. **Abfälle** sind Reststoffe, die bei der Werkstoffbearbeitung anfallen. Auch unter günstigsten Bedingungen hinsichtlich der Beschaffenheit der Werkstoffe und des Fertigungsablaufs sind sie nicht völlig vermeidbar. Die Ergiebigkeit von Werkstoffen ist um so höher, je mehr es gelingt, Abfälle wieder zu verwerten, etwa in Form neuer Produkte (= **Nebenprodukte**), oder wieder in den Produktionsprozeß einzugliedern. In

---

1 Vgl. *Gutenberg, E.*, a.a.O., S. 122.
2 *Adam, D.*: Produktionspolitik, 3. Aufl., Wiesbaden 1980, S. 51.

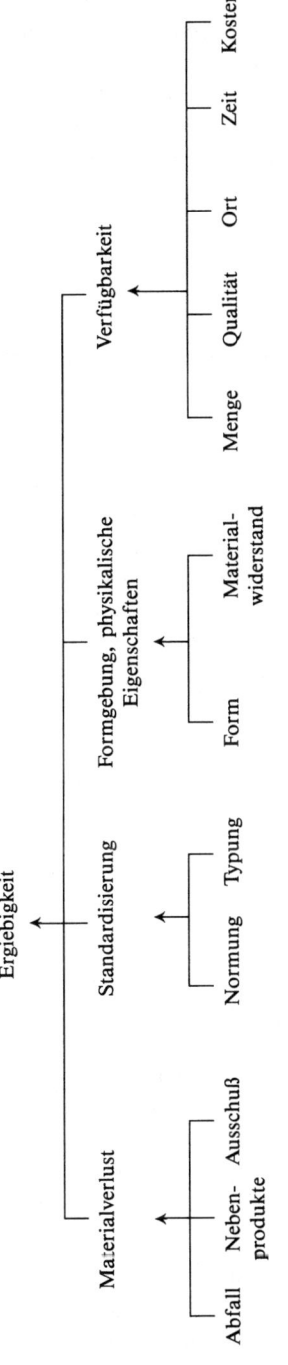

Abb. 11: Ergiebigkeitskomponenten der Werkstoffe

diesem Zusammenhang wird von **Recycling** gesprochen. Dieses Verfahren stellt eine besonders umweltschonende und effiziente Variante der betrieblichen **Entsorgung** dar, die zu den sogenannten „end-of-the-pipe-technologies" zu zählen ist. Andere, weniger umweltverträgliche Verfahren dieser Art sind die Müllverbrennung und Deponierung. Maßnahmen des betrieblichen Umweltschutzes sollten sich allerdings weniger auf die Entsorgung bereits entstandener Abfälle konzentrieren, sondern schon bei der Produktentwicklung mit umweltschonenden Strategien und Maßnahmen (clean technologies) ansetzen, um Abfälle und Emissionen möglichst frühzeitig zu reduzieren (Abfallreduzierung) oder im Idealfall ganz zu vermeiden (Abfallvermeidung).

Beim **Ausschuß** handelt es sich um Halb- oder Fertigerzeugnisse, die nicht verwertbar sind, weil sie entweder den aufgestellten Qualitätsanforderungen nicht genügen oder aber aufgrund von Materialfehlern unbrauchbar sind. Beim Ausschuß handelt es sich um die unproduktivste Form des Materialverlustes, da neben dem Material auch die eingesetzte Arbeits- und Betriebsmittelzeit verloren geht. Deshalb ist eine kontinuierliche Wareneingangs- und Fertigungskontrolle erforderlich. Auch Ausschuß sollte im Interesse der Ergiebigkeit von Werkstoffen wenn möglich wieder im Produktionsprozeß eingesetzt oder eine Verwertung am Markt angestrebt werden (Produkte 2. Wahl).

Standardisierung wird vielfach als Oberbegriff für Typung und Normung verwendet. Dabei wird unter **Typung**, auch Typisierung genannt, die Vereinheitlichung des ganzen Produktes zum Zwecke der Rationalisierung des Produktionsprozesses verstanden. Unter **Normung** versteht man hingegen die Vereinheitlichung von Einbauteilen, die für die Herstellung der Produkte benötigt werden. Sie bezieht sich vorwiegend auf die technischen Merkmale von Erzeugnissen. Der Rationalisierungseffekt der Standardisierung liegt im wesentlichen in Ersparnissen von Material, Arbeitszeit, Organisations- und Kontrolltätigkeiten.

Die Ergiebigkeit des Produktionsfaktors Werkstoffe hängt auch von seiner **Form** sowie von seinen **physikalischen und chemischen Eigenschaften** ab (Härte, Schmelzpunkt, Elastizität). Unzweckmäßige Formgebung, wie zu groß bemessene Materialzugaben oder unzweckmäßige Abmessungen erhöhen in der Regel die Materialverluste sowie die Bearbeitungszeiten der Werkstücke. Ähnliche Ergiebigkeitsverluste entstehen beim Einsatz von Werkstoffen mit unzweckmäßigen physikalischen und chemischen Eigenschaften.

Schließlich wird die Ergiebigkeit von Werkstoffen auch von deren **Verfügbarkeit** bestimmt. Eine optimale Verfügbarkeit bedeutet, daß Werkstoffe in der richtigen Menge, zur richtigen Zeit, am richtigen Ort, in der richtigen Qualität und zu den richtigen Kosten bereitgestellt werden müssen.

4.3 Werkstoffbeschaffung

Aufgabe der Werkstoffbeschaffung ist es, die Verfügbarkeit der Materialien im Hinblick auf die genannten logistischen Anforderungen sicherzustellen.

4.3.1 Materialbereitstellungsprinzipien

Nach *Grochla*[3] lassen sich folgende **Materialbereitstellungsprinzipien** unterscheiden

– Einzelbeschaffung im Bedarfsfalle

Kennzeichen dieses Materialbereitstellungsprinzips ist, daß die Beschaffung eines Werkstoffes erst dann erfolgt, wenn aufgrund eines bestimmten Produktionsauftrages ein entsprechender Bedarf vorliegt (= fallweise Beschaffung). Der Vorteil dieses Bereitstellungsprinzips liegt in den geringen Lager- und Kapitalbindungskosten. Andererseits besteht die Gefahr von Produktionsstockungen, die für den Betrieb mit hohen Kosten verbunden sind (Stillstandskosten, Löhne, evtl. Konventionalstrafen, entgangene Gewinne, Imageverlust). Der Betrieb kann jedoch auf dieses Beschaffungsprinzip nicht verzichten, wenn sein spezifisches Fertigungsprogramm dessen Anwendung verlangt, z. B. bei auftragsorientierter Einzelfertigung oder beim Einsatz leicht verderblicher Güter.

– Vorratshaltung

Die Vorratshaltung, bei der die Werkstoffe im Lager auf Abruf gehalten werden, ist das in der Praxis am häufigsten verbreitete Bereitstellungsprinzip. Seine Anwendung gewährleistet einen kontinuierlichen Produktionsprozeß und eine gewisse Abschirmung gegenüber Beschaffungsrisiken. Auch ist mit seiner Anwendung die Möglichkeit verbunden, Preisvorteile am Beschaffungsmarkt auszunutzen (z. B. Mengenrabatte, Preisschwankungen). Nachteilig wirken sich bei der Vorratshaltung die hohen Lagerhaltungskosten aus.

– einsatzsynchrone Anlieferung (Just-in-time Anlieferung)

Mit der einsatzsynchronen Anlieferung (JIT) wurde versucht, die Vorteile der beiden anderen Materialbereitstellungsprinzipien zu verbinden und deren Nachteile auszuschließen. Mit Hilfe von Verträgen wird mit den Lieferanten vereinbart, an festen, durch den Produktionsablauf der beschaffenden Unternehmung bedingten Terminen die jeweils erforderlichen Materialmengen zu liefern. Dadurch wird die Gefahr von Produktionsstockungen verringert. Gleichzeitig werden die Lagerhaltungskosten minimiert. Eine erfolgreiche Durchführung des Just-in-time-Konzepts ist an bestimmte Voraussetzungen gebunden, welche die 6 Bausteine der JIT-Konzeption bilden (Abb. 12).

---

3 *Grochla, E.*: Grundlagen der Materialwirtschaft, 3. Aufl., Wiesbaden 1978, Nachdruck 1986, S. 23 ff.

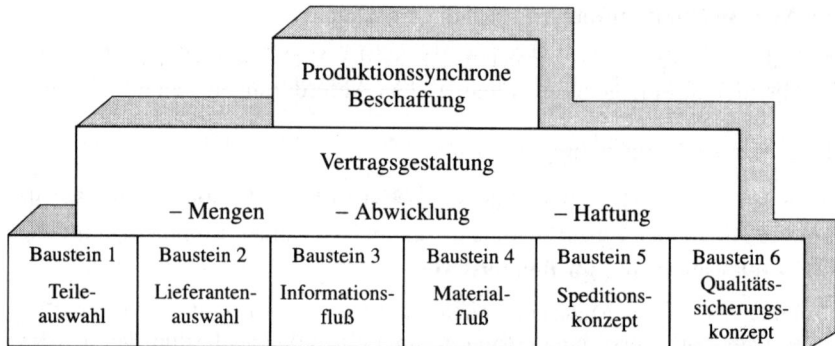

Abb. 12: Bausteine der produktionssynchronen Beschaffung[4]

Eine JIT-Anlieferung kann nur für bestimmte Teile realisiert werden. JIT-taugliche Teile sollten vor allem einen hohen Wert am Gesamtbeschaffungs-volumen besitzen und durch einen kontinuierlichen Bedarf gekennzeichnet sein. Auch voluminöse Teile eignen sich besonders für die JIT-Anlieferung (Baustein 1).

Um eine hohe Versorgungssicherheit zu gewährleisten, ist eine systematische Bewertung von Lieferanten an Hand ausgewählter, vor allem logistischer Kriterien, z. B. die Werksnähe des Lieferanten erforderlich (Baustein 2). Eine geeignete Methode zur Bewertung von Lieferanten bei Vorliegen mehrerer quantitativer und qualitativer Kriterien ist die Nutzwertanalyse.

Eine JIT-Anlieferung funktioniert nur dann reibungslos, wenn die Lieferanten mit dem Abnehmer informationstechnisch verbunden sind (Baustein 3). Hier stehen verschiedene Datenfernübertragungsmöglichkeiten (electronic data ex-change, EDI) zur Verfügung. Der Informationsfluß zwischen den Logistik-partnern sollte grundsätzlich dem Materialfluß vorauseilen, um genügend Dispositionsspielraum für zu treffende Entscheidungen zu besitzen.

Bei der Organisation des Materialflusses (Baustein 4) ist darauf zu achten, daß die Anzahl der Stationen, die das Material durchläuft, minimiert wird. So kann beispielsweise durch die Verlagerung der Qualitätssicherung vom Abnehmer auf den Lieferanten, auf die Wareneingangskontrolle beim Abneh-mer zum großen Teil verzichtet werden. Im Idealfall sollten weder beim Lie-feranten noch beim Abnehmer Wareneingangs- bzw. Warenausgangsbestände auftreten.

Zur Durchführung des JIT-Konzeptes greifen Unternehmen häufig auf das Know-how von Spediteuren zurück (Baustein 5). Das Aufgabenspektrum von Spediteuren hat sich in letzter Zeit stark erweitert. Neben der klassischen

---

4 *Wildemann, H.:* Produktionssynchrone Beschaffung, 2. Aufl., Zürich/München 1988, S. 21.

Transportfunktion übernehmen Spediteure zunehmend auch Lagerhaltungs-, Kommissionier- und mitunter sogar Montageaufgaben. Dies führt z. B. zu der Konsequenz, daß Mitarbeiter der Spedition Schenker am Standort München für den Computerhersteller Commodore ein kundenbezogenes Assembling durchführen. Aufgrund dieser Aufgabenerweiterung werden die Spediteure heute häufig als Logistikdienstleister bezeichnet. Eine besonders interessante Variante ist der Gebietsspediteur, der in einer bestimmten Region für bestimmte Abnehmer Einzelsendungen sammelt, zu einer Komplettladung zusammenfaßt und diese relativ kostengünstig zu Großfrachttarifen über große Distanzen transportiert.

Da im Rahmen von JIT idealerweise keine Lagerbestände und damit keine Sicherheitsbestände existieren, müssen die angelieferten Teile hohen Qualitätsanforderungen entsprechen. Der Abnehmer trifft deshalb häufig mit dem Zulieferer sog. Qualitätsvereinbarungen und überwacht diese regelmäßig oder er richtet zusammen mit dem Lieferanten integrierte Qualitätssicherungssysteme ein (Baustein 6). Es muß sichergestellt werden, daß diese Vereinbarungen partnerschaftlich geplant und realisiert werden.

Die mit der JIT-Anlieferung verbundene hohe Transportfrequenz führt häufig zu einer zunehmenden Verkehrsdichte auf unseren Straßen, weil der größte Teil der Gütervolumina durch LKW transportiert wird (rollende Läger). Dies hat nicht nur volkswirtschaftlich negative Auswirkungen, wie z. B. Umweltverschmutzung, zur Folge, sondern stellt auch häufig eine termingerechte Anlieferung im Rahmen von JIT-Konzepten in Frage („Just-in-time – Just-im-Stau").

Um diese negativen Konsequenzen einer JIT-Anlieferung zu beseitigen, gehen Unternehmen zunehmend dazu über, alternative Versorgungskonzepte auf der Basis der JIT-Philosophie zusammen mit ihren Zulieferern einzurichten. Hier sind vor allem das **externe Lagerkonzept** und die **Logistik-Züge** zu nennen. Im Rahmen des externen Lagerkonzeptes wird in räumlicher Nähe zum Abnehmer ein Lager errichtet, in das die Zulieferer ihre Materialien verbrauchsentkoppelt liefern und von dem aus die Abnehmer verbrauchssynchron beliefert werden. Das externe Beschaffungslager wird in der Regel von einem Spediteur verwaltet.

Das Konzept der Logistik-Züge wird beispielsweise von der Firma LOCTON und BMW erfolgreich praktiziert. LOCTON als Gebietsspediteur sammelt bei etwa 250 Lieferanten im Ruhrgebiet die für diverse BMW-Werke in Bayern bestimmten Zulieferungen und veranlaßt deren Transport durch die Bahn im Nachtsprung zu den Zielorten.

4.3.2 Planung der Materialvorratsmenge

Da es in vielen Fällen nicht möglich bzw. nicht zweckmäßig ist, die Materialbeschaffung und den Verbrauch genau aufeinander abzustimmen, ist eine Vor-

ratshaltung in der Regel unumgänglich. Soll ein kontinuierlicher Fertigungsablauf sichergestellt werden, so sind die sich aus dem Bedarfsplan ergeben-
den Materialmengen für die Produktion rechtzeitig bereitzustellen und die
hierdurch entstehenden Beständelücken durch eine rechtzeitige Bestellung zu
schließen, um Fehlmengen zu vermeiden.

Es ist dann zu bestellen, wenn ein bestimmter Lagerbestand – die Meldemenge – erreicht ist. Diese **Meldemenge** muß mindestens der zu erwartenden Materialentnahme während der Beschaffungszeit entsprechen.
Als **Beschaffungszeit** wird dabei der Zeitraum bezeichnet, der zwischen
der Bedarfsmeldung des Lageristen und dem Zeitpunkt liegt, zu dem die
Materialien im Betriebsprozeß für den beabsichtigten Zweck zur Verfügung stehen. Für den Fall eines stetigen und gleichmäßigen Lagerabgan-
ges der Werkstoffe läßt sich die Meldemenge wie in Abb. 13 dargestellt
ableiten.

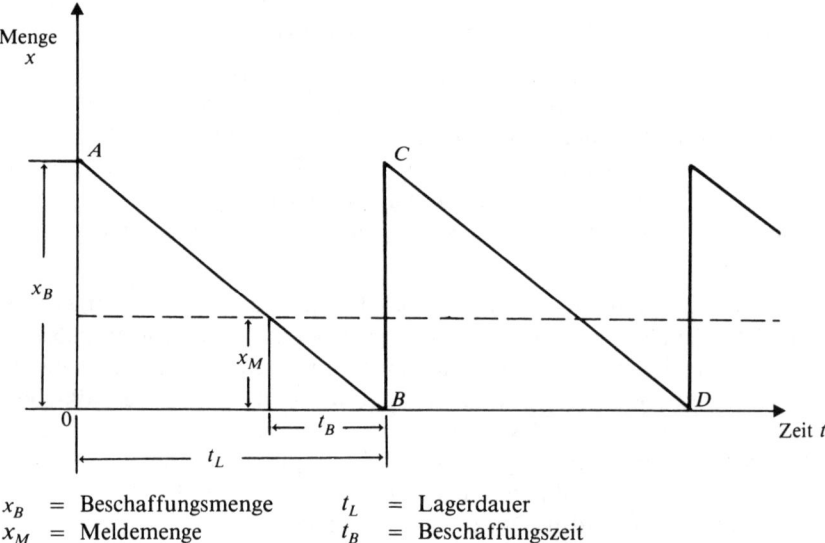

| x_B | = Beschaffungsmenge | t_L | = Lagerdauer |
| x_M | = Meldemenge | t_B | = Beschaffungszeit |

Abb. 13: Ableitung der Meldemenge bei stetigem und gleichmäßigem Lagerabgang

Die Gerade $\overline{AB}$ stellt den Verlauf einer kontinuierlichen Materialentnahme
im Zeitraum t_L dar. Im Zeitraum t_L sinkt der Lagerbestand von x_B Mengeneinheiten auf 0 Mengeneinheiten. Die Steigerung der Geraden $\overline{AB}$ entspricht
dem Quotienten

$$v_l = \frac{x_b}{t_L};$$

v_t zeigt daher die Materialentnahme pro Zeiteinheit (ME/ZE). Die Beschaffungszeit dieses Materials betrage t_B Zeiteinheiten. Aufgrund des Strahlensatzes[5] gilt folgende Beziehung:

$$\frac{x_B}{t_L} = \frac{x_M}{t_B} = v_t\,.$$

Aus diesem Zusammenhang ermittelt sich die Meldemenge durch die Gleichung:

$$x_M = \frac{x_B}{t_L} \cdot t_B$$

oder

$$x_M = v_t \cdot t_B\,.$$

Die Meldemenge x_M ergibt sich also durch die Multiplikation der Materialentnahme pro Zeiteinheit (v_t) mit der Beschaffungszeit (t_B).

Verändert sich im Zeitablauf die Materialentnahme pro Zeiteinheit, so ist der Meldebestand entsprechend anzupassen (Abb. 14).

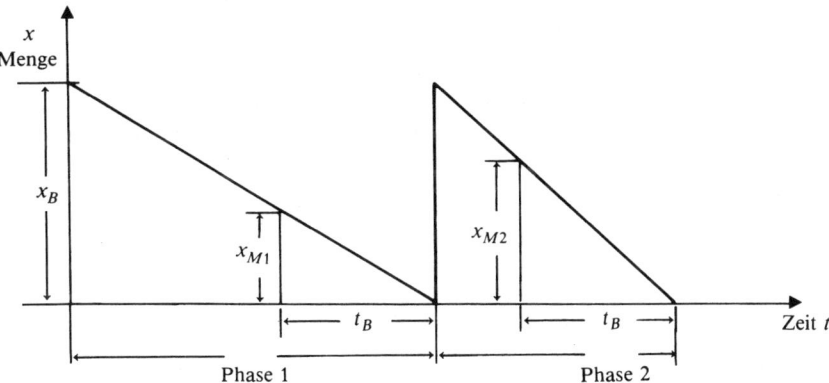

Abb. 14: Auswirkung eines unterschiedlich schnellen Lagerabgangs auf die Meldemenge

Da in der Phase 1 die Materialentnahme pro Zeiteinheit wesentlich geringer ist als in Phase 2, muß in dieser zweiten Phase die Meldemenge ceteris paribus größer sein.

---

5 Werden zwei von einem Punkt ausgehende Strahlen von Parallelen geschnitten, so verhalten sich die Abschnitte auf den Parallelen wie die entsprechenden Scheitelabschnitte.

Auf die dargestellte Weise ist eine rechtzeitige Materialbereitstellung nur dann gewährleistet, wenn die Materialentnahme nicht höher und die Beschaffungszeit nicht länger als geplant ist. Aufgrund der bei der Planung der Materialvorratsmengen auftretenden Unsicherheiten ist es notwendig, zusätzlich einen Sicherheitsbestand einzubeziehen. Als **Sicherheitsbestand** bezeichnet man die zum Ausgleich von überhöhten Entnahmen und verlängerten Beschaffungszeiten erforderliche Vorratsmenge. Im einfachsten Fall läßt sich unter Berücksichtigung des Sicherheitsbestandes B_s die Meldemenge durch folgende Gleichung ermitteln:

$$x_M = v_t \cdot t_B + B_s.$$

4.3.3 Planung der Materialbeschaffung

4.3.3.1 Planung des Materialbedarfs

Nach *REFA* versteht man unter **Materialbedarf** die Menge an Material, „die zu einem bestimmten Termin und für eine bestimmte Periode benötigt wird, um ein vorgegebenes Fertigungsprogramm oder vorliegende Aufträge erfüllen zu können; der Materialbedarf läßt sich auch aus dem Verbrauch in der Vergangenheit ermitteln."[6] Wird der Bedarf für eine gesamte Planungsperiode bestimmt, spricht man vom Periodenbedarf.

Je nach Sichtweise lassen sich unterschiedliche **Materialbedarfsarten** unterscheiden[7]. Einen Überblick vermittelt nachfolgende Abbildung 15.

Bei einer Unterscheidung des Materialbedarfs nach dem Ursprung und der Erzeugnisebene lassen sich Primär-, Sekundär- und Tertiärbedarf differenzieren. Der **Primärbedarf** umfaßt den Bedarf an Fertigerzeugnissen, verkaufsfähigen Baugruppen und Teilen, Handelswaren und Ersatzteilen. Unter dem **Sekundärbedarf** hingegen werden alle Baugruppen, Einzelteile und Rohstoffe zusammengefaßt, die zur Fertigung des Primär- (Markt-)Bedarfs erforderlich sind. Zum **Tertiärbedarf** gehören schließlich der Bedarf an Hilfs- und Betriebsstoffen sowie in der Produktion verwendete Verschleißwerkzeuge.

Eine andere Möglichkeit, Materialbedarfe abzugrenzen, ist die Unterscheidung von Bruttobedarf und Nettobedarf. Maßgebend ist, inwieweit vorhandene Bestände Berücksichtigung finden. Folgt man wieder einer Definition nach *REFA*, ist der **Bruttobedarf** „der periodenbezogene Bedarf an Material ohne Berücksichtigung der Bestände. Der **Nettobedarf** ergibt sich aus der Differenz von Bruttobedarf und dem verfügbaren Lagerbestand zu einem bestimmten Ter-

---

6 *REFA*: Methodenlehre der Planung und Steuerung, Teil 3, München 1974/5, S. 48.
7 Vgl. hierzu und im folgenden *Hartmann H.*: Materialwirtschaft – Organisation, Planung, Durchführung, Kontrolle, 6. Aufl., Stuttgart 1993, S. 228 ff.

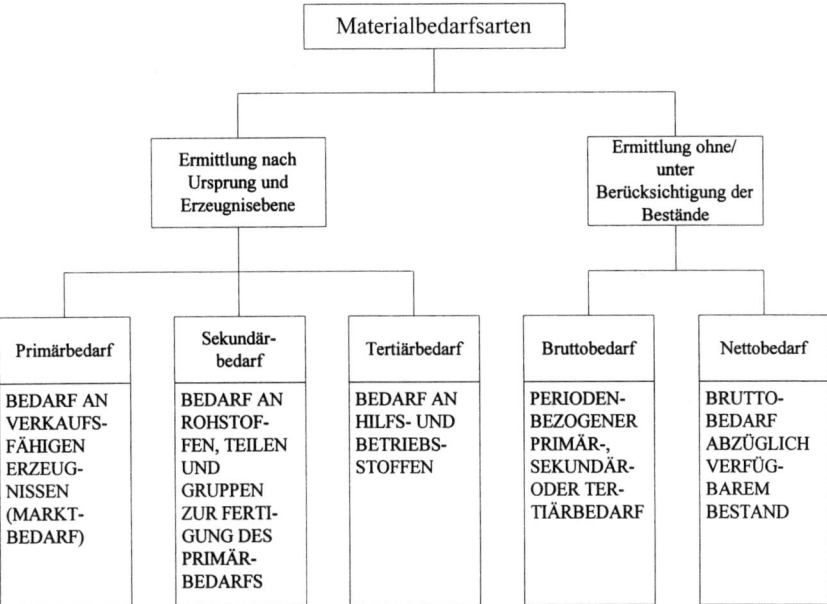

Abb. 15: Überblick über verschiedene Materialbedarfsarten [8]

min."[9] Die in Abbildung 15 vorgenommene Unterscheidung der Bedarfsarten einerseits nach Ursprung und Erzeugnisebene und andererseits mit bzw. ohne Berücksichtigung von Beständen ist nicht unabhängig voneinander zu sehen. Bei der Bestimmung des Nettobedarfs ist einerseits vom Primärbedarf auszugehen, andererseits sind existierende Lagerbestände einzubeziehen[10].

Zur Ermittlung des Materialbedarfs einer Periode stehen grundsätzlich drei Möglichkeiten zur Verfügung: programmgebundene (deterministische) Verfahren, verbrauchsgebundene (stochastische) Verfahren sowie die subjektive Bedarfsschätzung. Einen allgemeinen Überblick über die verschiedenen Verfahren liefert nachfolgende Abbildung 16.

Die **programmgebundenen** Verfahren der Materialbedarfsplanung leiten den Materialbedarf der Periode aus dem aktuellen Fertigungsprogramm ab. Diese relativ aufwendigen Verfahren werden hauptsächlich bei Gütern angewandt, deren wertmäßiger Anteil am Gesamtbeschaffungswert sehr hoch ist und bei denen ein kontinuierlicher Bedarf vorliegt. Ausgangspunkte bzw. Hilfsmittel

---

8 Entnommen aus *Hartmann, H.*: Materialwirtschaft – Organisation, Planung, Durchführung, Kontrolle, 6. Aufl., Stuttgart 1993, S. 230.

9 *REFA*, a.a.O., S. 49 [Hervorhebung durch den Verfasser].

10 Ein Beispiel für eine Verknüpfung der beiden Materialbedarfsarten ist bei *Hartmann, H.*, a.a.O., S. 230ff., zu finden.

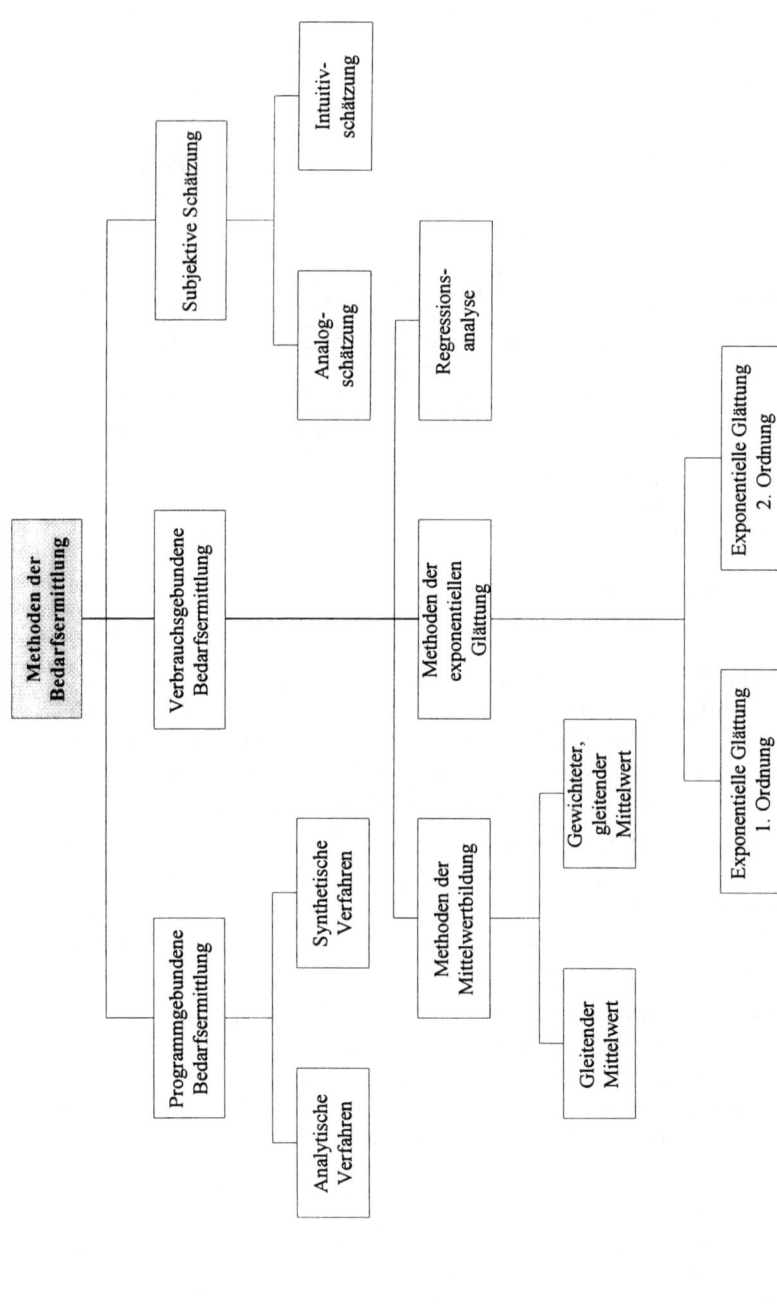

Abb. 16: Methoden der Materialbedarfsplanung[11]

11 Entnommen aus *Hartmann, H.*, a. a. O., S. 236.

sind **Stücklisten**, wenn eine analytische Sichtweise zugrundegelegt wird, bzw. Teileverwendungsnachweise aus synthetischer Sicht. Stücklisten zeigen tabellarisch oder in Form von Baumstrukturen die Zusammensetzung eines bestimmten Endprodukts im Hinblick auf Einzelteile und Baugruppen auf. Sie geben also Informationen über die Struktur und mengenmäßige Zusammensetzung von Produkten[12]. In der chemischen Industrie werden diese Angaben Rezepte genannt. Teileverwendungsnachweise geben als „umgekehrte Stücklisten" Aufschluß darüber, in welchen Baugruppen und/oder Enderzeugnissen ein Einzelteil vorkommt.

Wie Abbildung 16 aufzeigt, ist die Bedarfsauflösung analytisch oder synthetisch möglich. Ein analytisches Vorgehen ist insbesondere bei der Auflösung eines Produktionsplans angebracht. Wird hingegen ein einzelnes Fertigerzeugnis aufgelöst, ist ein synthetisches Vorgehen vorzuziehen. Methoden für die analytische Bedarfsermittlung sind das Baustufen- bzw. Fertigungsstufenverfahren, das Dispositionsstufenverfahren oder die Auflösung auf der Grundlage von Gozinto-Graphen[13].

Das **Fertigungsstufenverfahren**[14] geht von der Erzeugnisstruktur aus, die nach der zeitlichen Reihenfolge des Zusammenbaus gegliedert ist. Der Montage des Endproduktes wird die Fertigungsstufe Null zugewiesen. Es folgt eine schrittweise Zerlegung des Erzeugnisses in seine Baugruppen und Einzelteile. Bei der Ermittlung des Nettobedarfs ist auf jeder Fertigungsstufe der ermittelte Bruttobedarf um den verfügbaren Bestand zu korrigieren. Nachteil dieses Verfahrens ist, daß gleiche Baugruppen oder Teile auf verschiedenen Fertigungsstufen eines Erzeugnisses auftauchen können. Bedarfe entstehen – entsprechend den Fertigungsstufen – in relativ kleinen Mengen. Dies impliziert höhere Bestellhäufigkeiten, und somit auch höhere Bestellkosten, da Bedarfe für gleiche Teile nicht zusammengefaßt werden. Dem steht als Vorteil gegenüber, daß die kleinen Bedarfe näher dem Zeitpunkt ihrer Verwendung bestellt werden. Lagerzeiten und -kosten sind demnach vergleichsweise gering.

Dieses versucht das **Dispositionsstufenverfahren** zu vermeiden. Bei einer analytischen Auflösung nach Dispositionsstufen wird eine Baugruppe oder ein Teil nur einer Stufe zugeordnet, und zwar der Fertigungsstufe, in der das Teil bzw. die Baugruppe zum *ersten* Mal benötigt wird. Diese Fertigungsstufe ist dann zugleich Dispositionsstufe des entsprechenden Bauteils. Die Auflösung einer Baugruppe wird solange zurückgestellt, bis eine weitere Auflösung in einer vorgelagerten Fertigungsstufe nicht mehr möglich ist. Insge-

---

12 Für eine genaue Unterscheidung verschiedener Stücklistenarten vgl. *Reichwald, R., Dietel, B.*: Produktionswirtschaft, in: *Heinen, E.* (Hrsg.): Industriebetriebslehre, a.a.O., S. 497.

13 Zur Beschreibung der unterschiedlichen Methoden sei auf *Reichwald, R., Dietel, B.*: Produktionswirtschaft, in: *Heinen, E.* (Hrsg.): Industriebetriebslehre, a.a.O., S. 504 ff. verwiesen.

14 Vgl. *Hartmann, H.*, a.a.O., S. 253 ff.

samt bietet dieses Verfahren den Vorteil, daß es einfach und wenig zeitaufwendig ist. Dadurch daß Bedarfe für einzelne Teile in den Dispositionsstufen zusammengefaßt werden, sinkt die Bestellhäufigkeit. Größere Mengen können zu ermäßigten Beschaffungspreisen führen (Mengenrabatte). Als Nachteil resultieren – im Vergleich zum Vorgehen nach Fertigungsstufen – höhere Lagerkosten, da die Bedarfe vor dem Zeitpunkt ihrer konkreten Verwendung beschafft werden.

Die dritte Möglichkeit der Bedarfsauflösung bedient sich der Hilfe von sog. **Gozinto-Graphen**[15]. Hierbei handelt es sich um eine Erzeugnisdarstellung aus bewerteten, gerichteten Graphen, die Redundanzen in Form einer Mehrfachnennung von Einzelteilen oder Baugruppen vermeidet. Identische Teile sind nur einmal als Knoten aufgeführt, Mehrfachverwendungen durch mehrere von diesen Knoten ausgehende Pfeile dargestellt. Mengenrelationen werden durch gerichtete Kanten sowie zugeordnete Zahlen symbolisiert. Ein Gozinto-Graph gibt keinen Aufschluß über unterschiedliche Fertigungs- oder Dispositionsstufen, sondern lediglich über Struktur- und Mengenbeziehungen eines Endproduktes. Ein einfaches Beispiel eines Gozinto-Graphen veranschaulicht Abbildung 17.

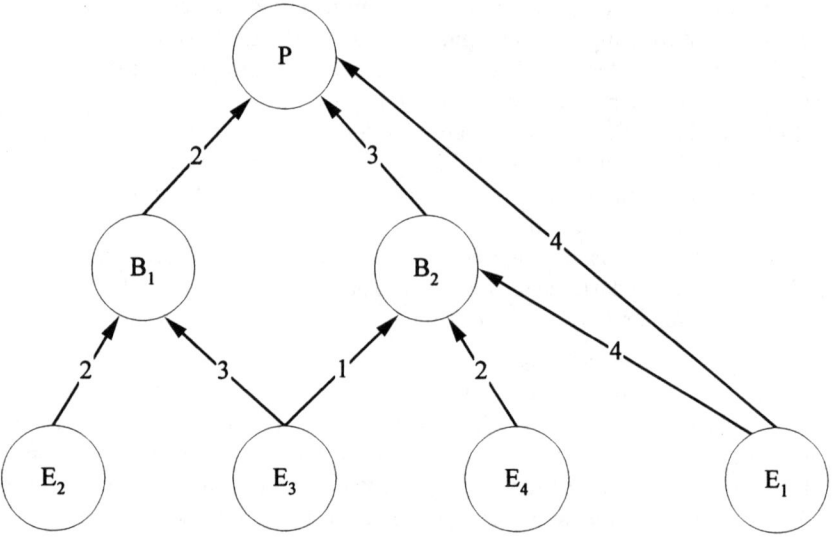

P = Produkt;   B = Bauteil;   E = Einzelteil

Abb. 17: Beispiel für einen Gozinto-Graphen[16]

---

15 Der Begriff Gozinto entstammt aus dem Englischen. Er steht für „the part that goes into".
16 Entnommen aus: *Corsten, H.*, Lexikon der Betriebswirtschaftslehre, 3. Aufl., München/ Wien 1995, S. 631.

Das dargestellte Produkt setzt sich aus zwei Baugruppen und insgesamt vier verschiedenen Einzelteilen zusammen. Die Werte an den Graphen sagen aus, daß für eine Erzeugniseinheit des Produktes P zwei Baugruppen B_1, drei Baugruppen B_2 sowie vier Einheiten des Einzelteils E_1 eingehen. Die Herstellung einer Baugruppe B_1 erfordert zwei Einheiten des Einzelteils E_2 und 3 Einheiten des Einzelteils E_3. In eine Einheit der Baugruppe B_2 gehen eine Einheit von E_3, zwei Einheiten von Einzelteil E_4 und vier Einheiten von E_1 ein. Ist ein Primärbedarf für das Produkt P gegeben, erfolgt die Bedarfsermittlung über die Erstellung eines linearen Gleichungssystems.

Nachfolgend soll anhand eines umfangreicheren **Beispiels** eine Verbrauchs-Bedarfs-Ermittlung nach Dispositionsstufen illustriert werden. Hierzu sind folgende Ausgangsdaten bekannt:

Für das Endprodukt 1 ist für Periode 8 ein Primärbedarf von 35 Einheiten prognostiziert worden. Es liegt folgender Teileverwendungsnachweis vor:

Produkt	verwendet in	Anzahl
1	-	-
2	1	2
3	1	3
4	2	2
	6	2
5	2	3
	3	1
6	3	2
7	6	1

Für alle Produkte wird ein einheitlicher Sicherheitsbestand von 5 Einheiten bevorratet. Die produktbezogenen Vorlaufzeiten[17] sind 1, 2, 1, 1, 2, 3 und 2 Perioden. Zum Planungszeitpunkt sind noch folgende Lagerbestände vorhanden: 10, 15, 20, 10, 10, 10 und 30 Einheiten.

Der dargestellte Teileverwendungsnachweis soll in einen Gozinto-Graphen umgewandelt werden. Das Ergebnis ist folgender Abbildung zu entnehmen:

---

17 Unter einer Vorlaufzeit versteht man die Zeitspanne, die zwischen dem Montagebeginn des übergeordneten Endproduktes bzw. der Baugruppe und dem Bedarfszeitpunkt des Einzelteils bzw. der Baugruppe liegt; vgl. *Hoitsch, H.-J.*, a.a.O., S. 372.

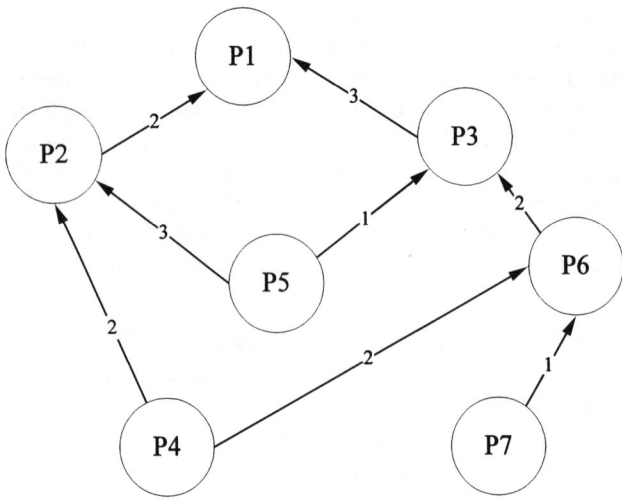

Im nächsten Schritt wird eine Verbrauchs-Bedarfs-Ermittlung durch analytische Auflösung nach Dispositionsstufen für das Erzeugnis 1 in den Perioden 1 bis 8 durchgeführt (vgl. hierzu die Lösung in nachfolgender Abbildung 18). Ausgangspunkt ist der Primärbedarf von P1 in Periode 8. Unter
Berücksichtigung des verfügbaren Lagerbestandes resultiert ein Nettobedarf
von 30 Einheiten. Zusätzlich ist bei P1 die Vorlaufzeit von einer Periode einzubeziehen. Als Grundlage für die sich anschließende weitere Auflösung resultiert – unter Einbezug von verfügbarem Lagerbestand und Vorlaufzeiten –
ein Bedarf von 30 Mengeneinheiten von P1 in Periode 7. Diese Auflösung
vervollständigen wir wie dargestellt um die weiteren Einzelteile P2 bis P7
des Endproduktes 1.

An dieser Stelle sei noch einmal auf den wesentlichen Unterschied zwischen
dem Vorgehen nach Fertigungsstufen und der Ermittlung nach Dispositionsstufen verwiesen. Beim Dispositionsstufenverfahren werden die Bedarfe der
Fertigungsstufe zugeordnet, in der das Teil bzw. die Baugruppe zum *ersten*
Mal benötigt werden. Für die vorliegende Aufgabe heißt dies konkret, daß
der Bedarf für das Produkt P5 in Periode 3 entsteht, und zwar 220
(= 145 + 75) Einheiten, sowie für das Produkt P4 385 (= 285 + 100) Einheiten in Periode 2.

Die **verbrauchsgebundenen** Verfahren der Materialbedarfsplanung, die den
zukünftigen Verbrauch aus den Verbräuchen der Vergangenheit ableiten, werden in der Regel bei geringwertigen Gütern angewandt oder wenn programmgebundene Methoden unwirtschaftlich erscheinen. Zur Berechnung der
Prognosewerte werden in Abhängigkeit von alternativen Bedarfsverläufen
(konstant/unregelmäßig/trendförmig/saisonal/unstetig) unterschiedliche Mit-

Disp.Stufe		Periode								
		1	2	3	4	5	6	7	8	
0	Brutto								35	P1
	Lager	10	10	10	10	10	10	10	10	
	verf. Lager	5	5	5	5	5	5	5	5	
	Netto								30	
	Bedarf						30			
1	Brutto							60		P2
	Lager	15	15	15	15	15	15	15	5	
	verf. Lager	10	10	10	10	10	10	10	0	
	Netto							50		
	Bedarf					50				
1	Brutto							90		P3
	Lager	20	20	20	20	20	20	20	5	
	verf. Lager	15	15	15	15	15	15	15	0	
	Netto							75		
	Bedarf						75			
2	Brutto					150	75			P5
	Lager	10	10	10	10	10	5	5	5	
	verf. Lager	5	5	5	5	5	0	0	0	
	Netto					145	75			
	Bedarf			145	75					
2	Brutto						150			P6
	Lager	10	10	10	10	10	10	5	5	
	verf. Lager	5	5	5	5	5	5	0	0	
	Netto						145			
	Bedarf			145						
3	Brutto			290		100				P4
	Lager	10	10	10	5	5	5	5	5	
	verf. Lager	5	5	5	0	0	0	0	0	
	Netto			285		100				
	Bedarf		285		100					
3	Brutto			145						P7
	Lager	30	30	30	5	5	5	5	5	
	verf. Lager	25	25	25	0	0	0	0	0	
	Netto			120						
	Bedarf	120								

Abb. 18: Verbrauchs-Bedarfs-Ermittlung durch analytische Auflösung nach Dispositionsstufen

telwertmethoden, die exponentielle Glättung 1. bzw. 2. Ordnung oder die Methode der Regressionsanalyse eingesetzt[18].

Bei den **Mittelwertmethoden** wird der Prognosewert in der Regel aus einer festen Periodenzahl der Vergangenheit abgeleitet, z. B. werden immer nur die Bedarfe der letzten sechs Perioden betrachtet. Man spricht dann vom gleitenden Mittelwert, weil eine rollierende Planung vorliegt. Neben dem gewöhnlichen arithmetischen Mittel besteht darüber hinaus die Möglichkeit, die vergangenen Perioden mit unterschiedlichen Gewichten zu belegen. So können jüngere Vergangenheitswerte ein höheres Gewicht als weiter zurückliegende erhalten. Im letzteren Fall spricht man vom gewogenen gleitenden Mittelwert. Die Methode der Mittelwertbildung führt insgesamt nur bei relativ konstantem Verbrauchsverlauf zu brauchbaren Prognoseergebnissen. Bei der gleitenden Mittelwertbildung sollte die Anzahl der Perioden so gewählt werden, daß kurzfristige Zufallsschwankungen möglichst ausgeschaltet werden und trotzdem die Periodenzahl nicht zu groß wird.

Ein anderes Verfahren, das in der industriellen Praxis weite Verbreitung gefunden hat, ist die exponentielle Glättung. Im Rahmen dieses Buches soll nur die weiter verbreitete **exponentielle Glättung 1. Ordnung** thematisiert werden. Der Prognosewert PW_{t+1} für die folgende Periode wird gemäß folgender Formel bestimmt:

$$PW_{t+1} = PW_t + \alpha \cdot (r_t - PW_t) \quad \text{bzw.} \quad PW_{t+1} = \alpha \cdot r_t + (1 - \alpha) \cdot PW_t$$

Dabei bedeuten:

PW_{t+1} = Prognosewert für die neue Periode $t + 1$,
PW_t = Prognosewert für die laufende Periode,
α = Glättungs- bzw. Gewichtungsfaktor und
r_t = tatsächlicher Verbrauch in der laufenden Periode t.

Insgesamt liegen die Werte des Glättungsfaktors α zwischen 0 und 1. Je größer man die α-Werte wählt, desto stärker und schneller passen sich die neuen Vorhersagen dem tatsächlichen Verbrauch an, desto stärker reagiert aber auch die Prognose auf Zufallsschwankungen. Deshalb sind die α-Werte bei kleineren normalverteilten Schwankungen der tatsächlichen Verbrauchswerte zwischen 0,1 und 0,2 zu wählen, bei saisonalen Schwankungen zwischen 0,3 und 0,5. In keinem Falle sollten die α-Werte größer als 0,5 sein, da dann statistische Vorbehalte anzumelden sind. Es werden auf diesem Wege zu wenige Perioden in die Rechnung einbezogen. Als Startwerte für diese Verfahren werden häufig entweder (gewichtete) Mittelwerte oder der tatsächliche Verbrauchswert der letzten Periode zugrundegelegt.

Das Verfahren der **Regressionsanalyse** wird vor allem dann eingesetzt, wenn die Verbrauchswerte einen trendförmigen Verlauf aufweisen. Die bisherige

---

18 Vgl. *Hartmann, H.*, a. a. O., S. 266 ff.

Verbrauchsentwicklung wird mit Hilfe einer mathematischen Funktion abzubilden versucht und in die Zukunft extrapoliert.

Die Vorgehensweise der **exponentiellen Glättung 1. Ordnung** soll nachfolgend anhand eines **Beispiels** veranschaulicht werden:

Die Entwicklung des Ist-Verbrauchs einer Materialart in den letzten zehn Monaten – Mai bis Februar – ist in der folgenden Tabelle wiedergegeben. Die Monate sind in gleich große Zeitabschnitte aufgeteilt.

Monat	realisierte Menge	Monat	realisierte Menge
Mai	92	Okt	86,4
Jun	97	Nov	110
Jul	104	Dez	104
Aug	95,5	Jan	113
Sep	100	Feb	96

Für die Monate Oktober bis März sollen nun die Vorhersagewerte mit Hilfe der exponentiellen Glättung erster Ordnung bestimmt werden (es gilt: $\alpha = 0{,}2$). Die Vorhersage für den Monat September als Ausgangswert für die exponentielle Glättung sei mit Hilfe des Verfahrens des **gewogenen gleitenden Mittelwertes** der Monate Mai bis August durchzuführen. Von folgender Gewichtung sei annahmemäßig ausgegangen: Der Monat Mai erhält 1/4 des Gewichtes des Monats August, 1/3 des Gewichtes des Monats Juli und 1/2 des Gewichtes des Monats Juni.

Im ersten Schritt ist der Prognosewert für den Monat September als Startwert unter Berücksichtigung der angegebenen Gewichtung zu ermitteln. Er ergibt sich wie folgt:

$$PW_{\text{Sep}} = \frac{1 \cdot 92 + 2 \cdot 97 + 3 \cdot 104 + 4 \cdot 95{,}5}{10} = \frac{980}{10} = 98.$$

Mit Hilfe oben genannter Formel lassen sich jetzt Prognosewerte für die Monate Oktober bis März errechnen:

$$
\begin{aligned}
PW_{\text{Okt}} &= \alpha \cdot 100 + (1 - \alpha) \cdot 98 \\
&= 0{,}2 \cdot 100 + 0{,}8 \cdot 98 &&= 98{,}4 \\
PW_{\text{Nov}} &= 0{,}2 \cdot 86{,}4 + 0{,}8 \cdot 98{,}4 &&= 96 \\
PW_{\text{Dez}} &= 0{,}2 \cdot 110 + 0{,}8 \cdot 96 &&= 98{,}8 \\
PW_{\text{Jan}} &= 0{,}2 \cdot 104 + 0{,}8 \cdot 98{,}8 &&= 99{,}84 \\
PW_{\text{Feb}} &= 0{,}2 \cdot 113 + 0{,}8 \cdot 99{,}84 &&= 102{,}47 \\
PW_{\text{März}} &= 0{,}2 \cdot 96 + 0{,}8 \cdot 102{,}47 &&= 101{,}18
\end{aligned}
$$

Aus der Differenz zwischen dem tatsächlichen Verbrauchswert und dem Prognosewert eines Monats läßt sich ein Prognosefehler ermitteln. Dieser beträgt z. B. für November als absolute Größe 14 (=110 – 96), für Februar 6,47. Ziel der exponentiellen Glättung 1. Ordnung ist es insgesamt, eine möglichst genaue Prognose vorzunehmen, indem der Prognosefehler durch Wahl eines geeigneten Glättungsfaktors α möglichst gering gehalten wird.

Eine **subjektive Schätzung** des Materialbedarfs wird schließlich immer dann vorgenommen, wenn keine Informationen über das geplante Produktionsprogramm oder eine nur unzureichende Zahl von Vergangenheitswerten vorliegen bzw. bei der Bedarfsermittlung von geringwertigen Gütern.

4.3.3.2 Begriff der optimalen Bestellmenge

Im Rahmen der Vorratshaltung stellt die Bestimmung der **optimalen Bestellmenge** einen weiteren Problemkreis dar. Dieses Optimierungsproblem ergibt sich im wesentlichen aus der Tatsache, daß bei einem Bestellvorgang zwei gegenläufige Kostenentwicklungen auftreten (vgl. Abb. 19).

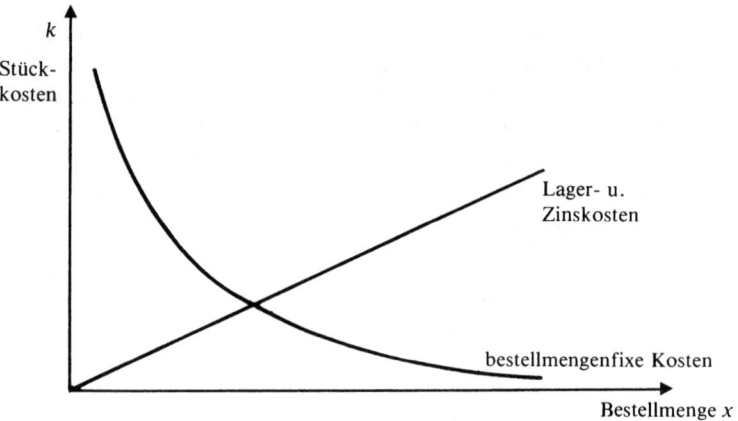

Abb. 19: Stückkostenentwicklung in Abhängigkeit von der Bestellmenge

Unter **bestellmengenfixen** Kosten sind diejenigen Kosten zu verstehen, die im Hinblick auf die einzelne Bestellung unabhängig sind. Dazu gehören insbesondere: Kosten der Angebotseinholung und -prüfung, Kosten der Bestellabwicklung, der Liefertermüberwachung, Mahnkosten usw. Würde ein Bestellvorgang nur bestellmengenfixe Kosten verursachen, so würde dies für den Betrieb bedeuten, die Bestellmenge so groß wie möglich zu wählen, um die Stückkosten zu minimieren. Bei größeren Bestellmengen ist jedoch mit einem Ansteigen der Lagerhaltungskosten, insbesondere der Lagerkosten (Raumkosten, Personalkosten, Wagniskosten usw.) zu rechnen. Unter Berücksichtigung dieses Sachverhaltes wäre es für den Betrieb sinnvoll, die Größe der Bestellmenge so klein wie möglich zu halten.

Zur Bewältigung dieses Dilemmas ist die Bestellmenge so zu wählen, daß die Summe aus bestellmengenfixen Kosten und Lager- und Zinskosten ein Minimum wird (opt. Bestellmenge).

4.3.3.3 Grundmodell zur Ermittlung der optimalen Bestellmenge

4.3.3.3.1 Annahmen dieses Modells

Unter einem **Modell** versteht man in der Betriebswirtschaftslehre ein **vereinfachtes Abbild der Realität**. Auch dem Modell der optimalen Bestellmenge[19] liegen bestimmte vereinfachende Annahmen zugrunde:

1. Der Gesamtbedarf der Periode T (i. d. Regel 1 Jahr) ist gegeben. Er stimmt mit der Beschaffungsmenge überein. Die Beschaffungsmenge ist in gleichbleibende Bestellmengen x aufzuteilen.

2. Der Lagerabgang erfolgt kontinuierlich und in gleichen Raten (vgl. Abb. 20).

3. Es gibt weder Beschaffungsengpässe noch Lagerungs- und Finanzierungsrestriktionen.

4. Es wird kein Sicherheitsbestand gehalten, da zwischen der Lagerentnahme der letzten Einheit und der Wiederauffüllung des Lagers kein „time lag" besteht.

5. Die Einstandspreise werden als konstant angenommen.

4.3.3.3.2 Mathematische Ableitung der optimalen Bestellmenge

Zur Ableitung der optimalen Bestellmenge werden folgende Symbole verwendet:

M = Gesamtbedarf der Periode (1 Jahr)

w_0 = Einstandspreis pro Stück

F = bestellmengenfixe Kosten

p = Zinskostensatz in Prozent pro Jahr

l = Lagerkostensatz in Prozent pro Jahr

n = Zahl der Bestellungen pro Jahr (Bestellhäufigkeit)

x = die Bestellmenge

k = Stückkosten der bestellten Güter

t_L = Lagerdauer einer Bestellmenge

---

19 Vgl. u. a. *Grochla, E.*: Grundlagen der Materialwirtschaft, a. a. O., S. 81 ff.

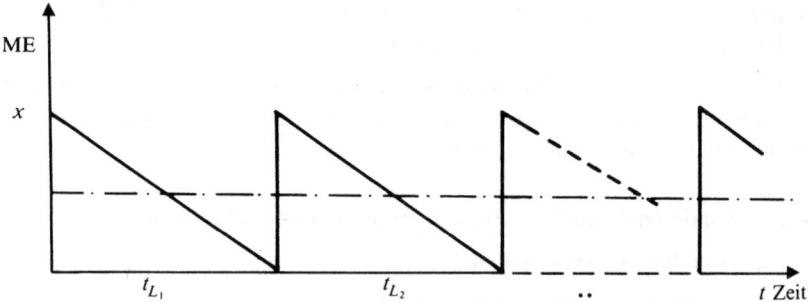

Abb. 20: Lagerbewegung im Modell der optimalen Bestellmenge

Zweckmäßigerweise beginnt man die Ableitung der optimalen Bestellmenge mit der Bestimmung der **Lagerkostenfunktion**:

1. Bei einmaliger Beschaffung ist der Lagerbestand zum Zeitpunkt der Anlieferung gleich dem Gesamtbedarf der Periode $= M$ (ME)

2. Bei n-maliger Beschaffung pro Periode ist der Lagerbestand zum Zeitpunkt der Anlieferung $= \dfrac{M}{n} = x$ (ME)

3. Am Ende der Anlieferungsperiode (vor Eingang der nächsten Lieferung) ist der Lagerbestand $= 0$ (ME)

4. Der durchschnittliche **mengenmäßige Lagerbestand** ist somit bei stetigem und gleichmäßigem Lagerabgang

   $\dfrac{x+0}{2}$ $= \dfrac{x}{2}$ (ME)

5. Der durchschnittliche **Lagerbestandswert** ermittelt sich durch die Multiplikation des durchschnittlichen mengenmäßigen Lagerbestandes mit dem Einstandspreis pro Stück $= \dfrac{x}{2} \cdot w_0$ (GE)

6. Zur Ermittlung der Lagerkosten ist dieser durchschnittliche Lagerbestandswert mit dem Lagerkostensatz pro Jahr ($l/100$) zu multiplizieren. Die **Lagerkosten pro Jahr** werden also wie folgt ermittelt:

   $$L_J = \dfrac{x \cdot w_0 \cdot l}{2 \cdot 100}$$

7. Da in einer Periode n Bestellungen erfolgen, lassen sich die **Lagerkosten pro Bestellung** L_B ermitteln, indem die Lagerkosten pro Jahr durch die Zahl der Bestellungen pro Jahr dividiert werden.

Es gilt:

$$L_B = \frac{L_J}{n} = \frac{x \cdot w_0 \cdot l}{200 \cdot n}$$

8. Aufgrund der Beziehung $n = M/x$ lassen sich die Lagerkosten pro Bestellung durch folgende Gleichung ausdrücken:

$$L_B = \frac{x^2 \cdot w_0 \cdot l}{200 \cdot M}$$

9. Da mit einer Bestellung x Mengeneinheiten geliefert werden, betragen die **Lagerkosten pro Stück**

$$k_l = \frac{L_B}{x} = \frac{x \cdot w_0 \cdot l}{200 \cdot M}$$

10. Die Ermittlung der Zinskostenfunktion erfolgt analog. Bei einem Zinskostensatz pro Jahr $(p/100)$ ergibt sich somit folgende Stückkostenfunktion:

$$k_p = \frac{x \cdot w_0 \cdot p}{200 \cdot M}$$

11. Die bestellmengenfixen Kosten in Höhe von F (GE) verteilen sich auf die Bestellmenge. Somit ergeben sich bei einer Bestellmenge von x Mengeneinheiten **bestellmengenfixe Kosten pro Stück**

$$k_f = \frac{F}{x}$$

12. Die **gesamten Stückkosten** der bestellten Güter einschließlich des Einstandspreises sind:

$$k_g = w_0 + k_f + k_l + k_p$$

Da der Einstandspreis w_0 als konstant angenommen wird und damit keinen unmittelbaren Einfluß auf die Bestellmenge ausübt, kann in der obigen Stückkostenfunktion der Einstandspreis w_0 weggelassen werden.

13. Damit ergeben sich folgende Stückkosten in Abhängigkeit von der Bestellmenge x

$$k_g = f(x) = \frac{F}{x} + \frac{x \cdot w_0 \cdot l}{200 \cdot M} + \frac{x \cdot w_0 \cdot p}{200 \cdot M}$$

oder

$$k_g = \frac{F}{x} + \frac{x \cdot w_0 \cdot (l + p)}{200 \cdot M}$$

14. Die optimale Bestellmenge liegt dort, wo die Stückkostenfunktion ihr Minimum hat. Mathematisch liegt ein Minimum dann vor, wenn die notwendige und hinreichende Bedingung erfüllt sind. Dies bedeutet, daß zunächst die

erste Ableitung der Stückkostenfunktion gleich Null gesetzt wird und im zweiten Schritt die zweite Ableitung dieser Funktion größer Null sein muß.

Notwendige Bedingung:

$$k_g' = \frac{\mathrm{d}k_g}{\mathrm{d}x} = -\frac{F}{x^2} + \frac{w_0 \cdot (l+p)}{200 \cdot M} \overset{!}{=} 0$$

Nach x^2 aufgelöst ergibt sich

$$x^2 = \frac{200 \cdot M \cdot F}{w_0 \cdot (l+p)}$$

Für die optimale Bestellmenge gilt daher:

$$x_{\text{opt}} = \sqrt{\frac{200 \cdot M \cdot F}{w_0 \cdot (l+p)}}$$

Hinreichende Bedingung:

$$k_g'' = \frac{\mathrm{d}k_g'}{\mathrm{d}x} = +\frac{2F}{x^3} > 0$$

wenn gilt $x > 0$ und $F > 0$

15. Mit Hilfe der Beziehung $n = M/x$ läßt sich bei gegebenem Periodenbedarf die optimale Bestellhäufigkeit pro Periode durch:

$$n_{\text{opt}} = \frac{M}{x_{\text{opt}}}$$

ausdrücken.

16. Die optimale Lagerzeit ermittelt sich durch die Beziehung

$$t_{\text{opt}} = \frac{x_{\text{opt}}}{M}$$

17. Die optimale Bestellmenge läßt sich auch mit Hilfe der Jahreskosten ableiten.

$$K_J = w_0 \cdot M + \frac{F}{x} \cdot M + \frac{x \cdot w_0 \cdot l}{200} + \frac{x \cdot w_0 \cdot p}{200}$$

$$K_J' = \frac{\mathrm{d}K_J}{\mathrm{d}x} = -\frac{F \cdot M}{x^2} + \frac{w_0 \cdot (l+p)}{200}$$

Notwendige Bedingung für das Minimum:

$$K_J' \overset{!}{=} 0 \qquad \text{daraus folgt} \qquad 0 \overset{!}{=} -\frac{F \cdot M}{x^2} + \frac{w_0 \cdot (l+p)}{200}$$

$$x_{\text{opt}} = \sqrt{\frac{200 \cdot M \cdot F}{w_0 \cdot (l+p)}}$$

4.3.3.3.3 Graphische Darstellung der Bestellmengenoptimierung

Abb. 21 stellt die graphische Ableitung der optimalen Bestellmenge dar.

Die geometrische Addition der Stückkostenkurven $k_f(x)$, sowie $k_l(x) + k_p(x)$ führt zu der Gesamtstückkostenkurve $k_g(x)$. Die optimale Bestellmenge ist durch deren Tiefpunkt gegeben. Die Gesamtstückkostenkurve nähert sich für x gegen 0 asymptotisch der Kurve k_f. Für x gegen unendlich nähert sie sich der Kurve $k_l + k_p$.

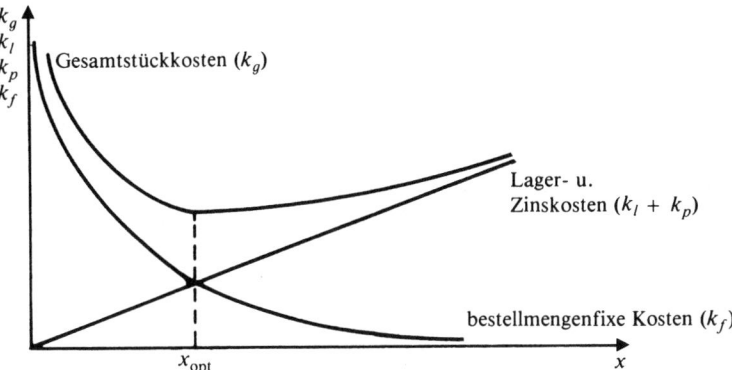

Abb. 21: Graphische Ableitung der optimalen Bestellmenge

4.3.3.3.4 Mängel des Modells zur Ermittlung der optimalen Bestellmenge

Die Mängel des Modells der optimalen Bestellmenge resultieren hauptsächlich aus den zuvor getroffenen Annahmen. Hierbei wurde beispielsweise unterstellt, daß der Bedarf in der Planungsperiode bekannt ist und die Lagerabbaugeschwindigkeit konstant bleibt. Zudem wird bei der Modellformulierung nicht berücksichtigt, daß innerhalb einer Planungsperiode nur ganzzahlige Lösungen für die optimale Bestellhäufigkeit realisierbar sind. Vernachlässigt werden ebenfalls Schwund und Verderb des Lagergutes, Mengenrabatte und Teillieferungen sowie die Bildung von Sicherheitsbeständen. Auch Restriktionen, wie beispielsweise knappe Lagerkapazitäten und knappe finanzielle Ressourcen, werden in das Modell nicht aufgenommen. Zwei Möglichkeiten, das Modell der optimalen Bestellmenge realitätsnäher zu gestalten, werden im folgenden Kapitel näher beschrieben.

4.3.3.3.5 Weiterentwicklungen des Grundmodells der optimalen Bestellmenge

Das dargestellte Grundmodell zur Ermittlung der optimalen Bestellmenge ist unter vereinfachenden Annahmen abgeleitet worden. Es ist jedoch möglich, diese Annahmen schrittweise der Realität anzupassen und das Modell auf diese Weise weiterzuentwickeln. So sind auf dem Gebiet des „Operations research" (mathematische Unternehmensforschung) Modelle entwickelt worden, die eine Abhängigkeit zwischen dem Einstandspreis und der Bestellmenge unterstellen. Darüber hinaus existieren Modelle, die von realistischeren Annahmen über die Lagerbewegungen (Lagerzugänge/Lagerabgänge) ausgehen. Verschiedentlich wird in diesen Modellen mit Wahrscheinlichkeitsverteilungen im Hinblick auf relevante Größen (Materialbedarf) gearbeitet[20]. Im folgenden wird die Annahme konstanter Einstandspreise aufgegeben und von intervallweise fallenden Einstandspreisen ausgegangen[21]. Der Einfachheit halber soll dabei nur **ein** Preissprung bei der Menge x_R angenommen werden. Ist die Bestellmenge kleiner x_R, so beträgt der Einstandspreis w_1; ist die Bestellmenge größer gleich x_R, so ist der Einstandspreis für die gesamte Bestellmenge w_2. Dabei gilt w_1 größer w_2.

Die Vorgehensweise zur Ermittlung der optimalen Bestellmenge läßt sich in diesem Fall anhand der Abb. 17 erläutern. Betrachtet man die Gleichung der Jahreskosten (vgl. Schritt 17 auf S. 54), so wird deutlich, daß das Kostenminimum von K_{J_2} für den Fall w_1 größer w_2 stets kleiner ist, als das Minimum von K_{J_1}. Liegt das Minimum der Kurve K_{J_2} bei einer Menge (x_{opt_2}), die größer ist als x_R, so ist das anstehende Problem gelöst: die optimale Bestellmenge ist x_{opt_2}.

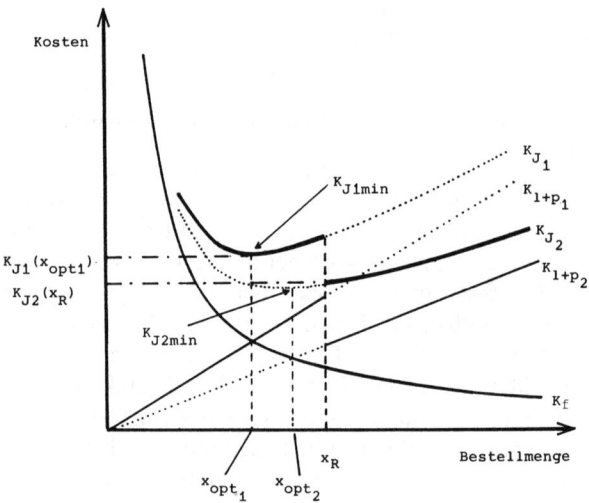

Abb. 22: Graphische Ableitung der optimalen Bestellmenge bei mengenabhängigen Preisen

---

20 Vgl. zu diesen Weiterentwicklungen *Berg, C.*: Materialwirtschaft, Stuttgart/New York 1979; *Kahle, E.*: Produktion, 3. Aufl., München/Wien 1991.

21 Vgl. hierzu auch *Reichwald, R., Dietel, B.*: Produktionswirtschaft, in: *Heinen, E.* (Hrsg.): Industriebetriebslehre, a. a. O., S. 525 f.

Liegt das Minimum der Funktion K_{J_2} jedoch bei einer Menge, die kleiner ist als x_R (vgl. Abb. 22), so scheidet die Menge x_{opt_2} auf jeden Fall als Optimum aus, denn der zur Ermittlung dieser Menge berücksichtigte Preisnachlaß wird nicht gewährt. x_{opt_2} liegt außerhalb des Geltungsbereiches von w_2.

Zur Bestimmung der optimalen Bestellmenge ist in diesem Fall ein **Kostenvergleich** erforderlich. Zu vergleichen sind dabei folgende Kostenniveaus:

Die Jahreskosten bei Realisierung der Bestellmenge x_{opt_1} $(K_{J_1}(x_{\text{opt}_1}))$ mit den Jahreskosten bei Realisation der Bestellmenge x_R $(K_{J_2}(x_R))$. Das jeweils niedrigere Kostenniveau bestimmt die optimale Bestellmenge. In Abb. 22 wäre dies die Menge x_R.

Mit Hilfe des in Abb. 23 dargestellten Struktogramms läßt sich die beschriebene Vorgehensweise noch einmal übersichtlich veranschaulichen.

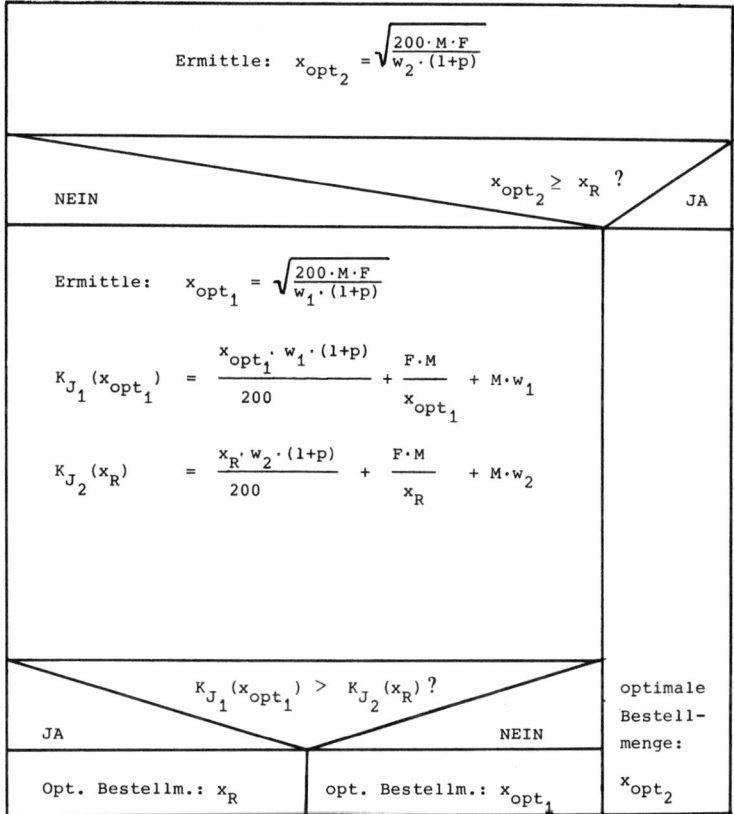

Abb. 23: Struktogramm zur Ermittlung der optimalen Bestellmenge bei einem Preissprung

Existieren mehrere Preissprünge, so bleibt die Struktur des Entscheidungs-prozesses unverändert.

Die folgenden Fallbeispiele zeigen die Vorgehensweise der Bestellmengenop-timierung unter Berücksichtigung von **Mengenrabatten** und bei Anwendung der Ganzzahligkeitsbedingung auf.

Ein Unternehmen bestimmt seine optimale Bestellmenge mit Hilfe der klas-sischen Bestellmengenformel. Gegeben ist folgende Ausgangssituation: Der Gesamtbedarf beträgt 45 000 Tonnen pro Jahr. Die bestellmengenfixen Ko-sten belaufen sich auf 10 000 DM pro Bestellung. Es fallen Lagerkosten von 10% p. a. und Zinskosten von 15% p. a. an. Der Einstandspreis für eine Tonne beträgt 36 DM. Entsprechend der klassischen Bestellmengenformel errechnet sich die optimale Bestellmenge (x_{opt_1}) zu 10 000 Tonnen pro Bestellung. Ein Lieferant räumt dem betrachteten Unternehmen einen Mengenrabatt ein. Wenn das Unternehmen eine Bestellmenge von mindestens 11 000 Tonnen realisiert, reduziert sich der Einstandspreis auf 30 DM pro Tonne. Zu ermit-teln ist die unter diesen Bedingungen optimale Bestellmenge.

Lösung:

1. Schritt: Bestimmung der optimalen Bestellmenge x_{opt_2} bei Mengenrabatt

$$x_{opt_2} = \sqrt{\frac{200 \cdot 45\,000 \cdot 10\,000}{30(10 + 15)}} = 10\,954$$

2. Schritt: Vergleich von errechneter optimaler Bestellmenge mit Bestell-mengengrenze für Mengenrabatt

$x_{opt_2} = 10\,954 < 11\,000 = x_R$

$\Rightarrow x_{opt_2}$ nicht realisiert (kein Mengenrabatt)

3. Schritt: Kostenvergleich von x_{opt_1} mit x_r

$x_{opt_1} = 10\,000 \Rightarrow K_J^{(10\,000)} =$

$$= 36 \cdot 45\,000 + \frac{10\,000}{10\,000} \cdot 45\,000 + \frac{10\,000 \cdot 36 \cdot 25}{200} = 1\,710\,000 \text{ DM/Jahr}$$

$x_R = 11\,000 \Rightarrow K_J^{(11\,000)} =$

$$= 30 \cdot 45\,000 + \frac{10\,000}{11\,000} \cdot 45\,000 + \frac{11\,000 \cdot 30 \cdot 25}{200} = 1\,432\,159,09 \text{ DM/Jahr}$$

4. Schritt: Bestimmung der Endlösung
Optimale Bestellmenge $x_R = 11\,000$, da dort die geringsten Jah-reskosten entstehen.

Als weiterer Kritikpunkt wurde die Vernachlässigung der **Ganzzahligkeits-bedingung** für die optimale Bestellhäufigkeit angeführt. Mit Hilfe einer einfachen Kostenvergleichsrechnung läßt sich dieser Mangel beheben. Das folgende Beispiel veranschaulicht deren Vorgehensweise.

Gegeben sei die gleiche Datenstruktur wie in dem vorhergehenden Beispiel, jedoch ohne Realisierung von Mengenrabatten. Welche Bestellhäufigkeit soll realisiert werden?

Lösung:

$$x_{opt} = 10\,000 \qquad n_{opt} = \frac{45\,000}{10\,000} = 4{,}5$$

Mögliche realisierbare Lösungen: $n = 4$ oder $n = 5$

⇒ Sensitivitätsanalyse auf Basis der Jahreskosten (Stückkostenvergleich führt zur gleichen Entscheidung)

$$n = 4 \Rightarrow x = \frac{45\,000}{4} = 11\,250 \Rightarrow K_J^{(11\,250)} =$$

$$= 36 \cdot 45\,000 + \frac{10\,000}{11\,250} \cdot 45\,000 + \frac{11\,250 \cdot 36 \cdot 25}{200} = 1\,710\,625$$

$$n = 5 \Rightarrow x = \frac{45\,000}{5} = 9000 \Rightarrow K_J^{(9000)} =$$

$$= 36 \cdot 45\,000 + \frac{10\,000}{9000} \cdot 45\,000 + \frac{9000 \cdot 36 \cdot 25}{200} = 1\,710\,500$$

Lösung: $n = 5$ aufgrund geringerer Jahreskosten.

Eine Anwendung des Grundmodells der optimalen Bestellmenge stellt sich in der Praxis vor allem auch dann als schwierig dar, wenn der Verlauf des Periodenbedarfs im Zeitablauf starken Schwankungen unterworfen ist. Als Folge wurden praxisgerechte Verfahren der **dynamischen Bestellmengenrechnung** entwickelt. Ihr Ziel ist es, die Nachteile zu vermeiden, die sich bei einem schwankenden Bedarf durch die Anwendung der klassischen Bestellmengenformel ergeben. Insbesondere folgende Verfahren finden Anwendung: Verfahren der gleitenden wirtschaftlichen Bestellmenge, das Kostenausgleichsverfahren[22] oder das Grenzkostenverfahren nach *Groff*[23].

---

22 Zur Darstellung der genannten Verfahren vgl. *Hartmann, H.*, a.a.O., S. 370 ff.
23 *Hoitsch, H.-J.*: Produktionswirtschaft, 2. Aufl., München 1993, S. 405–407, der das Verfahren anhand der Losgrößenplanung erläutert. Allgemein gilt, daß die genannten Verfahren der dynamischen Bestellmengenrechnung auch auf den Bereich der Losgrößenplanung (vgl. Abschnitt 6.2.2.2 dieses Buches) übertragen werden können.

4.4 Lagerhaltung

Primäre Aufgabe der Lagerhaltung ist der zeitliche und mengenmäßige Ausgleich zwischen der Bereitstellung und dem Bedarf von Gütern und Werkzeugen. Diese **Ausgleichsfunktion** kann in einer Unternehmung an verschiedenen Stellen auftreten. Abb. 24 stellt in einfacher Form diese Bereiche näher dar. Zunächst werden die bestellten Güter im Wareneingangslager angenommen und von dort im Bedarfsfall in den Fertigungsprozeß eingebracht. Zwischen den einzelnen Fertigungsstufen bilden sich häufig Zwischenlager, die u. a. aus unterschiedlichen Kapazitätsquerschnitten der aufeinanderfolgenden Fertigungsstufen resultieren. Die fertigen Produkte gelangen über das Fertigwarenlager zunächst in das Kommissionierlager, wo die Produkte für einen bestimmten Kundenauftrag zu einem Sortiment zusammengestellt und dann dem Auftraggeber durch den außerbetrieblichen Transport (LKW, Schiff, Bahn, Flugzeug) zugestellt werden.

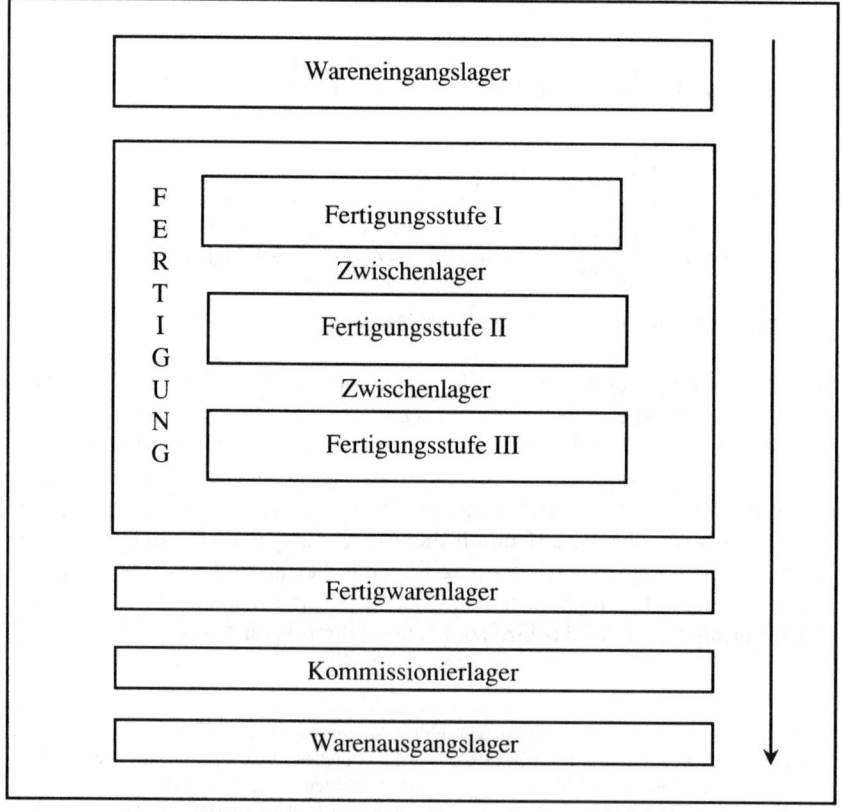

Abb. 24: Lagerbereiche innerhalb eines Betriebes

Lagerbestände im Unternehmen werden häufig auch aus Gründen der Versorgungssicherheit im Hinblick auf die einzusetzenden Materialien geführt (**Sicherheitsfunktion**). Das Lager kann somit verhindern, daß es in der Produktion zu Fehlmengen und dadurch bedingt zu kostspieligen Produktionsunterbrechungen kommt.

Auch aus spekulativen Gründen, etwa bei erwarteten Preiserhöhungen von Rohstoffen, kann ein Unternehmen Lagerhaltung betreiben (**Spekulationsfunktion**).

In der Praxis unterscheidet man zwischen statischen und dynamischen Lagersystemen (Abb. 25). Bei den **statischen** Systemen bleibt das Lagergut von der Einlagerung bis zur Auslagerung im ruhenden Zustand. Die zu lagernden Güter können dabei auf dem Boden oder in einem Lagergestell in Block- oder Zeilenform angeordnet werden. Bei der einfachen Bodenlagerung entstehen keine Regalkosten, und der Raumnutzungsgrad ist als sehr hoch anzusehen. Es handelt sich hierbei um ein sehr flexibles System; jedoch muß hierbei beachtet werden, daß die zu lagernden Güter auch stapelfähig sein müssen. Diese Voraussetzung ist bei der Lagerung mit Lagergestell nicht notwendig, da hierbei eine druckfreie Lagerung möglich ist.

Bei den **dynamischen** Lagersystemen wird im Gegensatz zu statischen Systemen das Lagergut nach der Einlagerung bewegt. Dabei kann es einmal im Lagergestell (z. B. Hochregallager, Schwerkraftrollenlager), mit den Lagerge-

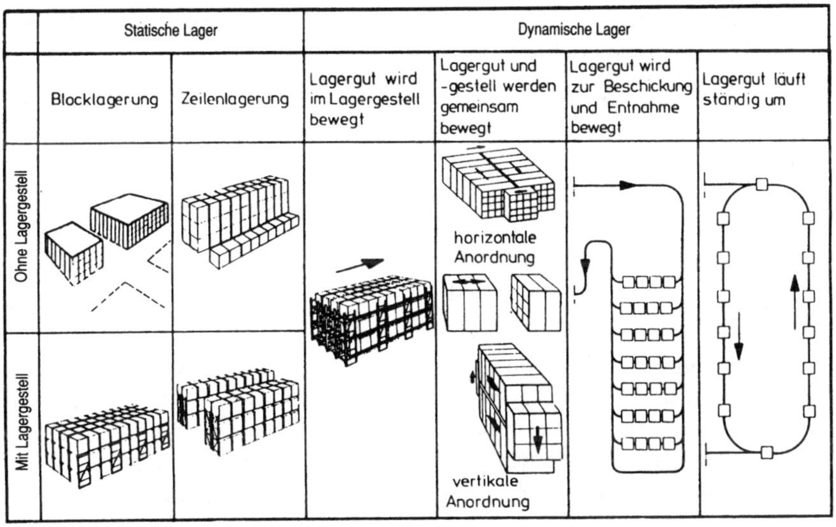

	Statische Lager		Dynamische Lager			
	Blocklagerung	Zeilenlagerung	Lagergut wird im Lagergestell bewegt	Lagergut und -gestell werden gemeinsam bewegt	Lagergut wird zur Beschickung und Entnahme bewegt	Lagergut läuft ständig um
Ohne Lagergestell				horizontale Anordnung		
Mit Lagergestell				vertikale Anordnung		

Abb. 25: Technische Lagersysteme[24]

24 *Jünemann, R.*: Materialflußtechnik 1, 2. Auflage, Dortmund 1987, Anhang Teil B, Bild 3.

stellen (z. B. Verschieberegalsysteme) oder auf Fördermitteln (z. B. Schlepp-
zugförderer, Kreisfördersysteme) bewegt werden.

Zwischen den einzelnen Lagerbereichen müssen Fördereinrichtungen eingesetzt werden. Diese Systeme werden im Kapitel 6.1.5 näher beschrieben.

5. Information als Produktionsfaktor

5.1 Begriff und Bedeutung der Information

Produzieren bedeutet heute in zunehmendem Maße Umwandeln von Informationen in Produkte und Dienstleistungen. Die Bedeutung des **Produktionsfaktors Information** wird in Theorie und Praxis zunehmend erkannt. Die
klassischen Produktionsfaktoren Arbeit, Betriebsmittel und Werkstoffe müssen deshalb um die Ressource Information ergänzt werden (siehe Abb. 1).
Bis zu 75 % der Belegschaft eines Unternehmens beschäftigen sich heute mit
der Erfassung, Verarbeitung und Übermittlung von Informationen und nicht
mehr mit der Fertigung im traditionellen Sinne (Be- und Verarbeitung von
Material).

5.2 Ergiebigkeitskomponenten von Informationen

Der Produktionsfaktor Information muß wie alle anderen Inputfaktoren nach
Gesichtspunkten der **Ergiebigkeit** im Unternehmen eingesetzt werden, nämlich in der richtigen **Menge** und **Qualität**, am richtigen **Ort** und zur richtigen **Zeit** sowie zu den richtigen **Kosten**.

Die weitverbreitete Ansicht, betriebswirtschaftliche Probleme könnten durch
ein „Mehr an Informationen" besser gelöst werden, hat in vielen Unternehmen zu einer Informationslawine (information overload) geführt.

Eine derartige Informationsfülle kann nur bedingt für Entscheidungszwecke
genutzt werden. So berichtet ein Top-Manager von 97 Berichten, die monat-
lich über seinen Schreibtisch liefen aber dennoch wenig Brauchbares für ihn
enthielten[1]. Für die Bestimmung der **Informationsmenge** gilt: So viel wie
nötig, so wenig wie möglich.

Die Versorgung mit Informationen in der richtigen **Qualität** bedeutet, daß die
Informationen **bedarfsgerecht** zur Verfügung stehen müssen. Sie sollten sich
durch ein hohes Maß an **Aktualität** und **Validität** auszeichnen, den Anforderungen der **Vollständigkeit** genügen und in der vom Benutzer geforderten **Ver-
dichtung** bereitgestellt werden (entscheidungsebenenbezogene Informationsversorgung). Das obere Management benötigt für seine Entscheidungen in der
Regel stark verdichtete Informationen, wie z. B. Erfolgskennzahlen über ganze

---

1 Vgl. *Picot, A.*: Organisation von Informationssystemen und Controlling, in: Controlling,
H. 6, 2. Jg. (1990), S. 296–305, hier S. 298.

Produktgruppen und Geschäftsbereiche. Dem Mitarbeiter an einer bestimmten Maschine werden hingegen weniger verdichtete Informationen, wie beispielsweise über Bearbeitungszeiten von Werkstücken und Rüstzeiten von Aggregaten häufig ausreichen, um seine Tätigkeiten erfolgreich auszuführen.

Es ist schwierig, den **Informationsbedarf** der jeweiligen Entscheidungsträger zu bestimmen, da dieser von subjektiven, strukturellen und informationstechnischen Faktoren sowie von Gruppeneinflüssen abhängig ist. Auf jeden Fall müssen bei der Bestimmung des Informationsbedarfs folgende Fragen sorgfältig beantwortet werden[2]:

- Wer verlangt die Information? (Informationsempfänger)
- Welchen Zweck hat die Information? (Informationszweck)
- Ist die Information „tatsächlich" notwendig? (Informationspflicht)
- Mit welchem Inhalt wird die Information benötigt? (Informationsinhalt)
- In welcher Form wird die Information benötigt? (Informationsträger)
- Wann muß die Information bereitstehen? (Informationszeitpunkt)
- In welchen Zyklen wird die Information benötigt? (Informationsrhythmus)
- In welcher Menge ist die Information abzugeben? (Informationsmenge)
- Wer muß die Information erstellen? (Informationsersteller)

Die Informationsbedarfsanalyse kann durch die Methode der kritischen **Erfolgsfaktoren** (KEF), bei der sich die Ermittlung des Informationsbedarfs an ausgewählten, für das Unternehmen besonders wichtigen strategischen Zielgrößen (kritischen Erfolgsfaktoren: z.B. Qualität, Lieferbereitschaft, Flexibilität) und an den diese bestimmenden Einflußfaktoren (kritische Entscheidungsprozesse, kritische primäre Wertschöpfungsprozesse, kritische organisatorische Rahmenbedingungen, kritische Annahmen über die Marktentwicklung) orientiert, wirksam unterstützt werden[3]. In die gleiche Richtung zielt das in Abb. 26 dargestellte Informationsportfolio.

Für die Ergiebigkeit von Informationen ist weiterhin entscheidend, daß diese zur richtigen **Zeit** am richtigen **Ort** zur Verfügung stehen. Zum kritischen Erfolgsfaktor für Unternehmungen wird zunehmend ein schnelles Agieren und Reagieren auf Umweltveränderungen. Diese Fähigkeiten setzen in hohem Maße eine **rechtzeitige** Versorgung der jeweiligen Entscheidungsträger mit den richtigen Informationen voraus.

Um dem Wirtschaftlichkeitsprinzip zu entsprechen, muß die Informationsversorgung eines Entscheidungsträgers schließlich unter Beachtung von **Kosten-** und **Nutzenaspekten** durchgeführt werden. Zu den Kosten der betrieblichen Informationsversorgung gehören Kapitalkosten für Hard- und Software, Per-

---

2 Die Beantwortung der folgenden Fragen ist z.B. bei der Firma Siemens Gegenstand jeder Informationsbedarfsanalyse im Rahmen der Einführung von komplexen Informationssystemen.

3 Vgl. *Picot, A., Reichwald, R.*: Informationswirtschaft, in: *Heinen, E.* (Hrsg.): Industriebetriebslehre, a.a.O., S. 241–393, hier S. 278 ff.

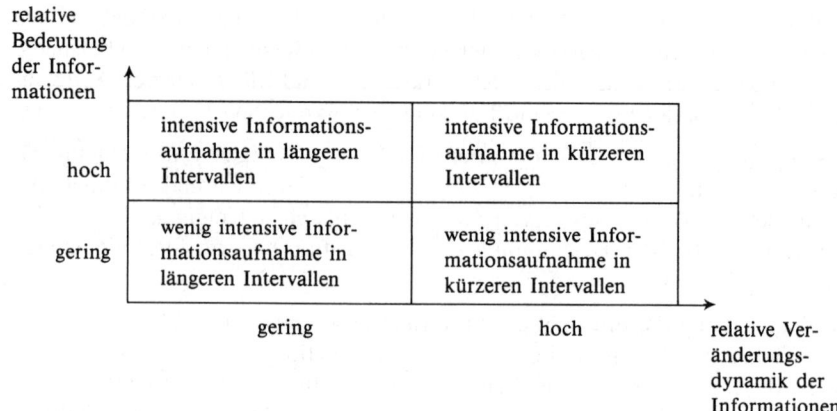

Abb. 26: Informationsportfolio

sonalkosten für die Gestaltung und Pflege von Informationssystemen sowie die Kosten für Dienstleistungen Dritter, beispielsweise für Beratungsleistungen. Schwieriger ist es, den Nutzen von Informationssystemen zu erfassen, weil in diesem Zusammenhang eine Reihe von qualitativen Nutzenfaktoren zu berücksichtigen sind. So kann durch eine bessere Informationsversorgung, z. B. durch den Einsatz rechnergestützter Informationssysteme, die Produktentwicklungs- und Auftragsabwicklungszeit wesentlich verkürzt werden; das Unternehmen kann flexibler auf Kundenwünsche eingehen, die Produktqualität verbessern sowie EDV-gestützte Partnerschaften mit den Lieferanten aufbauen. Zur Erfassung des Nutzens der hierbei relevanten Information muß man sich qualitativer Techniken, wie z. B. der Nutzwert- oder der Portfolioanalyse bedienen.

5.3 Rechnergestützte Informationssysteme

Die Ergiebigkeit des Produktionsfaktors Information kann um ein Vielfaches durch den Einsatz **rechnergestützer Informationssysteme** erhöht werden. Besonders die Ergiebigkeitskomponenten „Qualität" und „Zeit" werden hierdurch positiv beeinflußt. Durch die Anwendung von derartigen Informationssystemen wird die Erfassung, Verarbeitung und Übermittlung von Informationen verbessert und beschleunigt.

Rechnergestützte Informationssysteme werden heute in allen betrieblichen Funktionen mit Erfolg eingesetzt. Im Hinblick auf betriebswirtschaftliche Anwendungssysteme lassen sich Administrations-, Dispositions-, Informations- und Planungssysteme unterscheiden[4]. Die administrative Datenverarbeitung ist gekennzeichnet durch die Verarbeitung einfacher Massenvor-

---

4 Vgl. *Mertens, P.*: Industrielle Datenverarbeitung, Bd. 1: Administrations- und Dispositionssysteme, 7. Aufl., Wiesbaden 1988, S. 6 ff.

gänge, wie Adressenschreiben oder Tabellendrucken. Das DV-System wird damit lediglich als „schnelle Rechenmaschine" benutzt. Steuert das DV-System kurzfristige, gut strukturierte Abläufe innerhalb des Betriebes, z. B. die Bestellabwicklung oder den Vertrieb, so wird von einem Dispositionssystem gesprochen. Bei langfristigen, komplexen und in der Regel schlecht strukturierten Aufgaben werden Planungssysteme eingesetzt. Die Bereitstellung von Führungsinformationen als Beispiel einer schlecht strukturierten und komplexen Aufgabe erfolgt durch Management-Informationssysteme. Als ein weiteres Kriterium zur Klassifikation von Informationssystemen lassen sich die betrieblichen Funktionen heranziehen. Danach lassen sich z. B. Beschaffungs-, Logistik-, Produktions- und Distributionssysteme unterscheiden.

Beim Aufbau von Informationssystemen wird allerdings der Entwicklung eines realitätsnahen betriebswirtschaftlichen Modells häufig zugunsten DV-technischer Aspekte zu wenig Aufmerksamkeit geschenkt. „Zahlenfriedhöfe" in Gestalt von meterhohen Computerausdrucken sind häufig die Folge bei einer derartigen Vorgehensweise. Bei der Entwicklung eines leistungsfähigen Informationssystems ist deshalb nach Maßgabe des in Abb. 27 dargestellten phasenorientierten Vorgehensmodells zu verfahren. Die einzelnen Phasen sind hierbei gleichgewichtig zu behandeln.

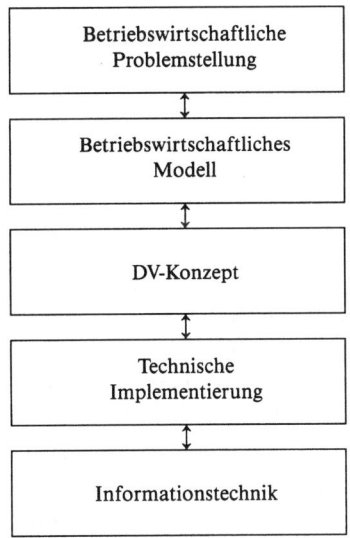

Abb. 27: Vorgehensmodell beim Aufbau eines rechnergestützten Informationssystems [5]

---

5 In Anlehnung an *Scheer, A.-W.:* Wirtschaftlichkeitspotentiale von CIM, in: *Görke, W., Rininsland, H., Syrbe, M.* (Hrsg.): Information als Produktionsfaktor, Berlin u. a. 1992, S. 64–78, hier S. 73.

6. Fertigung[1]

6.1 Fertigungsverfahren

Zur Kombination von Produktionsfaktoren, die sich im Rahmen der Fertigung vollzieht, stehen dem Betrieb unterschiedliche **Fertigungsverfahren** zur Verfügung. Im folgenden sollen diese anhand von drei ausgewählten Kriterien systematisiert werden.

6.1.1 Systematisierung der Fertigungsverfahren nach der Art des Produktionsprogramms

Die Art der erzeugten Produkte bildet ein erstes Merkmal zur Klassifizierung von betrieblichen Fertigungsverfahren. Danach lassen sich folgende Varianten unterscheiden[2]:

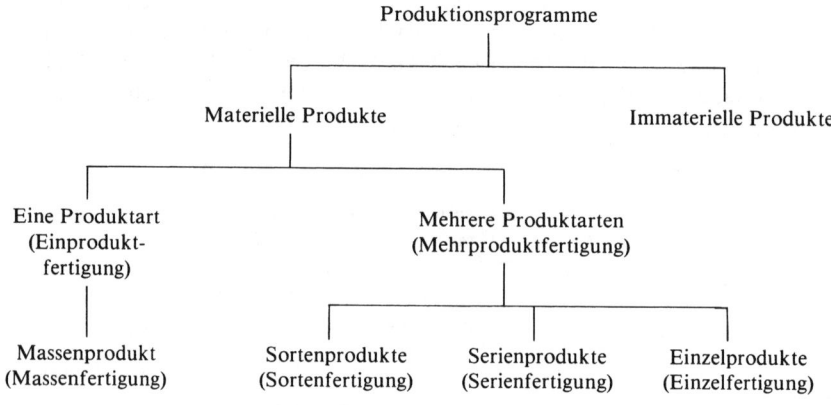

Abb. 28: Fertigungsverfahren

Die Fertigung kann sich auf die Herstellung materieller und/oder immaterieller Güter, wie Dienstleistungen und Informationen beziehen. Obwohl der von uns gewählte Begriff der Produktion beide Güterarten umfaßt, sollen in diesem Zusammenhang nur die materiellen Produkte betrachtet werden.

Nach der Anzahl der erzeugten Produkte unterscheidet man zwischen **Einprodukt-** und **Mehrproduktfertigung**. Die Einproduktfertigung ist häufig als **Massenfertigung** ausgestaltet, d. h. es werden von einem einzelnen Produkt sehr große Mengen hergestellt. Bei der Mehrproduktfertigung ist nach dem Kriterium der Übereinstimmung von Produkten zwischen Sortenferti-

---

1 Aus didaktischen Gründen stehen operative Aspekte der Fertigung im Folgenden im Vordergrund.
2 *Schweitzer, M.* und *Küpper, H. U.*: Produktions- und Kostentheorie: Grundlagen – Anwendungen, 2. Aufl., Wiesbaden 1997, S. 21 ff.

gung, Serienfertigung und Einzelfertigung zu differenzieren. **Sortenfertigung** liegt vor, wenn die Produkte in wesentlichen Eigenschaften übereinstimmen, hinsichtlich sekundärer Merkmale jedoch differieren (z. B. Ziegel mit unterschiedlichem Gewicht). Von **Serienfertigung** wird gesprochen, wenn das Produktionsprogramm verschiedene Produkte enthält, die in wesentlichen Elementen voneinander abweichen und deshalb einen unterschiedlichen Fertigungsgang erforderlich machen. Eine Serie ist somit eine Menge homogener Produkte. Wenn von unterschiedlichen Produktarten jeweils nur eine Einheit hergestellt wird, ist **Einzelfertigung** gegeben (z. B. Brückenbau).

Bei der Sorten- und Serienfertigung stellt sich das Problem der **optimalen Losgröße**. Hierunter ist diejenige Fertigungsmenge zu verstehen, bei der die Summe der losfixen Kosten (z. B. Umrüstkosten) und losproportionalen Kosten (z. B. Lager- und Zinskosten) ein Minimum bildet. Bei der optimalen Losgröße und optimalen Bestellmenge handelt es sich um formal identische Entscheidungsmodelle[3].

6.1.2 Systematisierung der Fertigungsverfahren nach der Art der technischen Prozesse

Die Fertigungsverfahren lassen sich zweitens nach der Art der bei der Fertigung eingesetzten technischen Prozesse unterteilen[4].

Wird die Anzahl der Produktionsstufen als Systematisierungskriterium herangezogen, so läßt sich zwischen einstufigen und mehrstufigen Fertigungsverfahren unterscheiden. Ein Fertigungsverfahren wird als **einstufig (mehrstufig)** bezeichnet, wenn alle zur Herstellung eines Gutes erforderlichen Verrichtungen an einem Arbeitsplatz (an mehreren Arbeitsplätzen) durchgeführt werden.

Nach dem Kriterium der Vergenz lassen sich divergierende, durchgängige und konvergierende Fertigungsverfahren unterscheiden. Ein **divergierendes** Fertigungsverfahren liegt vor, wenn aus einem Einsatzgut mehrere artmäßig verschiedene Erzeugnisse hergestellt werden. Fallen diese Produkte zwangsläufig an, dann spricht man von Kuppelproduktion. Bei der Raffination von Öl fallen unter anderem schweres Heizöl, leichtes Heizöl und Benzin an. Wird aus einem Einsatzgut nur eine Produktart erzeugt, dann handelt es sich um ein **durchgängiges** (glattes) Fertigungsverfahren. Bei einem **konvergierenden** Fertigungsverfahren wird hingegen aus mehreren Einsatzstoffen eine Produktart erzeugt.

Eine Unterteilung der Fertigungsverfahren in **chemische, biologische** und **physikalische** ergibt sich, wenn als Systematisierungskriterium die jeweils zum Zuge kommende Technologie zugrunde gelegt wird. Biologische Fertigungsverfahren kommen vorwiegend in der Landwirtschaft zum Einsatz.

---

3 Vgl. Teil I, Abschnitt 4.3.3.2.
4 Vgl. *Schweitzer, M.* und *Küpper, H. U.*, a. a. O., S. 24 ff.

Die Kennzeichnung der Fertigungsverfahren kann auch nach dem Kriterium der Kontinuität des Produktionsablaufs erfolgen. Hiernach kann man von kontinuierlichen und diskontinuierlichen Fertigungsverfahren sprechen. Für **kontinuierliche** Fertigungsverfahren ist kennzeichnend, daß der Produktionsprozeß auf längere Zeit nicht unterbrochen wird, z. B. bei der Herstellung von Drähten, Rohren, Papierbahnen und dergleichen. Demgegenüber tritt bei **diskontinuierlichen** Fertigungsverfahren aufgrund bestimmter technologischer Bedingungen regelmäßig eine Unterbrechung des Herstellungsprozesses auf, wie z. B. bei Schmelzvorgängen in einem Schmelzofen.

Schließlich lassen sich die Fertigungsverfahren nach dem Ausmaß des in ihnen realisierten technischen Fortschritts unterteilen. Im Rahmen von **manuellen** Fertigungsverfahren (= reine Handarbeit) werden keine technischen Hilfsmittel eingesetzt. Bei **mechanisierten** Fertigungsverfahren übernehmen technische Sachmittel die körperlich belastenden und repetitiven Arbeitsverrichtungen, während die Steuerung und Kontrolle dieser Verrichtungen in den Händen von Menschen verbleibt. Im Rahmen von **automatisierten** Fertigungsverfahren werden auch diese Funktionen von technischen Sachmitteln übernommen.

6.1.3 Systematisierung der Fertigungsverfahren nach der organisatorischen Gestaltung des Fertigungsablaufes

In der organisatorischen Gestaltung des Fertigungsablaufes ist ein weiteres Kriterium zur Systematisierung von Fertigungsverfahren zu erblicken. Erfolgt die räumliche Anordnung von Betriebsmitteln und Arbeitsplätzen nach Maßgabe des Fertigungsablaufes, so liegt **Fließfertigung** vor. Werden bestimmte Arbeitsverrichtungen (z. B. Gießen, Härten, Schmieden, Montieren usw.) zu fertigungstechnischen Einheiten zusammengefaßt, so spricht man von **Werkstattfertigung**.

Die Fließfertigung, insbesondere die Fließbandfertigung, führt zu einer signifikanten Verkürzung der Durchlaufzeiten von Werkstücken. Da die einzelnen Arbeitsgänge aufeinander abgestimmt sind, werden keine Zwischenlager an Halbfabrikaten benötigt und mithin Zins- und Lagerkosten eingespart. Die Anwendung des Fließprinzips bei der Fertigung macht eine relativ genaue Planung der Ausbringungsmenge und des Verbrauchs an Material möglich, was sich ebenfalls günstig auf die Zins- und Lagerkosten auswirkt. Das Auftreten von Übungsdegressionen bei den Arbeitskräften aufgrund gleicher oder gleichartiger Tätigkeiten ist als ein weiterer Vorteil der Fließfertigung zu nennen. Der Fertigungsprozeß bei Fließfertigung ist relativ übersichtlich und deshalb leicht zu kontrollieren.

Diesen Vorteilen der Fließfertigung steht eine Reihe von Nachteilen gegenüber. Nach dem Fließprinzip organisierte Fertigungsverfahren sind sehr kapitalintensiv. Als Konsequenz dessen wird der Betrieb sehr empfindlich gegenüber Beschäftigungsschwankungen, denn die hohen Fixkosten sind kurzfristig

nur schwer abzubauen. Auch die Anpassungsfähigkeit des Betriebes an veränderte Marktverhältnisse, z. B. Nachfrageverschiebungen, kann als Folge der
Fließfertigung empfindlich leiden. Störungen des Fertigungsprozesses lassen
sich bei diesem Fertigungsverfahren nur schwer lokalisieren und strahlen
häufig auf den gesamten Fertigungsprozeß aus. Fließfertigung führt oft zu
einer starken, ja übertriebenen artmäßigen Arbeitsteilung, die nicht selten un-
zumutbare physiologische und/oder psychologische Belastungen für die Arbeitskräfte mit sich bringt.

Bei der Werkstattfertigung sind in der Regel längere Durchlaufzeiten der
Werkstücke als bei Fließfertigung in Kauf zu nehmen, so daß sich bei Einsatz
dieses Fertigungsverfahrens häufig durch Zwischenlagerungen bedingte Bestände an Halbfabrikaten bilden, die hohe Zins- und Lagerkosten verursachen. Aufgrund langer Transportwege von Werkstatt zu Werkstatt ist auch
mit erheblichen Förderkosten zu rechnen. Schließlich ist der Fertigungsprozeß bei Werkstattfertigung aufgrund seiner Unübersichtlichkeit relativ schwer
zu kontrollieren.

Die Werkstattfertigung zeichnet sich gegenüber der Fließfertigung durch eine
große Anpassungsfähigkeit an Nachfrage- und Beschäftigungsschwankungen
aus. Störungen des Fertigungsprozesses lassen sich bei Anwendung dieses
Fertigungsverfahrens leichter als bei Fließfertigung lokalisieren. Aufgrund
der Vielseitigkeit der Arbeitsverrichtungen führt die Werkstattfertigung weniger häufig zu den für die Fließfertigung typischen physiologischen und psychologischen Belastungen der Arbeitnehmer.

In der Praxis versucht man durch eine Kombination der genannten Fertigungsverfahren deren Vorteile auszunutzen bzw. deren Nachteile zu vermeiden, indem Betriebsmittel, die für bestimmte Fertigungsgänge erforderlich
sind, zu Gruppen zusammengefaßt und diese nach dem Fließprinzip angeordnet werden (**Gruppenfertigung**). Diese Vorgehensweise ist vor allem bei he-
terogenen Produktionsprogrammen zweckmäßig, die sich dadurch auszeichnen, daß bestimmte Einzelteile für alle oder für viele Erzeugnisse benötigt
werden. Für die Herstellung dieser Grundbestandteile wird das Fließprinzip
angewandt, während die Produktion der anderen Teile in Werkstätten erfolgt
(**Baukastenprinzip**).

Eine besondere Form der Gruppenfertigung stellt die Fertigungsinsel dar. In
Fertigungsinseln werden nicht nur Teile, sondern Baugruppen und Endprodukte weitestgehend vollständig und autonom gefertigt. Zum Aufbau von
Fertigungsinseln wird das zu produzierende Teilespektrum in einem ersten
Schritt in Gruppen mit fertigungstechnisch ähnlichen Teilen gegliedert, wobei
jede dieser sogenannten **Teilefamilien** dann komplett in einer Fertigungsinsel
bearbeitet wird (Abb. 29).

Unter Ähnlichkeit werden in diesem Zusammenhang gleichartige Bearbei-
tungsfolgen verstanden. Die zur Komplettbearbeitung benötigten Werkzeuge,

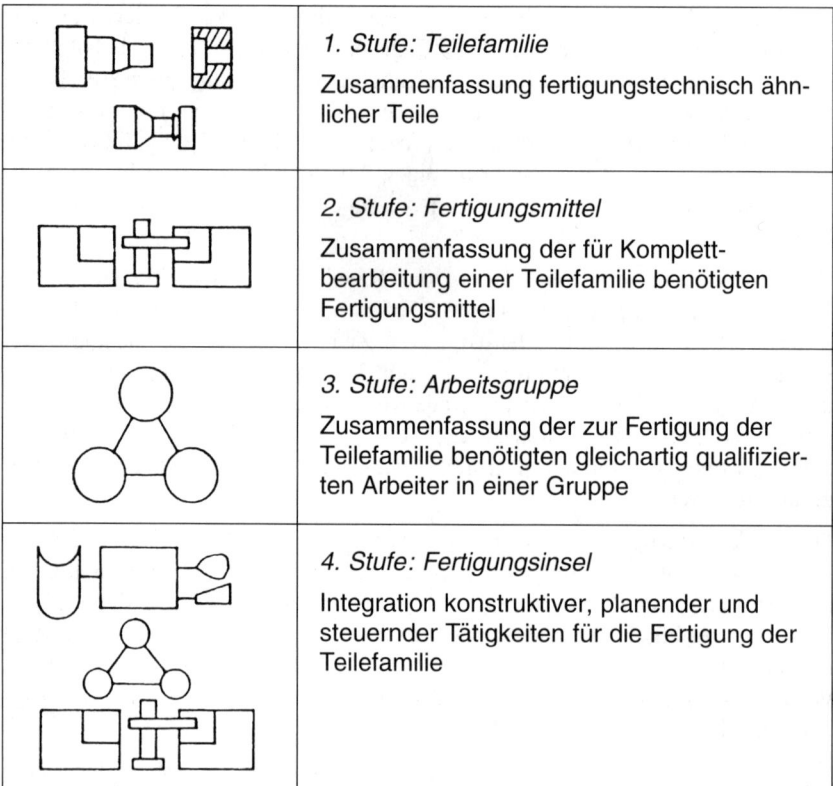

	1. Stufe: Teilefamilie Zusammenfassung fertigungstechnisch ähnlicher Teile
	2. Stufe: Fertigungsmittel Zusammenfassung der für Komplettbearbeitung einer Teilefamilie benötigten Fertigungsmittel
	3. Stufe: Arbeitsgruppe Zusammenfassung der zur Fertigung der Teilefamilie benötigten gleichartig qualifizierten Arbeiter in einer Gruppe
	4. Stufe: Fertigungsinsel Integration konstruktiver, planender und steuernder Tätigkeiten für die Fertigung der Teilefamilie

Abb. 29: Aufbau einer Fertigungsinsel [5]

Betriebsmittel und Vorrichtungen werden nach dem Objektprinzip zusammengefaßt, d.h. es entstehen Fertigungsbereiche, die die Produktion von bestimmten Teilefamilien vom Rohstoff bis zum Fertigteil übernehmen. Weiterhin werden die zur Fertigung benötigten gleichartig qualifizierten Mitarbeiter zu einer Arbeitsgruppe zusammengefaßt und dieser ein Großteil der konstruktiven, planenden und steuernden Tätigkeiten zugeordnet. Die Durchführung der nicht dezentralisierten Aktivitäten bleibt einer „Rumpf-Fertigungssteuerung" vorbehalten.

Das in Abb. 30 dargestellte Fertigungsinselkonzept ist heute bereits in zahlreichen Unternehmen verwirklicht, so z.B. in dem neuen Opelwerk in Eisenach.

---

5 *Brödner, P.*: Fabrik 2000, 2. Aufl., Berlin 1986, S. 147.

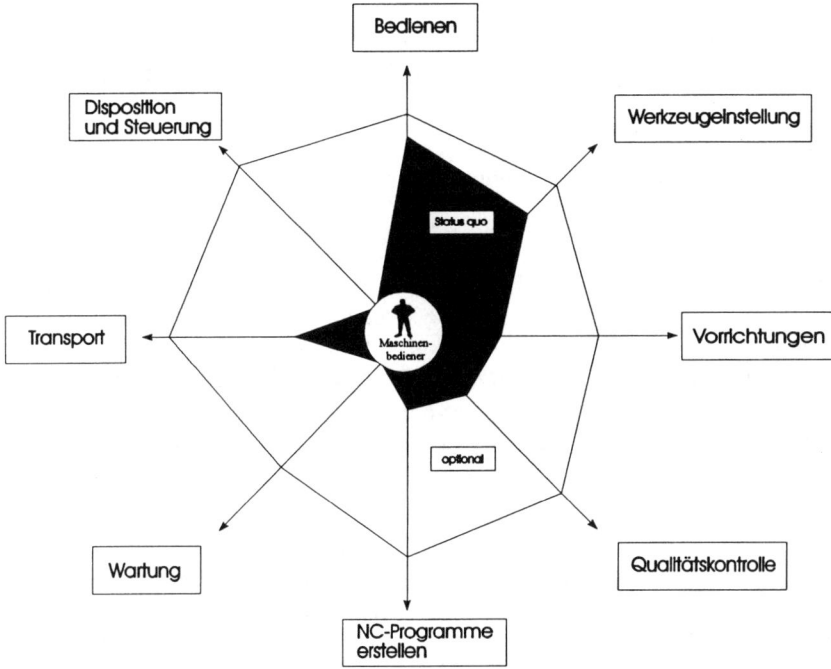

Abb. 30: Integration dispositiver, steuernder und kontrollierender Tätigkeiten in eine Fertigungsinsel[6]

Vorteile einer Realisierung des Fertigungsinselkonzepts sind

– Durchlaufzeitreduzierungen, die aus geringeren Transport-, Warte- und Zwischenlagerungszeiten resultieren und mit einer Senkung von Zins- und Lagerkosten sowie einer höheren Termintreue verbunden sind,

– Vereinfachung des Material- und Informationsflusses aufgrund der durch die dezentrale Planung und Steuerung bedingten Komplexitätsreduktion,

– Qualitätsverbesserungen durch höhere Motivation und ausgeweitete Arbeitsinhalte,

– Erhöhung der Flexibilität gegenüber Kundenwünschen und Marktschwankungen,

– Verringerung der Absentismusrate.

---

6 *Augustin, S., Eidenmüller, B.*: Organisation und Personal in der „Fabrik der Zukunft", in: *Milling, P., Zäpfel, G.* (Hrsg.): Betriebswirtschaftliche Grundlagen moderner Produktionsstrukturen, Herne/Berlin 1993, S. 214.

Als Nachteil einer Fertigungsinsel sind die erforderliche Höherqualifizierung der Mitarbeiter und die damit verbundene Erhöhung der Lohnkosten sowie die Probleme beim Nachweis der Wirtschaftlichkeit einer Fertigungsinsel zu nennen.

6.1.4 Neue Tendenzen der Fertigungstechnologie

In der Technik und auf den Märkten hat sich in den letzten Jahren ein tiefgreifender Wandel vollzogen, der auf die Produktion und die Logistik in den Unternehmen nicht ohne Einfluß geblieben ist. Ein verschärfter internationaler Wettbewerb, kurze Produktlebenszyklen, eine hohe Produkt- und Teilevielfalt, eine geringere Fertigungstiefe, kurze Lieferzeiten, hohe Qualitätsanforderungen und heterogene Mengenanforderungen bei gleichzeitigem Preis- und Kostendruck kennzeichnen heute die Situation eines Unternehmens. In der Produktion versucht man diesem Strukturwandel durch eine zunehmende Automatisierung und Flexibilisierung der Produktion unter Rückgriff auf EDV-Systeme zu begegnen.

Der erste Schritt in Richtung computergestützter Fertigung erfolgte durch die Entwicklung von **NC-Maschinen** (Numerical Control). Diese werden mit Hilfe eines Steuerungsprogramms (NC-Programm) über Lochstreifen oder Magnetbänder mit geometrischen (z. B. Abmessungen des Werkstücks) und technologischen (z. B. Schnittiefe, Drehzahl, Vorschub) Daten versorgt. **NC-Maschinen** können nur eine Bearbeitungsfunktion ausüben. Durch Austausch des NC-Programms können sie jedoch schnell auf andere Produkte umgestellt werden.

Die Weiterentwicklung der Mikroprozessoren ermöglichte den Einsatz von **CNC-Maschinen** (Computerized Numerical Control) und die Vermeidung der Nachteile von NC-Maschinen, die vor allem in der aufwendigen Programmänderung bestehen. CNC-Maschinen sind speicherprogrammierbare Werkzeugmaschinen, die mit Hilfe von eigenen Mikroprozessoren Bearbeitungs- und Bewegungsvorgänge steuern. Im Gegensatz zu NC-Maschinen kann der Programmspeicher mehrere Bearbeitungsprogramme beinhalten. Die Programme werden auf einem gesonderten Computer erstellt und über Magnetbänder oder Disketten in die CNC-Maschine eingelesen. Korrekturen und kleine Programmänderungen können direkt im Programmspeicher der CNC-Maschine vorgenommen werden. Aufgrund der möglichen Speicherprogrammierung sind CNC-Maschinen flexibler nutzbar als NC-Maschinen.

Dem neuesten Entwicklungsstand entsprechen **DNC-Maschinen** (Direct Numerical Control). Hier werden mehrere CNC- und NC-Maschinen über eine Datenleitung mit Steuerinformationen von einem Zentralrechner versorgt. Dieser Rechner verwaltet und koordiniert die Programme und gibt diese direkt, d. h. ohne Zwischenschritt über Datenträger, an die Werkzeugmaschinen weiter.

Die bisher aufgeführten mehr technisch orientierten Formen der computerge-
stützten Fertigung haben dazu beigetragen, daß neue flexible Organisationsformen der Fertigung entstanden sind. Ihr Einsatz macht es möglich, taylori-
stische Arbeitsformen in der Produktion zu überwinden und durch eine Integration von Funktionen qualifizierte Arbeitsplätze zu schaffen.

Bearbeitungszentren sind CNC-Maschinen, die über eine Vorrichtung für
einen automatischen Werkzeugwechsel verfügen. Im wahlfreien Zugriff können Werkzeuge aus einem Werkzeugmagazin angesteuert werden. Dadurch
besteht die Möglichkeit, an einer Maschine unterschiedliche Bearbeitungs-
gänge (z. B. Bohren und Fräsen) nacheinander oder u. U. auch gleichzeitig an
einem Werkstück auszuführen. Durch die Zusammenfassung mehrerer Arbeitsgänge kann im Vergleich zu stärker arbeitsteiligen Organisationsformen
die Durchlaufzeit erheblich reduziert werden.

Ein Verbund von mehreren Bearbeitungszentren und einer Transporteinrich-
tung mit Pufferzonen für das automatische Weiterleiten der Werkstücke an
die Bearbeitungszentren wird **flexible Fertigungszelle** genannt. In dieser Einheit können fertigungstechnisch ähnliche Werkstücke automatisch und weitgehend komplett bearbeitet werden.

Flexible Fertigungssysteme stellen derzeit die höchstentwickelte Stufe der
flexiblen Automatisierung dar. Sie bestehen aus einer Anzahl computerge-
steuerter Werkzeugmaschinen, die durch ein automatisches Transportsystem
miteinander verkettet sind und deren Ablauf durch einen zentralen Rechner
gesteuert wird. Die unterschiedlichen Werkstücke können ohne kosteninten-
sive Umrüstzeiten und in weitgehend wahlfreier Maschinenreihenfolge gefertigt werden[7].

Während die bisher beschriebenen Entwicklungen in der Fertigungstechnik
vorwiegend im Rahmen der Einzel- und Kleinserienfertigung zur Anwendung
kommen, sind die **flexiblen Transferstraßen** in der Großserienfertigung zu
finden. Ihre Flexibilität ergibt sich aus der im Vergleich zur **starren Trans-
ferstraße** relativ schnellen Umrüstbarkeit, so daß Anpassungen an wechselnde Auftragsanforderungen erleichtert werden. Die prinzipiellen Eigenschaften der Fließfertigung, wie gerichteter Materialfluß und taktgebundener
Werkstücktransport, bleiben erhalten.

Abb. 31 zeigt die Eignung verschiedener flexibler Fertigungslösungen hinsichtlich Flexibilität und Produktivität in Abhängigkeit von der Anzahl der
zu bearbeitenden Werkstücke und der zu produzierenden Jahresmenge pro
Werkstück.

---

7 Vgl. *Kargl, H.*: Industrielle Datenverarbeitung, in: *Schweitzer, M.* (Hrsg.): Industriebe-
    triebslehre, München 1990, S. 895–1014, hier S. 955 ff. Vgl. auch *Adam, D.*: Produkti-
    onsmanagement, 8. Aufl., Wiesbaden 1997, S. 20 f.

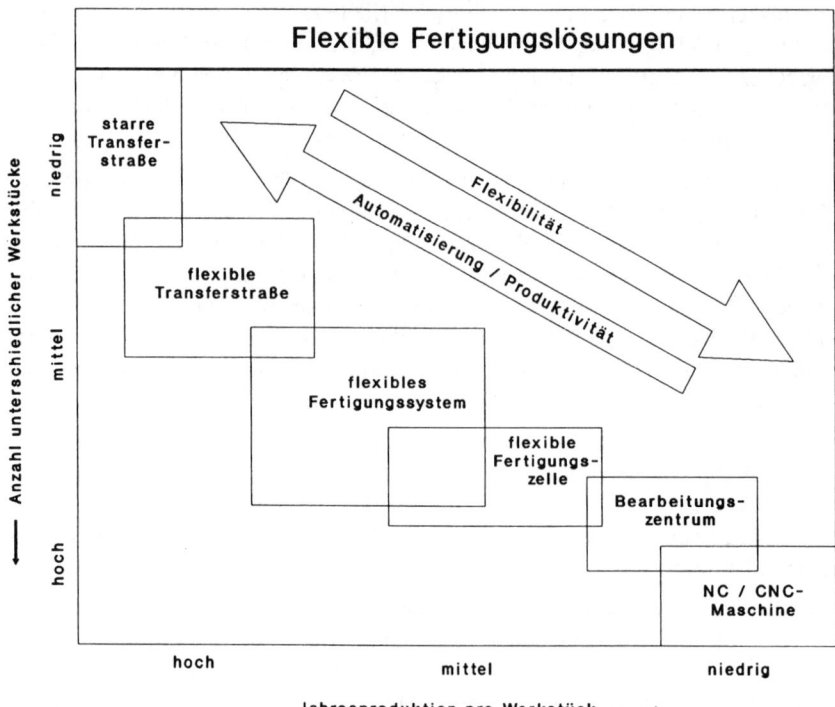

Abb. 31: Eignung flexibler Fertigungslösungen [8]

6.1.5 Einsatz von Fördermitteln in der Fertigung

Durch eine zunehmend komplexer werdende Produktion und Logistik wird eine Verbindung zwischen den einzelnen Bearbeitungsstufen notwendig. Hierbei werden Fördermittel und Transportmittel eingesetzt, die der Ortsveränderung von Personen und/oder Gütern dienen[9]. Sie lassen sich in konventionelle, teilautomatisierte oder vollautomatisierte Systeme unterscheiden.

Zu den konventionellen Transportmitteln zählen alle Flurförderzeuge, bei denen der mitgehende oder mitfahrende Bediener noch Bedienungsaufgaben erfüllen muß. Diese konventionellen Flurförderzeuge, die häufig in den Produktionsbereichen für Verkettungs-, Versorgungs- und Entsorgungsaufgaben eingesetzt werden, sind zum Beispiel Schubgabelstapler, Schubmaststapler etc.

---

8 In Anlehnung an *Bobenhausen, F.*: Produktionslogistik in der flexibel automatisierten Drehteilefertigung, in: Arbeitsvorbereitung, H. 2, 26. Jg. (1989), S. 48.

9 Vgl. *Jünemann, R.*:Materialfluß und Logistik, Dortmund 1989, S. 190.

Eine schienengeführte und bodenfreie Transportvariante stellt der Brücken-kran dar. Dieser liefert eine flächendeckende Verkettung aller im Kranbereich befindlichen Arbeitsstationen und benötigt dabei keine Bodenflächen, die da-durch anderen Betriebszwecken zugeführt werden können. Ein Kran läßt sich sowohl teilweise als auch vollautomatisiert betreiben (Kranroboter).

In den Unternehmen werden in letzter Zeit im wachsenden Umfang automa-tisierte und bedienerlose Fördersysteme eingesetzt, wie z. B. fahrerlose Trans-portsysteme (FTS). Unter diesen Systemen versteht man fahrerlose und be-dienerlose Transporttechniken, die batteriebetrieben vorwiegend im innerbe-trieblichen Verkehr Lasten aller Art automatisch programmiert oder fernge-steuert (oder in irgendeiner Kombination dieser Funktionen) befördern, zie-hen, heben oder stapeln.

6.2 Arbeitsvorbereitung

6.2.1 Allgemeine Arbeitsvorbereitung unter besonderer Berücksichtigung der Fertigungsprogrammplanung

Die Arbeitsvorbereitung läßt sich in Anlehnung an *von Kortzfleisch* in eine Allgemeine und Spezielle Arbeitsvorbereitung unterteilen [10]. Die **Allgemeine Arbeitsvorbereitung** umfaßt die Festlegung des Fertigungsprogramms, die Einrichtung und Erhaltung der Produktionskapazitäten sowie die Gestaltung der Produktionsorganisation. Aufgrund der herausragenden Bedeutung der Fertigungsprogrammplanung im Rahmen der Allgemeinen Arbeitsvorberei-tung sei diese im folgenden einer näheren Betrachtung unterzogen.

6.2.1.1 Arten und Aufgaben der Fertigungsprogrammplanung

Im Rahmen der Allgemeinen Arbeitsvorbereitung wird zwischen der strate-gischen und taktischen Fertigungsprogrammplanung unterschieden. Die **strategische** Fertigungsprogrammplanung hat die Aufgabe, die Produktfel-der festzulegen, auf denen die Unternehmung tätig sein möchte. Unter einem Produktfeld versteht man die Gesamtheit aller Erzeugnisse, die sich auf ein Grunderzeugnis zurückführen lassen, z. B. Automobile, Fernsehge-räte, Büromöbel, EDV-Anlagen usw. [11]. Aufgaben der **taktischen** Ferti-gungsprogrammplanung ist es, innerhalb eines Produktfeldes die erforderli-chen und erwünschten Produkteigenschaften zu fixieren und zu bestimmen, inwieweit das Baukastenprinzip zur Anwendung kommen soll, in welchem Umfang Normteile einzusetzen sind und welche Vor- und Zwischenerzeug-nisse im Betrieb selbst hergestellt oder von Zulieferern bezogen werden sollen.

---

10 *v. Kortzfleisch, G.*: Betriebswirtschaftliche Arbeitsvorbereitung, Berlin 1962.
11 *Adam, D.*, a. a. O., S. 118.

6.2.1.2 Entscheidungshilfen im Rahmen der strategischen und taktischen Fertigungsprogrammplanung

Als Entscheidungshilfen bei der strategischen und taktischen Fertigungsprogrammplanung stehen dem Unternehmen eine Reihe von analytischen und heuristischen Verfahren zur Verfügung. Beim Tätigkeitsfeld strategische Fertigungsprogrammplanung handelt es sich im wesentlichen um schlecht strukturierte Problemstellungen. Zu ihrer Bewältigung kommen deshalb vorwiegend **heuristische** Verfahren, wie z. B. die Systemanalyse und/oder die Portfolio-Technik, in Frage. Gerade letztere hat im Rahmen der strategischen Fertigungsprogrammplanung in letzter Zeit zunehmend an Bedeutung gewonnen. Unter einem **Portfolio** versteht man die Summe aller Produkte und Dienstleistungen, mit denen die Unternehmung zu einem bestimmten Zeitpunkt am Markt vertreten ist. Die in der Praxis am häufigsten angewandte Variante der Portfolio-Methode ist das Marktwachstums-/Marktanteils-Portfolio der **Boston Consulting Group** (Abb. 32). Dieses Portfolio ermöglicht es der Unternehmensleitung, die angebotenen Erzeugnisse in einzelnen, abgegrenzten Märkten darzustellen, zu analysieren und auf dieser Grundlage geeignete Normstrategien zu entwickeln. Diese müssen so beschaffen sein, daß finanzielle Mittel, die aus dem Verkauf der „Goldesel" und durch die Aufgabe der „Sorgenkinder" frei werden, zur Verstärkung der Position der „Sterne" und der als verbesserungswert erachteten Nachwuchsprodukte eingesetzt werden[12].

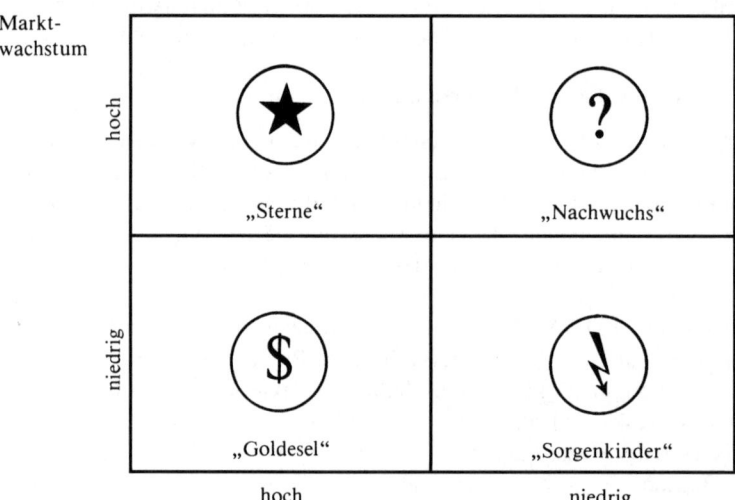

Abb. 32: Marktwachstums-/Marktanteils-Portfolio der Boston Consulting Group

---

12 Siehe zu weiteren Versionen der Portfolio-Analyse *Mauthe, K. D.* und *Roventa, P.*: Versionen der Portfolio-Analyse auf dem Prüfstand, ZfO, Heft 4/1982, S. 191–204.

6.2.2 Spezielle Arbeitsvorbereitung

6.2.2.1 Aufgaben der Speziellen Arbeitsvorbereitung

Die Spezielle Arbeitsvorbereitung hat folgende Aufgaben zu erfüllen[13]:

1. Erstellen von Unterlagen
   - über alle im Betrieb zu fertigenden Produkte und Aufträge (Erstellung von Stücklisten, Arbeits- und Ablaufplänen, Zeichnungen und Qualitätsstandards, Ermittlung des Faktorverbrauchs pro Erzeugniseinheit, Bereitstellung von Informationsunterlagen für Wertanalysen usw.),
   - über die verfügbaren quantitativen und qualitativen Produktionsfaktorkapazitäten (Ermittlung und Fortschreibung der Kapazitäten von vorhandenen Betriebsmitteln, Erfassung des Arbeitskräftepotentials usw.),
   - über einzusetzende Verfahren.

2. Gestalten der Auftragsprogramme durch Umsetzen der Kundenbestellungen in Betriebsaufträge mittels mengenmäßiger Aufteilung oder Zusammenfassung von Aufträgen, Produkten und Arbeitsgängen unter Berücksichtigung wirtschaftlicher Losgrößen (Fertigungs-, Transport- und Einlagerungslose).

3. Steuerung des Einsatzes von Potential- und Repetierfaktoren durch Terminvorgaben, Durchlaufterminierung unter Berücksichtigung optimaler Kapazitätsauslastung, Materialzuweisungen, Arbeitsanweisungen und dergleichen.

4. Überwachen der Produktionsaktivitäten mit dem Zweck, Betriebsstörungen zu lokalisieren, abzumildern oder ganz zu beseitigen. Ursachen derartiger Störungen können sein: Kundenbedingte Änderungswünsche, Funktionsstörungen und/oder Ausfall von Fertigungsanlagen, Personalausfall, Vorgabezeitüberschreitungen, Lieferstockungen, Transportausfälle, Fehlplanungen. Beim Auftreten derartiger Störungen im Produktionsablauf muß die Spezielle Arbeitsvorbereitung entsprechende Planrevisionen vornehmen.

6.2.2.2 Modell der optimalen Losgröße

Das Losgrößenproblem entsteht, wenn auf derselben Maschine bzw. maschinellen Anlage verschiedene Produktsorten hergestellt werden. In diesem Fall ist für jede Produktsorte eine Entscheidung über die **Größe eines Loses** (= Zahl der von einer Sorte nacheinander ohne Unterbrechung des Fertigungsprozesses hergestellten Mengeneinheiten) zu fällen. Das Ziel der Ent-

---

13 *Wagner, H.*: Dispositive Produktionsvorbereitung, in: Handwörterbuch der Produktion, hrsg. von *W. Kern*, Stuttgart 1979, Sp. 2155–2173; vgl. auch *Kaluza, B.*: Flexibilität der Produktionsvorbereitung industrieller Unternehmen, in: Internationale und nationale Problemfelder der Betriebswirtschaftslehre, Festgabe für *Heinz Bergner* zum 60. Geburtstag, hrsg. v. *Gert v. Kortzfleisch* und *Bernd Kaluza*, Berlin-München 1984, S. 287–333.

scheidung ist die Ermittlung der Losgröße, die bei gegebener Gesamtproduktionsmenge einer Sorte zu minimalen Stückkosten führt.

Die bei der Entscheidung zu berücksichtigenden Kosten setzen sich zusammen aus:

– den **Kosten des Sortenwechsels**, wie Umrüstkosten, Kosten des Produktionsausfalls, Anlaufkosten;
– **Lager-** und **Zinskosten der Fertigerzeugnisse**.

Umrüstungskosten fallen bei jedem Sortenwechsel an, ihre Höhe ist unabhängig von der Größe eines Loses. Sie werden daher auch als **losfixe Kosten** bezeichnet. Mit wachsender Losgröße sinken die Umrüstungskosten pro Stück, während die Lager- und Zinskosten zunehmen.

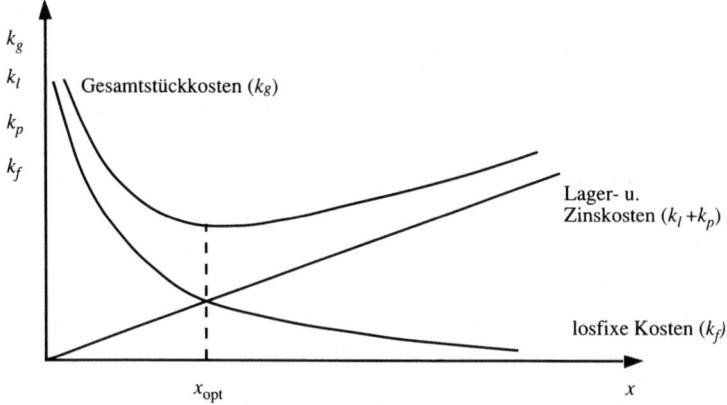

Abb. 33: Graphische Ableitung der optimalen Losgröße

Die Entscheidung über die optimale Losgröße wird also – analog zur Bestellmengenplanung – von gegenläufigen Kostenentwicklungen bei wachsender Losgröße bestimmt; **die Losgröße ist so zu wählen, daß die Summe aus losfixen Kosten und Lager- und Zinskosten minimiert wird.**

Legt man entsprechende vereinfachende Annahmen zugrunde, kann die optimale Losgröße mit Hilfe des gleichen Modells bestimmt werden, das bei der Bestellmengenplanung angewendet wurde. Auf das Losgrößenproblem übertragen, lauten die Annahmen wie folgt:

1. Der Gesamtabsatz der Produktsorte in der Periode T (in der Regel 1 Jahr) ist gegeben. Er stimmt mit der Produktionsmenge überein. Diese ist in gleichgroße Lose aufzuteilen.

2. Der Absatz und damit der Abgang vom Fertigwarenlager erfolgt kontinuierlich und in gleichen Raten.

3. Es ist eine ausreichende Produktionskapazität vorhanden; Lagerungs- und Finanzierungsrestriktionen bestehen nicht.

4. Die Wiederauffüllung des Lagers nach Entnahme der letzten Einheit erfolgt ohne „time lag" (total-momentane-Produktion; zeitpunktgeballte Produktion).

5. Alle übrigen Stückherstellkosten (= gesamte Stückherstellkosten abzüglich losfixe Stückkosten) sind konstant.

Als losgrößenproblemspezifische Annahme kommt hinzu, daß die Umrüstungskosten unabhängig von der Reihenfolge sind, in der die einzelnen Sorten aufgelegt werden. D.h., daß die Umrüstung auf eine Sorte gleich hohe Kosten verursacht unabhängig davon, welche Sorte vorher produziert wurde.

Die verwendeten Symbole haben nunmehr folgende Bedeutung:

Symbol		Optimale Losgröße	(Optimale Bestellmenge)
M	=	Gesamtabsatz der Periode T	(Gesamtbedarf der Periode T)
w_0	=	übrige Stückherstellkosten	(Einstandspreis)
f	=	losfixe Kosten	(bestellmengenfixe Kosten)
l	=	Lagerkostensatz in Prozent pro Jahr	
p	=	Zinskostensatz in Prozent pro Jahr	
n	=	Auflagenhäufigkeit:	
		Zahl der Lose pro Jahr	(Bestellhäufigkeit)
x	=	Losgröße	(Bestellmenge)
k	=	Stückkosten einer Sorte	(Stückkosten der bestellten Güter)
t_L	=	Lagerdauer eines Loses	(Lagerdauer einer Bestellmenge)

Die optimale Losgröße wird dann – dem Bestellmengenmodell entsprechend – wie folgt hergeleitet:

Da der Lagerabgang kontinuierlich und in gleichen Raten erfolgt, beträgt der durchschnittliche Lagerbestand einer Sorte:

$$\frac{x+0}{2} = \frac{x}{2} \text{ ME} .$$

Die Bewertung zu den (übrigen) Stückherstellkosten ergibt einen durchschnittlichen Lagerbestandswert von:

$$\frac{x}{2} \cdot w_0 \text{ GE} .$$

Durch Multiplikation mit dem Lager- und Zinskostensatz erhält man die Lager- und Zinskosten pro Jahr:

$$L_J = \frac{x}{2} \cdot w_0 \cdot \frac{p+l}{100} = \frac{x \cdot w_0 \cdot (p+l)}{200} \ .$$

Da in einer Periode n Lose aufgelegt werden, entstehen pro Los Lager- und Zinskosten von:

$$L_A = \frac{x \cdot w_0 \cdot (p+l)}{200 \cdot n}$$

bzw. wegen $n = \dfrac{M}{x}$

$$L_A = \frac{x^2 \cdot w_0 \cdot (p+l)}{200 \cdot M} \ .$$

Da mit jedem Los x Mengeneinheiten gefertigt werden, ergibt sich daraus als Funktion der Stücklager- und -zinskosten:

$$k_L = \frac{L_A}{x} = \frac{x \cdot w_0 \cdot (p+l)}{200 \cdot M} \ .$$

Zusammen mit den losfixen Kosten pro Stück:

$$k_F = \frac{F}{x}$$

und den übrigen Stückherstellkosten erhält man folgende Gesamtstückkostenfunktion:

$$k = w_0 + \frac{F}{x} + \frac{x \cdot w_0 \cdot (p+l)}{200 \cdot M} \ .$$

Daraus folgt durch Ableiten nach x und Nullsetzen der Ableitung

$$x_{\text{opt}} = \sqrt{\frac{200 \cdot M \cdot F}{w_0 \cdot (p+l)}}$$

als optimale Losgröße.

Die Anwendbarkeit des Modells der optimalen Losgröße ist zunächst dadurch begrenzt, daß von einem zeitpunktgeballten Produktionsausstoß ausgegangen wird, d. h. es werden Zwischenlagerungen im Produktionsbereich vernachlässigt. Weiterhin wird nicht berücksichtigt, daß innerhalb einer Planungsperiode nur ganzzahlige Lösungen für die optimale Auflagenhäufigkeit realisierbar sind. Zudem bleiben diverse Restriktionen, wie beispielweise knappe Lager-, Rüst-, Sortenwechsel- sowie Maschinenkapazitäten und die Begrenzung von finanziellen Mitteln unberücksichtigt. Schließlich werden auch die Verderblichkeit von Produkten und die vielfältigen Interdependenzen zwischen den einzelnen Produktsorten sowie die Problematik bei der Festlegung des internen Zinsfußes außer acht gelassen.

Einige der hier gemachten Annahmen lassen sich allerdings im Rahmen einer Weiterentwicklung des Modells der optimalen Losgröße realitätsnäher gestalten. So ist es beispielsweise möglich, die Produktionszeit explizit im Modell zu berücksichtigen und auf diese Weise die Annahme des zeitpunktgeballten Produktionsausstoßes aufzuheben (Modell der offenen bzw. geschlossenen Produktion).

Beim Einsatz moderner flexibler Fertigungssysteme sinken die Umrüstkosten häufig in beträchtlichem Umfang, weil die betreffenden Produktionsanlagen ohne größeren Zeit- und Kostenaufwand auf eine andere Produktsorte umgestellt werden können. Für derartige Betriebe ist im Extremfall also die Realisierung der Losgröße 1 möglich geworden.

6.2.2.3 Operative Fertigungsprogrammplanung als Aufgabe der Speziellen Arbeitsvorbereitung im Rahmen der Gestaltung der Auftragsprogramme

6.2.2.3.1 Sach- und Formalziel der operativen Fertigungsprogrammplanung

Durch die operative Programmplanung wird festgelegt, welche Mengen von den im Rahmen der taktischen Programmplanung vorgegebenen Erzeugnisarten innerhalb einer bestimmten Periode produziert werden sollen. Von den möglichen Zielsetzungen der operativen Programmplanung besitzt die **Maximierung der Deckungsbeiträge** eine besondere Bedeutung. Unter dem Dekkungsbeitrag eines Erzeugnisses versteht man die Differenz zwischen den Erlösen und den variablen Kosten[14]. Die Summe der Deckungsbeiträge aller Erzeugnisarten dient zur Deckung der fixen Kosten; der Überschuß über die fixen Kosten stellt Gewinn dar. Da die fixen Kosten von Entscheidungen der operativen Programmplanung nicht beeinflußt werden, sie also kurzfristig als unveränderlich betrachtet werden müssen, führt die Maximierung der Deckungsbeiträge in einer Planungsperiode zugleich zu einer (kurzfristigen) Maximierung des Unternehmungsgewinns.

Für die Ermittlung eines optimalen Produktionsprogramms sind die **Fixkosten nicht entscheidungsrelevant**. Sie dürfen deshalb auch nicht in die Optimierungsrechnung einbezogen werden, andernfalls besteht die Gefahr von Fehlentscheidungen.

---

14 Im System der Deckungsbeitragsrechnung auf der Basis relativer Einzelkosten treten an die Stelle der variablen Kosten die den Erzeugnissen direkt zurechenbaren E i n z e l kosten.

6.2.2.3.2 Durchführung der operativen Programmplanung

6.2.2.3.2.1 Operative Programmplanung bei freien Kapazitäten

Im Fall der Unterbeschäftigung werden alle Erzeugnisse in das Produktionsprogramm aufgenommen, die einen positiven Deckungsbeitrag besitzen, d. h. über die Erwirtschaftung der von ihnen verursachten variablen Kosten hinaus einen Teil zur Deckung der fixen Kosten – und eventuell zum Gewinn – einer Unternehmung beitragen.

Beispiel:

Für die Programmplanung des Monats Oktober 1990 stehen einer Unternehmung folgende Daten zur Verfügung:

Produkt (1)	max. Absatzmenge [Stck.] (2)	variable Stückkosten [DM/Stck.] (3)	gesamte Stückkosten [DM/Stck.] (4)	Absatzpreis [DM/Stck.] (5)	Deckungsbeitrag [DM/Stck.] (5) – (3)	Stückgewinn [DM/Stck.] (5) – (4)
A	1.000	20,–	26,–	44,–	24,–	18,–
B	1.500	22,–	25,–	30,–	8,–	5,–
C	1.100	35,–	40,–	32,–	– 3,–	– 8,–
D	1.200	30,–	55,–	50,–	20,–	– 5,–
E	800	25,–	30,–	31,–	6,–	1,–

Die Fixkosten betragen 50.000,– DM pro Monat.

Das optimale Produktionsprogramm umfaßt die Produkte A, B, D und E, von denen die maximal absetzbaren Mengen produziert werden. Der Gewinn als Differenz der gesamten Deckungsbeiträge und der fixen Kosten beträgt 14.800,– DM $(= 1.000 \cdot 24 + 1.500 \cdot 8 + 1.200 \cdot 20 + 800 \cdot 6 - 50.000)$. Nur das Produkt C wird aus dem Programm gestrichen, da es einen negativen Dekkungsbeitrag besitzt. So entgehen der Unternehmung zwar Erlöse in Höhe von $1.100 \cdot 32 = 35.200,–$ DM, gleichzeitig entfallen aber auch die durch eine Produktion von C zusätzlich entstehenden variablen Kosten in Höhe von $1.100 \cdot 35 = 38.500,–$ DM.

Das Beispiel veranschaulicht auch, daß eine Berücksichtigung der fixen Kosten in der operativen Programmplanung eine Fehlentscheidung zur Folge hätte. Neben dem Produkt C würde dann auch das Produkt D mit einem ebenfalls negativen Stückgewinn aus dem Programm gestrichen, obwohl es maßgeblich zur Deckung der fixen Kosten beiträgt. Eine Streichung von D würde die Erlöse um $1.200 \cdot 50 = 60.000,–$ DM verringern, die Kosten aber nur um $1.200 \cdot 30 = 36.000,–$ DM, so daß die Unternehmung statt eines Gewinns von 14.800,– DM einen Verlust von 9.200,– DM erzielen würde.

6.2.2.3.2.2 Operative Programmplanung bei einem Kapazitätsengpaß

Bei Vorliegen **eines** Kapazitätsengpasses ist es nicht mehr möglich, von allen Produkten mit einem positiven Deckungsbeitrag die maximal absetzbaren Mengen herzustellen. Die Kenntnis der absoluten Deckungsbeiträge (= Deckungsbeiträge je Produkteinheit) reicht in diesem Falle zur Ermittlung des optimalen Produktionsprogramms nicht aus.

Eine Maximierung des Gesamtdeckungsbeitrags setzt die bestmögliche Nutzung des knappen Produktionsfaktors voraus. Die Produkte sind daher in der Rangfolge ihrer **engpaßbezogenen (relativen) Deckungsbeiträge** in das Produktionsprogramm aufzunehmen, bis die Kapazität des Engpaßfaktors erschöpft ist. Der relative Deckungsbeitrag eines Produktes wird ermittelt, indem man den absoluten Deckungsbeitrag dieses Produktes durch den Produktionskoeffizienten, d. h. die Anzahl der Engpaßeinheiten, die zur Erzeugung einer Produkteinheit erforderlich sind, dividiert.

Zur Veranschaulichung dieses Sachverhaltes soll das Beispiel wie folgt abgewandelt werden: Für alle Produkte wird der Rohstoff α verwendet. Aufgrund einer unvorhergesehenen politischen Krise im Hauptlieferland tritt eine Verknappung des Rohstoffes ein, so daß die Unternehmung nur 500 kg je Planungsperiode beschaffen kann; Lagerbestand steht nicht zur Verfügung. Bei Produktionskoeffizienten von 150 g/Stck. für Produkt A, 200 g/Stck. für B, 250 g/Stck. für D und 100 g/Stck. für E sind für die Verwirklichung des unter der Annahme freier Kapazitäten ermittelten Produktionsprogramms jedoch 830 kg des Rohstoffs erforderlich. Durch die Rohstoffverknappung ist also ein Kapazitätsengpaß entstanden, so daß die Auswahl der Produkte nach dem Kriterium der relativen Deckungsbeiträge erfolgen muß.

Produkt	max. Absatzmenge	Produktionskoeffizient	absoluter Deckungsbeitrag	relativer Deckungsbeitrag	Rangfolge	Kapazitätsbeanspruchung
	[Stck.]	[g/Stck.]	[DM/Stck.]	[DM/g]		[kg]
(1)	(2)	(3)	(4)	(4):(3)	(5)	(2)·(3):1.000
A	1.000	150	24, –	0,16	1	150
B	1.500	200	8, –	0,04	4	300
D	1.200	250	20, –	0,08	2	300
E	800	100	6, –	0,06	3	80
						Σ 830

Zunächst wird das Produkt A mit dem höchsten relativen Deckungsbeitrag in das Produktionsprogramm aufgenommen, für seine Erzeugung sind 150 kg des Rohstoffs α erforderlich. Es folgt Produkt D mit dem zweithöchsten relativen Deckungsbeitrag und einem Rohstoffbedarf von 300 kg. Die verbleibenden 50 kg des Rohstoffs werden für die Erzeugung von E bereitgestellt;

statt der maximal absetzbaren Menge von 800 Stck. können jedoch nur noch 500 Stck. produziert werden. Produkt B ist aufgrund der Rohstoffverknappung nicht mehr im Produktionsprogramm enthalten. Es ergibt sich ein maximaler Deckungsbeitrag von $1.000 \cdot 24 + 1.200 \cdot 20 + 500 \cdot 6 = 51.000,-$ DM und ein maximaler Gewinn von $51.000 - 50.000 = 1.000,-$ DM.

6.2.2.3.2.3 Operative Programmplanung bei mehreren Kapazitätsengpässen

Sind in der operativen Programmplanung **mehrere** Kapazitätsengpässe zu berücksichtigen, kann das optimale Produktionsprogramm nur **simultan** mit Hilfe eines **linearen Optimierungsmodells** ermittelt werden. Eine solche Optimierung soll anhand des folgenden Beispiels dargestellt werden.

Beispiel:

Ein Unternehmen stellt zwei Erzeugnisse 1 und 2 her mit Deckungsbeiträgen von 80,– DM pro Mengeneinheit des Erzeugnisses 1 und 60,– DM pro Mengeneinheit des Erzeugnisses 2. Die beiden Erzeugnisse durchlaufen zwei Fertigungsstufen A und B mit Kapazitäten von 180 Std./Monat (Atlg. A) und 200 Std./Monat (Atlg. B). Die Produktionskoeffizienten sind der folgenden Tabelle zu entnehmen:

Atlg. \ Erzeugnis	1	2	Kapazität [Std./Monat]
A	2	3	180
B	4	2	200

Von Erzeugnis 2 können, wie die Marktforschung ermittelt hat, maximal 50 ME/Monat abgesetzt werden.

Gesucht ist das Produktionsprogramm, das zu einer Maximierung des Deckungsbeitrags führt. Bezeichnet man die Produktionsmengen der Erzeugnisse 1 und 2 mit x_1 und x_2, so kann diese Zielsetzung mathematisch durch folgende Zielfunktion formuliert werden:

Zielfunktion: $DB = 80\,x_1 + 60\,x_2 \rightarrow$ Max.!

Die Kapazitätsbeschränkungen sowie die Absatzbeschränkung (Restriktionen) lassen sich mathematisch durch folgende Ungleichungen ausdrücken:

Restriktionen: (1) $2\,x_1 + 3\,x_2 \leqq 180$

(2) $4\,x_1 + 2\,x_2 \leqq 200$

(3) $\qquad x_2 \leqq 50$

Um negative Lösungen des Optimierungsproblems auszuschließen, sind diese Restriktionen durch **Nichtnegativitätsbedingungen** zu ergänzen:

(4) $\qquad x_1 \geqq 0$

(5) $\qquad x_2 \geqq 0.$

Die Lösung solcher Optimierungsprobleme erfolgt mit Hilfe der Simplexmethode oder anderen Rechenverfahren. Umfaßt das Produktionsprogramm – wie im Beispiel – nur zwei Erzeugnisse, ist auch eine graphische Lösung möglich, wie sie in Abb. 34 dargestellt ist.

Jeder Punkt des dort abgebildeten Koordinatenkreuzes entspricht einer Kombination von x_1 und x_2, d.h. einer möglichen Zusammensetzung des Produk-

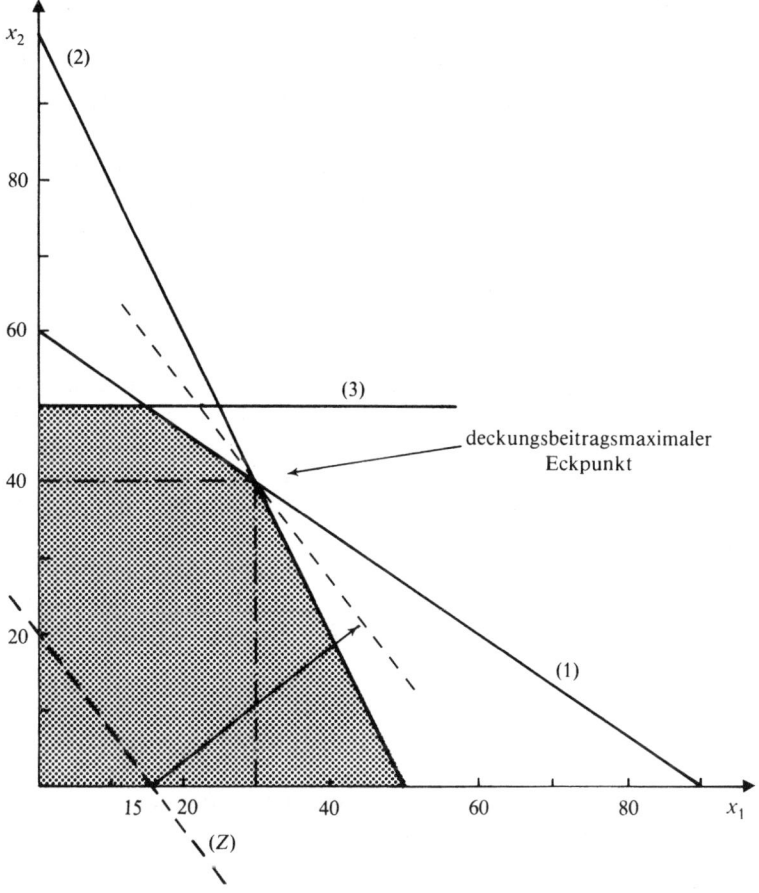

Abb. 34: Ermittlung des optimalen Produktionsprogramms bei mehreren Kapazitätsengpässen

tionsprogramms. Von diesen Möglichkeiten sind zunächst diejenigen auszuschließen, die aufgrund der technischen und wirtschaftlichen Beschränkungen nicht realisiert werden können.

Die Kapazität der Abteilung A ist auf 180 Std./Monat begrenzt. Bei alleiniger Produktion des Erzeugnisses 1 können innerhalb dieser Zeit maximal 90 ME bearbeitet werden, bei alleiniger Produktion des Erzeugnisses 2 maximal 60 ME. Diesen Produktionsmengen entsprechen die Punkte $(90|0)$ und $(0|60)$ des Koordinatenkreuzes. Verbindet man diese Punkte, erhält man eine Gerade, auf der **alle** Kombinationen von x_1 und x_2 liegen, die von der Abteilung A in einem Monat **maximal** bearbeitet werden können.

In gleicher Weise erfolgt die graphische Darstellung der übrigen Restriktionen durch die Geraden (2) und (3) sowie die Achsen des Koordinatenkreuzes (Nichtnegativitätsbedingungen). Damit ist der Lösungsraum, d. h. die Menge aller zulässigen Lösungen des Optimierungsproblems, festgelegt; er umfaßt alle Kombinationen von x_1 und x_2, die in dem durch die Geraden (1) bis (3), die Abszisse (x-Achse) und die Ordinate (y-Achse) begrenzten Feld sowie auf den Begrenzungslinien selbst liegen.

Die Zielfunktion stellt graphisch eine Schar von parallelen Geraden dar, deren Steigung durch das Verhältnis der Deckungsbeiträge $(= -80/60 = -4/3)$ bestimmt wird. Jede dieser Geraden repräsentiert ein anderes Deckungsbeitragsniveau, das um so höher ist, je weiter eine Gerade vom Ursprung des Koordinatenkreuzes entfernt verläuft. Sie bildet zugleich den geometrischen Ort aller Kombinationen von x_1 und x_2, die zum jeweils gleichen Deckungsbeitrag führen, und wird daher auch **Isodeckungsbeitragslinie** genannt. Um das optimale Produktionsprogramm zu ermitteln, zeichnet man zunächst eine beliebige Isodeckungsbeitragslinie in das Koordinatenkreuz ein (in Abb. 34: (Z) mit einem Deckungsbeitrag von 1200,– DM) und verschiebt sie solange parallel, bis sie den Lösungsraum in einem möglichst weit vom Ursprung des Koordinatenkreuzes entfernten Eckpunkt tangiert[15]. Die zu diesem Eckpunkt gehörenden Produktionsmengen bilden das Produktionsprogramm mit dem maximalen Deckungsbeitrag. Das im Beispiel gesuchte optimale Produktionsprogramm setzt sich, wie Abb. 34 zeigt, aus 30 ME des Erzeugnisses 1 und 40 ME des Erzeugnisses 2 zusammen; der maximal erreichbare Deckungsbeitrag beträgt 4800,– DM.

Zur Lösung dieses Fallbeispiels kann neben der dargestellten graphischen Lösungsmethode auch der sogenannte **Simplex-Algorithmus** angewandt werden. Hierbei handelt es sich um ein relativ einfaches Verfahren der linearen Programmierung, das auch zur Lösung anderer Optimierungsprobleme, beispielsweise im Rahmen der Verfahrenswahl, herangezogen werden kann. In

---

15 Hat die Isodeckungsbeitragslinie die gleiche Steigung wie eine der Restriktionsgeraden, wird der Lösungsraum nicht in einem Eckpunkt, sondern auf einem Abschnitt seiner Begrenzungslinie tangiert; es existieren dann mehrere optimale Lösungen.

einem ersten Schritt wird der Standardansatz der linearen Programmierung formuliert. Er enthält neben den verschiedenen, bei der Planung des optimalen Fertigungsprogramms zu berücksichtigenden Restriktionen (z.B. begrenzte Material-, Fertigungs- oder Absatzkapazitäten) auch die Zielfunktion. Als Planungsziel wird in der Regel die Maximierung des Periodendeckungsbeitrags unterstellt; hierbei finden die Deckungsbeiträge der einzelnen Produkte Eingang in die Zielfunktion. Ist hingegen die Maximierung des Umsatzes das Unternehmensziel, werden in die Zielfunktion die Produkterlöse aufgenommen. Nach der Formulierung des Ansatzes und der Übertragung der Koeffizienten von Zielfunktion und Restriktionen in ein Starttableau (Ausgangsmatrix), wird diese Matrix in den weiteren Schritten so lange mit Hilfe von Zeilenoperationen umgeformt, bis die optimale Lösung erreicht ist. In einem letzten Schritt werden die Ergebnisse aus dem Schlußtableau abgelesen.

Diese Vorgehensweise soll im folgenden an einem Beispiel erläutert werden. Zugrunde gelegt werden die Ausgangsdaten des Beispiels zur graphischen Lösung:

Zielfunktion: $\quad DB = 80\,x_1 + 60\,x_2 \rightarrow \text{Max.!}$

Restriktionen:
(1) $2\,x_1 + 3\,x_2 \leq 180$
(2) $4\,x_1 + 2\,x_2 \leq 200$
(3) $x_2 \leq 50$

Nichtnegativitätsbedingungen:
(4) $x_1 \geq 0$
(5) $x_2 \geq 0$

Dieses Ungleichungssystem wird nunmehr in ein Gleichungssystem transformiert. Für jede Restriktion muß eine zusätzliche Variable, die als Schlupfvariable bezeichnet wird, eingeführt werden. Fertigungswirtschaftlich läßt sich diese als Leerkapazität erklären, d.h. als Kapazität, die bei der Produktion einer bestimmten Menge von x_1 und x_2 nicht genutzt wird.

Als Schlupfvariablen werden eingeführt:

- K_A: noch zur Verfügung stehende Kapazität in der Fertigungsstufe A
- K_B: noch zur Verfügung stehende Kapazität in der Fertigungsstufe B
- V_2: nicht ausgeschöpftes Absatzpotential von Produkt 2

Das Gleichungssystem (Standardform) sieht dann wie folgt aus:

(1) $2x_1 + 3\,x_2 + K_A = 180$
(2) $4x_1 + 2\,x_2 + K_B = 200$
(3) $x_2 + V_2 = 50$

Auch die Zielfunktion wird unter Berücksichtigung der Schlupfvariablen in eine Gleichung überführt. Da allerdings Leerkapazitäten nichts einbringen und im allgemeinen auch keine zusätzlichen Kosten verursachen, ist der Deckungsbeitrag dieser Schlupfvariablen gleich Null. Zu Beginn der Planung des

Produktionsprogramms werden keine Mengen von x_1 und x_2 produziert. Entsprechend ist der Gesamtdeckungsbeitrag gleich Null.

$$80\,x_1 + 60x_2 + 0\,K_A + 0\,K_B + 0\,V_2 = 0$$

Dieses Gleichungssystem wird in eine Matrixform übertragen, wobei die Koeffizienten der Zielzeile mit negativen Vorzeichen eingetragen werden, da diese entgehende Deckungsbeiträge repräsentieren.

Zeile	Variable					Beschränkungs- spalte (BS)	Nach- spalte (NS)	
	x_1	x_2	K_A	K_B	V_2			
(1)	2	3	1	0	0	180	180/2 = 90	
(2)	[4]	2	0	1	0	200	200/4 = 50	←Pivot-Zeile
(3)	0	1	0	0	1	50	−	
Zielzeile (Z)	−80	−60	0	0	0	0		

Pivot-Spalte⌐   └→Pivot-Element

Der Schnittpunkt von der Zielzeile (Z) und der Beschränkungsspalte (BS) gibt den Gesamtdeckungsbeitrag des aktuellen Produktionsprogramms an. Aus den negativen Koeffizienten der Z-Zeile ist zu schließen, daß die optimale Lösung noch nicht erreicht worden ist. Das optimale Produktionsprogramm wird erreicht, wenn in der Z-Zeile keine negativen Koeffizienten mehr auftreten. Für die weitere Berechnung ist es zunächst notwendig, das Pivot-Element zu bestimmen. Dazu wird die Spalte ausgewählt, in der der höchste entgehende Deckungsbeitrag auftritt (Pivot-Spalte). Zur Bestimmung der Pivot-Zeile wird die Beschränkungsspalte (BS) durch die Pivot-Spalte dividiert. Die Pivot-Zeile ist die Zeile mit dem kleinsten positiven Wert in der Nachspalte (NS). Die Werte in der Nachspalte zeigen an, wieviel maximal von einem bestimmten Produkt unter Berücksichtigung der Restriktion produziert werden kann. Da alle Restriktionen gleichzeitig beachtet werden müssen, ist die maximal mögliche Produktionsmenge durch den kleinsten positiven Wert determiniert. Das Pivot-Element liegt im Schnittpunkt von Pivot-Spalte und Pivot-Zeile.

Abschließend wird die Pivot-Spalte durch einfache mathematische Umformungen in einen Einheitsvektor überführt.

Die entsprechenden Umformungen sind wie folgt vorzunehmen[16]:

a) Die Pivot-Zeile wird durch das Pivot-Element dividiert und an die entsprechende Stelle im neuen Tableau übertragen.

---

16 Eine Darstellung und Erläuterung der Gründe für die einzelnen Transformationsschritte findet sich bei *Müller-Merbach, H.*: Operations Research, 3. Aufl., Nachdruck 1988, München, S. 91 ff.

b) Die neue Zeile (1) ergibt sich durch die Multiplikation der neuen Zeile 2 mit dem Faktor –2 und anschließender Addition mit der 1. Zeile aus dem Ausgangstableau.

c) Die Zeile (3) kann direkt aus dem Ausgangstableau übernommen werden, da hier die Null des Einheitsvektors bereits vorliegt.

d) Die neue Zielzeile ergibt sich durch die Multiplikation der neuen Zeile 2 mit dem Faktor 80 und anschließender Addition mit der Zielzeile aus dem Ausgangstableau.

Zeile	x_1	x_2	K_A	K_B	V_2	Beschränkungs-spalte (BS)	Nach-spalte (NS)	
(1)	0	2	1	–1/2	0	80	80/2 = 40	←Pivot-Zeile
(2)	1	0.5	0	1/4	0	50	50/0.5 = 100	
(3)	0	1	0	0	1	50	50/1 = 50	
Zielzeile (Z)	0	–20	0	20	0	4000		

Pivot-Spalte ⎣⟶Pivot-Element ⟶Pivot-Element ↑

Der Gesamtdeckungsbeitrag für dieses Produktionsprogramm beträgt 4000 Geldeinheiten/Periode.

Die Z-Zeile der Matrix des 1. Lösungsschrittes enthält noch einen negativen Wert. Dies signalisiert, daß das optimale Produktionsprogramm noch nicht gefunden wurde. Deshalb müssen die entsprechenden Rechenschritte analog noch einmal angewandt werden. Das Ergebnis ist im folgenden Tableau wiedergegeben:

Zeile	x_1	x_2	K_A	K_B	V_2	Beschränkungs-spalte (BS)
(1)	0	1	1/2	–1/4	0	40
(2)	1	0	–1/4	3/8	0	30
(3)	0	0	–1/2	1/4	1	10
Zielzeile (Z)	0	0	10	15	0	4800

Als Ergebnis in der Beschränkungsspalte können die Werte 40, 30 und 10 abgelesen werden. Die Zuordnung dieser Werte zu den entsprechenden Variablen erfolgt über die Einheitsvektoren. Durch die Spalte, in der der Einheitsvektor steht, wird die Variable determiniert. Der zugehörige Wert wird in der

Beschränkungsspalte aus der Zeile abgelesen, in der im Einheitsvektor die 1 steht. Damit ergibt sich:

x_1 = 30 (Produktionsmenge von Produkt 1)
x_2 = 40 (Produktionsmenge von Produkt 2)
V_2 = 10 (nicht ausgeschöpftes Absatzpotential von Produkt 2)

Der maximale Deckungsbeitrag beträgt 4 800,– Geldeinheiten pro Periode.

Das Simplex-Schlußtableau enthält jedoch noch weitere Informationen:

Die Werte 10 und 15 (GE/Std.) in der Zielzeile geben die Zunahme des Gesamtdeckungsbeitrages bei einer Anhebung der Fertigungskapazität um eine Zeiteinheit (Schattenpreise) unter der Voraussetzung an, daß diese Einheit zu den gleichen Kosten wie bisher bereitgestellt werden kann.

6.2.2.4 Reihenfolgeplanung

Die Spezielle Arbeitsvorbereitung ist auch für die **Reihenfolgeplanung** zuständig. In der industriellen Fertigung müssen die Aufträge meistens auf mehreren Aggregaten bearbeitet werden. Deren Bearbeitungszeit auf den einzelnen Maschinen ist von unterschiedlicher Dauer. Bei knapper Potentialfaktorenkapazität ist es die Aufgabe der Speziellen Arbeitsvorbereitung, die zeitliche Reihenfolge der Bearbeitung der Aufträge zu bestimmen.

Bei der Lösung dieses als **Maschinenbelegungsproblem** bezeichneten Reihenfolgeproblems sind mehrere, zum Teil konfliktäre Zielsetzungen zu beachten:

– maximale Kapazitätsauslastung
– minimale Durchlaufzeit der Aufträge
– minimale Zwischenlagerkosten
– minimale Terminabweichungen

6.2.2.4.1 Das Dilemma der Ablaufplanung

Der Konflikt zwischen den Zielen „Maximale Kapazitätsauslastung" (= minimale Leerzeiten) und „Minimale Durchlaufzeit der Aufträge" (= minimale Wartezeiten) wird in der Literatur als „**Dilemma der Ablaufplanung**" näher gekennzeichnet. **Leerzeiten** bzw. Brachzeiten entstehen, wenn Aggregate auf Aufträge warten müssen. Hingegen wird unter **Wartezeiten** die Summe der Zeiten verstanden, in denen Aufträge auf das Freiwerden von Aggregaten warten müssen. Die folgende graphische Darstellung macht die Auswirkung der Reihenfolge auf die Höhe der Leerzeiten und Wartezeiten deutlich[17].

---

17 *Ellinger, Th.*: Reihenfolgeplanung, in: Handwörterbuch der Betriebswirtschaft, 4. Aufl., Stuttgart 1976, Sp. 3411–3420.

Beispiel: Dilemma der Ablaufplanung

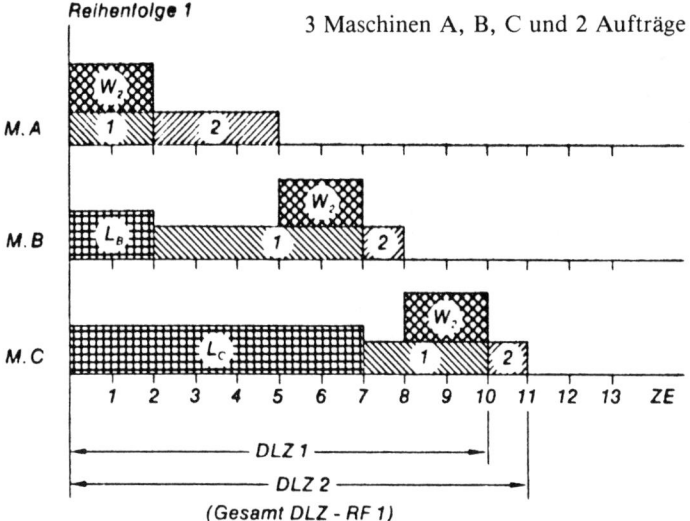

Fortsetzung s. nächste Seite!

In der Praxis wird das Problem der Reihenfolgeplanung mit Hilfe von in-exakten Methoden, meistens mit einfachen **Prioritätsregeln**, zu lösen versucht. Im einschlägigen Schrifttum werden jedoch auch einige exakte Lösungsverfahren vorgeschlagen, die jedoch nicht ohne mehr oder weniger radikale Vereinfachungen der Realität auskommen. Zu den bekanntesten Verfahren dieser Art gehören der Johnson-Algorithmus und das Branch-and-Bound-Verfahren. Der **Johnson-Algorithmus** wird im folgenden anhand eines Beispiels näher erläutert. Beim **Branch-and-Bound-Verfahren** handelt es sich um ein systematisches Suchverfahren auf der Grundlage der vollständigen Enumeration, wobei jedoch nicht alle möglichen Lösungen berechnet werden. Es werden gewisse Mengen zulässiger Lösungen bestimmt, welche die optimale Lösung **nicht** enthalten und die daher von der weiteren Betrachtung ausgeschlossen werden[18].

6.2.2.4.2 Der Johnson-Algorithmus

Ausgehend von der Überlegung, daß die Bearbeitungszeit einer bestimmten Produktart im Verhältnis zu den anderen Produkten in den Fertigungsstufen unterschiedlich hoch ist, entwickelte *Johnson* 1954 einen Algorithmus zur Bestimmung der durchlaufzeitminimalen Bearbeitungsreihenfolge, der sich

---

18 Ein ausführliches Beispiel findet sich bei *Hoitsch, H.-J.*: Produktionswirtschaft, a.a.O., S. 505 ff.

(Fortsetzung des Beispiels: Dilemma der Ablaufplanung)

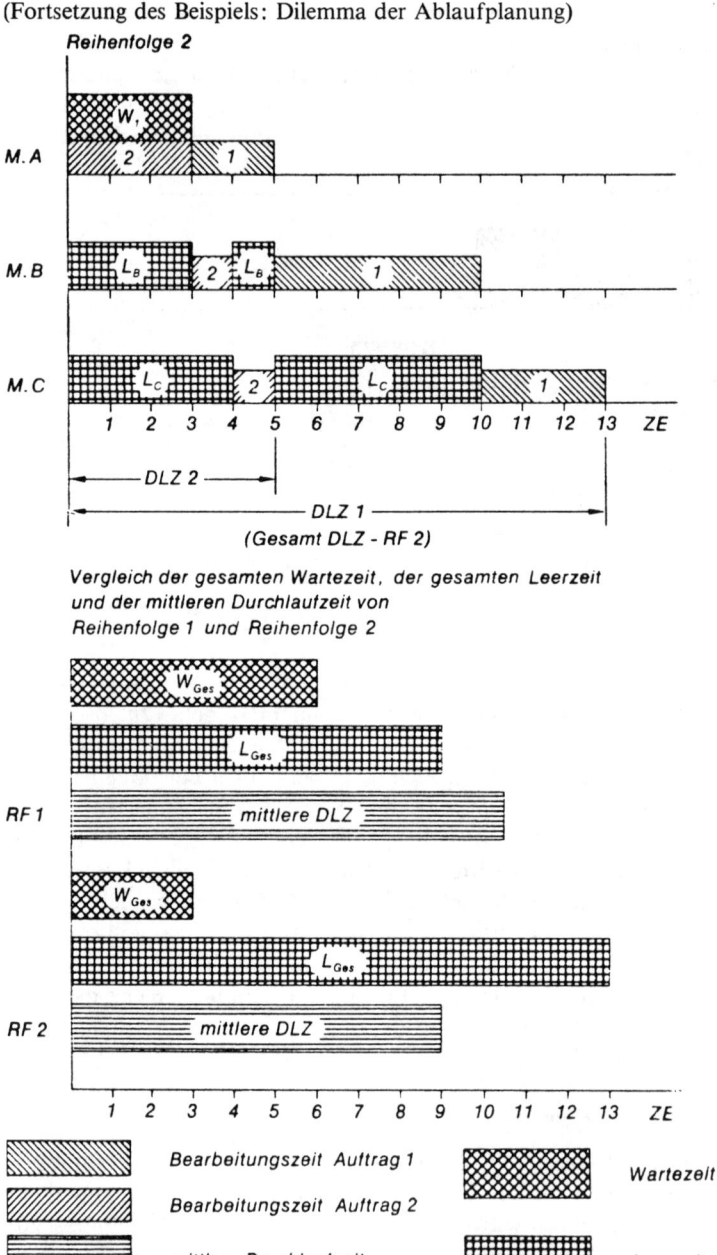

Abb. 35: Auswirkungen der Reihenfolge auf die gesamte Wartezeit, die gesamte Leerzeit und die Durchlaufzeiten

in seiner Anwendung auf zweistufige Mehrproduktbetriebe beschränkt. So stellte *Johnson* die Produktarten, welche in Stufe I eine geringe Bearbeitungszeit aufweisen, an den Beginn der Rangfolge, um ein Auftragspolster für die Stelle II zu schaffen. Dieses Auftragspolster wird abgearbeitet, wenn in Stufe I die Aufträge mit längerer Bearbeitungszeit bearbeitet werden.

Der Johnson-Algorithmus geht von folgenden Prämissen aus[19]:

1. Zweistufiger Fertigungsprozeß

2. Mehrprodukt-Betrieb

3. Fertigungsstufe I wird vor Stufe II durchlaufen

4. Es fallen keine Sortenwechselzeiten an

5. Die Umrüstkosten sind von der Sortenfolge unabhängig

6. Transportzeiten zwischen den Fertigungsstufen werden vernachlässigt

7. Terminüberschreitungen bleiben unberücksichtigt

Der Johnson-Algorithmus läßt sich anhand folgender Flußdiagramme darstellen: Der Gesamtablauf wird in Abb. 36 (S. 94) dargestellt. Hingegen zeigt Abb. 37 (S. 95) die Berechnung der Gesamtdurchlaufzeit in Form eines Unterprogramms.

Legende:

i	= Laufindex der Rangfolge der Aufträge
k	= Laufindex der Bearbeitungszeiten in der Stufe I
$t_{I(II)}$	= Bearbeitungszeit in Stufe I (II)
BAZ	= Summe der Bearbeitungszeiten in Stufe I bis zum Auftrag mit dem Rangindex i
DLZ_i	= Gesamtdurchlaufzeit bis zum Auftrag mit dem Rangindex i

---

19 *Johnson, S. M.*: Optimal Two- and Three-Stage Production Schedules with Setup-Times Included, in: Naval Research Logistics Quarterly, (1) 1954, S. 61 ff.

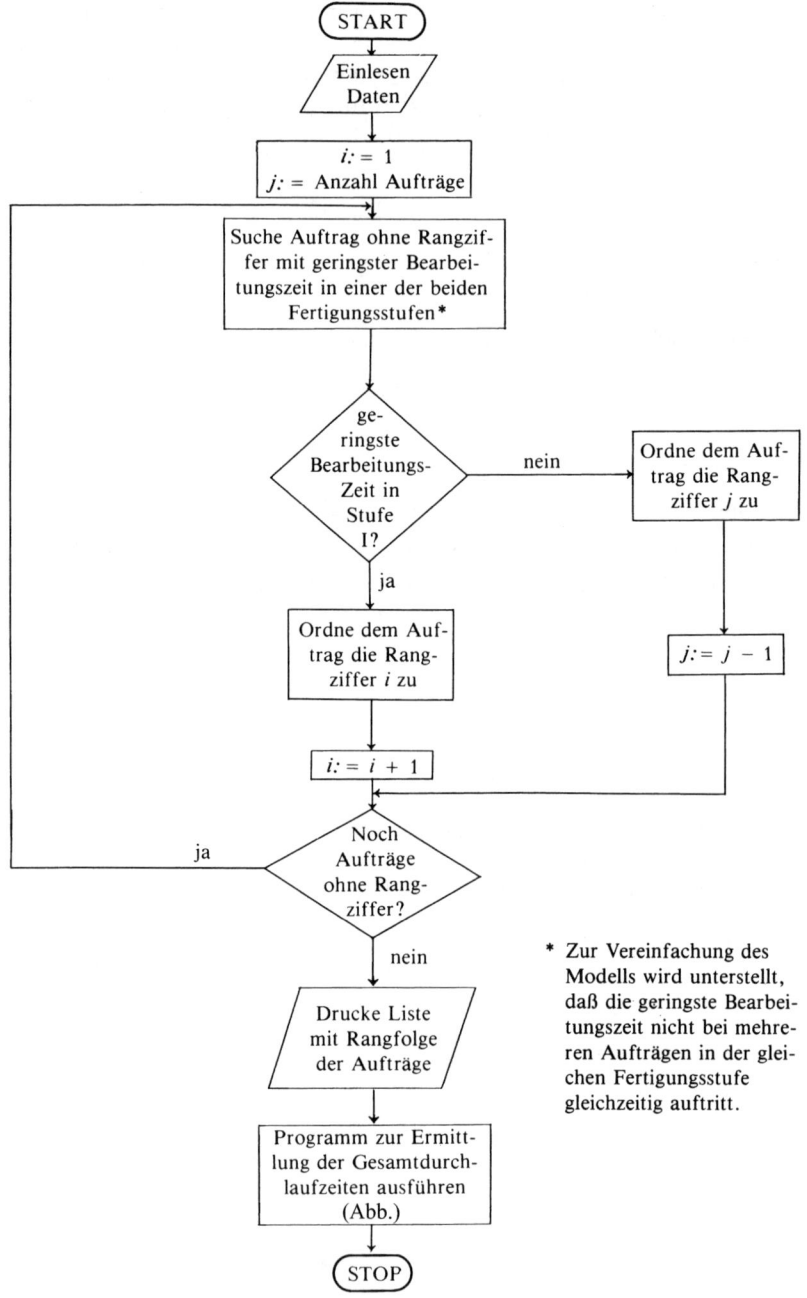

Abb. 36: Flußdiagramm: Berechnung der optimalen Reihenfolge und der Gesamt-
durchlaufzeit mit Hilfe des Johnson-Algorithmus

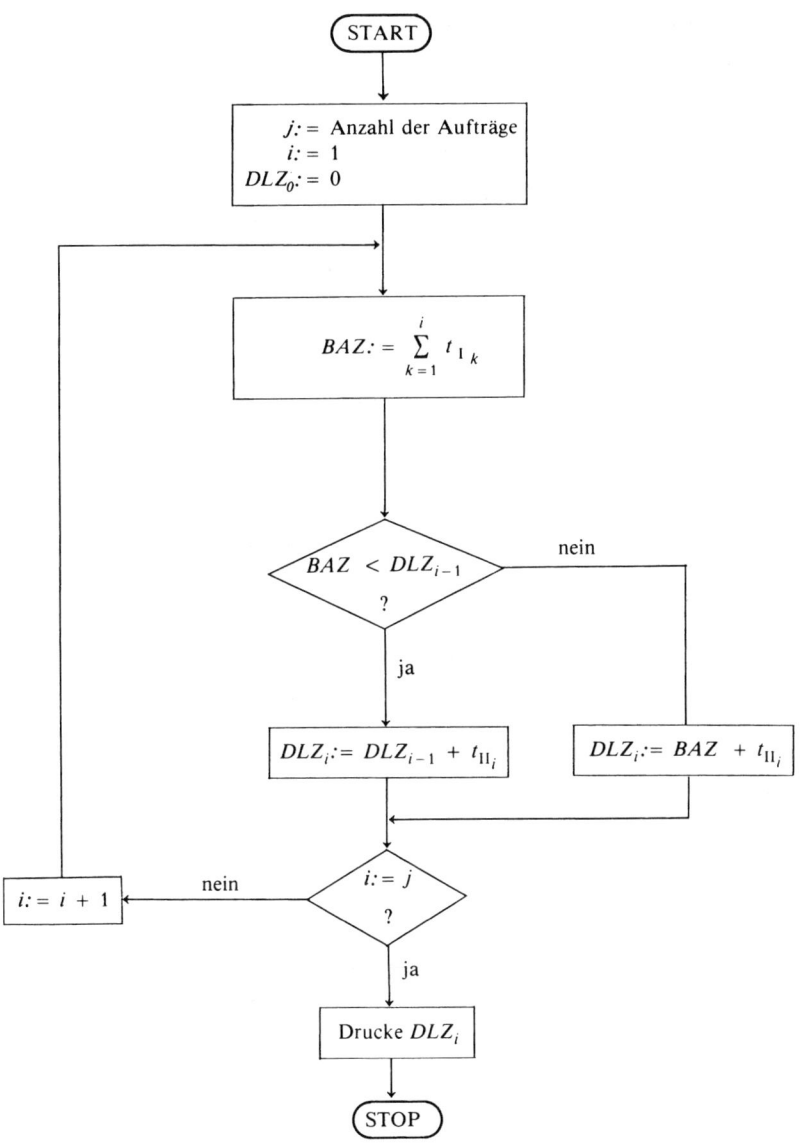

Abb. 37: Teilflußdiagramm: Berechnung der Gesamtdurchlaufzeit

Fallbeispiel zum Johnson Algorithmus

Ausgangsdaten:

Sorte	Fertigungsstufen	
	I	II
A	10	7
B	1	8
C	4	2
D	5	7

Rangfolge	Sorte	Fertigungsstufen	
		I	II
1	B	1	8
2			
3			
4			

Rangfolge	Sorte	Fertigungsstufen	
		I	II
1	B	1	8
2			
3			
4	C	4	2

Rangfolge	Sorte	Fertigungsstufen	
		I	II
1	B	1	8
2	D	5	7
3			
4	C	4	2

Rangfolge	Sorte	Fertigungsstufen	
		I	II
1	B	1	8
2	D	5	7
3	A	10	7
4	C	4	2

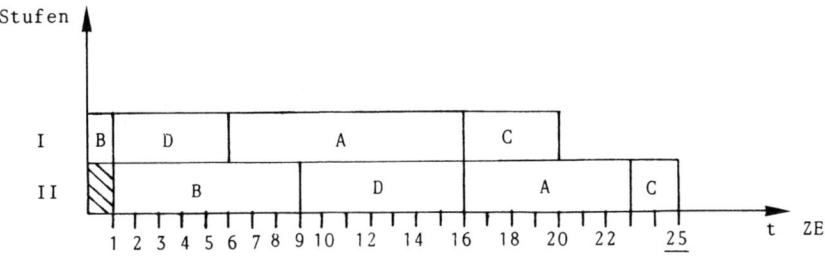

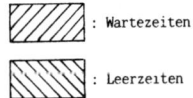 : Wartezeiten

: Leerzeiten

Abb. 38: Stufenbezogene Darstellung der optimalen Reihenfolge mit Hilfe von Balkendiagrammen

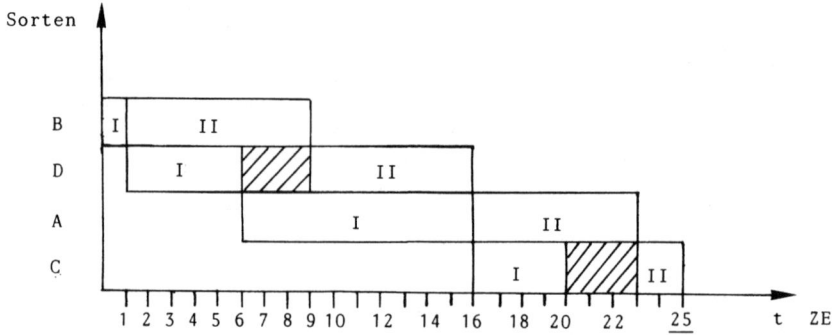

 : Wartezeiten

: Leerzeiten

Abb. 39: Sortenbezogene Darstellung der optimalen Reihenfolge mit Hilfe von Balkendiagrammen

6.2.2.4.3 Reihenfolgeplanung mit Hilfe von Prioritätsregeln

Die exakten Verfahren der Reihenfolgeplanung liefern nur unter sehr restriktiven Bedingungen optimale Lösungen. In der Praxis werden deshalb häufig einfache Prioritätsregeln angewendet, um die zeitliche Reihenfolge der Aufträge vor den einzelnen Produktionsstufen zu bestimmen. Diese Regeln sind von den Zielen der Ablaufplanung abgeleitet und erzeugen unterschiedliche Näherungslösungen.

Die wichtigsten Prioritätsregeln sind in folgender Tabelle aufgeführt[20]:

Benennung	Inhaltliche Beschreibung
1. KOZ-Regel (**K**ürzeste **O**perations**z**eitregel)	Der Auftrag mit der kürzesten Operationszeit (Bearbeitungszeit) auf der jeweiligen Produktionsstufe wird als erster bearbeitet.
2. LOZ-Regel (**L**ängste **O**perations**z**eitregel)	Die höchste Priorität erhält der Auftrag in der Warteschlange, der die längste Operationszeit hat.
3. GRB-Regel (**G**rößte **R**est**b**earbeitungszeitregel) Längste Fertigungsrestzeitregel	Derjenige Auftrag wird zuerst bearbeitet, dessen im Moment der Belegung noch verbleibende Bearbeitungszeit auf allen noch benötigten Maschinen die größte (kürzeste) ist.
4. KRB-Regel (**K**ürzeste **R**est**b**earbeitungszeitregel) Kürzeste Fertigungsrestzeitregel	

20 *Zäpfel, G.*: Produktionswirtschaft, Operatives Produktions-Management, Berlin/New York 1982, S. 273/274.

Benennung	Inhaltliche Beschreibung
5. WT-Regel (Wert-Regel)	Der Auftrag mit dem größten Produktendwert wird zuerst bearbeitet oder alternativ: Der Auftrag mit dem höchsten Produktwert vor Ausführung des jeweiligen Arbeitsvorgangs erhält die höchste Priorität (dynamische Wertregel).
6. SZ-Regel (Schlupf-Zeit-Regel)	Der Auftrag mit der kleinsten Differenz zwischen dem Liefertermin und der bleibenden Bearbeitungszeit, sein Schlupf, wird als erster bearbeitet.
7. FLT-Regel (Früheste Liefertermin-Regel)	Der Auftrag mit dem frühesten Liefertermin erhält die höchste Priorität.
8. MAA-Regel (Regel der meisten noch auszuführenden Arbeitsvorgänge) 9. WAA-Regel (Regel der wenigsten noch auszuführenden Arbeitsvorgänge)	Derjenige Auftrag wird zuerst bearbeitet, der die meisten (wenigsten) noch auszuführenden Arbeitsvorgänge hat.
10. FCFS-Regel (First-come-first-served-Regel)	Der Arbeitsvorgang, der zuerst auf der jeweiligen Maschine ankommt, wird als erster bearbeitet.
11. GGB-Regel (Größte Gesamtbearbeitungszeit-Regel) 12. KGB-Regel (Kleinste-Gesamtbearbeitungszeit-Regel)	Der Auftrag mit der größten (kleinsten) Gesamtbearbeitungszeit auf allen Maschinen erhält die höchste Priorität.

Die verschiedenen Prioritätsregeln erfüllen die einzelnen ablaufplanerischen Ziele unterschiedlich. Anhand von Simulationen ist es möglich, die einzelnen Regeln daraufhin zu testen, wie sie die Ziele der Reihenfolgeplanung erfüllen. In Abbildung 40 sind Ergebnisse von Simulationsläufen im Hinblick auf die eingangs genannten Ziele der Reihenfolgeplanung zusammengestellt[21].

Diesen Untersuchungsergebnissen zufolge, liefert die KOZ-Regel die besten Ergebnisse. Durch die Verzögerung von Aufträgen mit längeren Bearbeitungszeiten schneidet diese Regel in bezug auf die Minimierung der Terminabweichungen schlecht ab. Es wird deshalb in der Literatur empfohlen, die KOZ-Regel mit der Schlupfzeitregel zu verknüpfen[22]. Grundsätzlich werden mit kombinierten Prioritätsregeln bessere Ergebnisse als mit einfachen Prioritätsregeln erzielt.

21 *Hoss, K.*: Fertigungsablaufplanung mittels operationsanalytischer Methoden, Würzburg/Wien 1965, S. 168.
22 *Hoss, K.*, a.a.O., S. 168.

Opti- mierungsziele \ Priori- tätsregel	Kürzeste Operations- zeitregel	Fertigungs- restzeit- regel	Dynamische Wertregel	Schlupf- zeitregel
Maximale Kapazitätsauslastung	sehr gut	gut	mäßig	gut
Minimale Durchlaufzeit	sehr gut	gut	mäßig	mäßig
Minimale Zwischenlagerkosten	gut	mäßig	sehr gut	mäßig
Minimale Terminabweichungen	schlecht	mäßig	mäßig	sehr gut

Abb. 40: Wirksamkeit von Prioritätsregeln (n. Hoss 1965)

6.3 CIM-Konzeption

CIM (Computer Integrated Manufacturing) bezeichnet die integrierte Informationsverarbeitung für betriebswirtschaftliche und technische Aufgaben eines Industriebetriebes. Das wesentliche Merkmal dieser Konzeption ist in der Reintegration der weit vorangeschrittenen funktionalen Arbeitsteilung zu sehen. Im Rahmen der **Datenintegration** wird durch die Nutzung einer zentralen oder verteilten Datenbank eine anwendungsunabhängige Datenorganisation angestrebt, so daß Mehrfacheingaben und eine inkonsistente Datenhaltung vermieden werden. Durch den Prozeß der **Funktionsintegration** werden konsequent Vorgangsketten sowie kleine Regelkreise geschaffen und die bislang stark ausgeprägte funktionsorientierte Ablauforganisation zugunsten einer objektorientierten Ablauforganisation aufgegeben. Die Daten- und Funktionsintegration bilden dabei das eigentliche Rationalisierungspotential von CIM[23]. Abb. 41 zeigt die wesentlichen Ziele der CIM-Konzeption[24].

Die integrierte Informationsbereitstellung und -verarbeitung durch die Möglichkeit, auf eine einheitliche Datenbasis zugreifen zu können, kann zu einer erheblichen Reduzierung der Auftragsdurchlaufzeiten und zu einer Erhöhung der Termintreue führen. Ständige Soll/Ist-Vergleiche erlauben ein frühzeitiges Eingreifen bei Qualitätsmängeln und führen so zu einer Verbesserung der Produktqualität und einer Verringerung der Ausschußquote. Zusätzlich sorgt die schnellere Informationsübertragung für eine Steigerung der Flexibilität gegenüber Marktschwankungen. Schließlich sind durch CIM signifikante Kostensenkungen durch Steigerung der Anlagenauslastung, bessere Nutzung der Produktionstechniken und Verminderung der Kapitalbindung zu erwarten.

---

23 *Scheer, A. W.*: CIM: Der computergesteuerte Industriebetrieb, 4. Auflage, Saarbrücken 1990, S. 4.

24 *Eversheim, W.*, u.a.: Maßnahmen zur Realisierung von CIM in kleinen und mittleren Betrieben, in: VDI-Zeitschrift, Bd. 129, H. 5, 1987, S. 38.

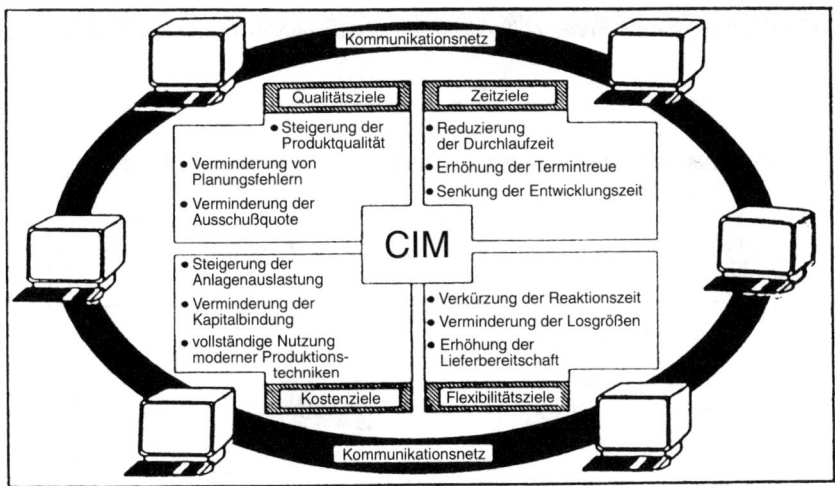

Abb. 41: Ziele von CIM

CIM besteht aus vielen einzelnen Komponenten und umfaßt den gesamten Produktionsprozeß von der Präzisierung der Aufgabenstellung über die Entwicklung, Konstruktion, Planung und Fertigung bis hin zur Prüfung und Auslieferung des Produktes. Die einzelnen Bereiche sind CAD, CAP, CAM, CAQ und PPS.

Die technischen Aufgaben zur Produkterstellung werden von den CAD/CAM-Systemen übernommen. Hierbei finden eine EDV-technische Verkettung von CAD, CAP, CAM und CAQ-Komponenten statt.

CAD (Computer Aided Design bzw. rechnerunterstütztes Konstruieren) erstreckt sich über den gesamten Konstruktions- und Entwicklungsprozeß. Zu dessen Aufgabenbereichen gehören die Entwicklungstätigkeiten, technische Berechnungen, Konstruktionstätigkeiten und die Zeichnungserstellung.

Das CAP-System (Computer Aided Planning; rechnerunterstützte Planung) übernimmt EDV-unterstützt Aufgaben im Rahmen der Arbeitsplanung. Hierzu gehört die Erstellung von Arbeitsplänen, die Betriebsmittelauswahl, die Erstellung von Teilefertigungs- und Montageanweisungen und die NC-Programmierung.

Unter CAM (Computer Aided Manufacturing; rechnerunterstützte Produktion) versteht man die EDV-Unterstützung zur technischen Steuerung und Überwachung der Betriebsmittel in der Fertigung, Handhabung, Lagerung und des Transports.

Schließlich wird in der oben angeführten Abbildung die rechnerunterstützte Qualitätskontrolle und -sicherung CAQ (Computer Aided Quality) angespro-

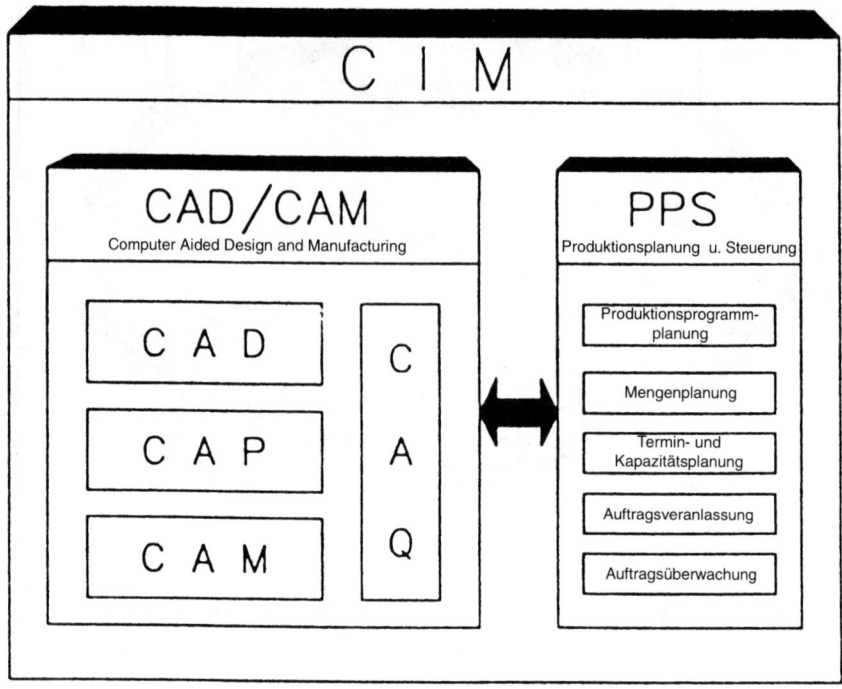

Abb. 42: CIM nach AWF[25]

chen. Hierunter wird die Erstellung von Prüfplänen, Prüfprogrammen und Meßwerten sowie die Durchführung rechnerunterstützender Meß- und Prüfverfahren verstanden.

Während die zuvor beschriebenen Systeme eher dem technischen Bereich angehören, beschäftigt sich das Produktionsplanungs- und Steuerungssystem (PPS) mit den organisatorischen Produktionsabläufen, ausgehend von der Angebotsbearbeitung bis hin zum Versand.

Der Aufbau und die Vorgehensweise eines PPS-Systems sind in Abb. 43 dargestellt.

Der stufenförmige Aufbau eines PPS-Systems kann in folgende Hierarchieebenen untergliedert werden:

Erste Hierarchieebene: **Produktionsprogrammplanung**

Den Ausgangspunkt für die Planung des Produktionsablaufs sowie alle weiteren Planungsschritte bildet die Produktionsprogrammplanung, die in enger

---

25 Siehe Ausschuß für Wirtschaftliche Fertigung e.V., AWF-Empfehlung: Integrierter EDV-Einsatz in der Produktion, CIM: Computer Integrated Manufacturing, Begriffe – Definitionen – Funktionszuordnungen, Eschborn 1985.

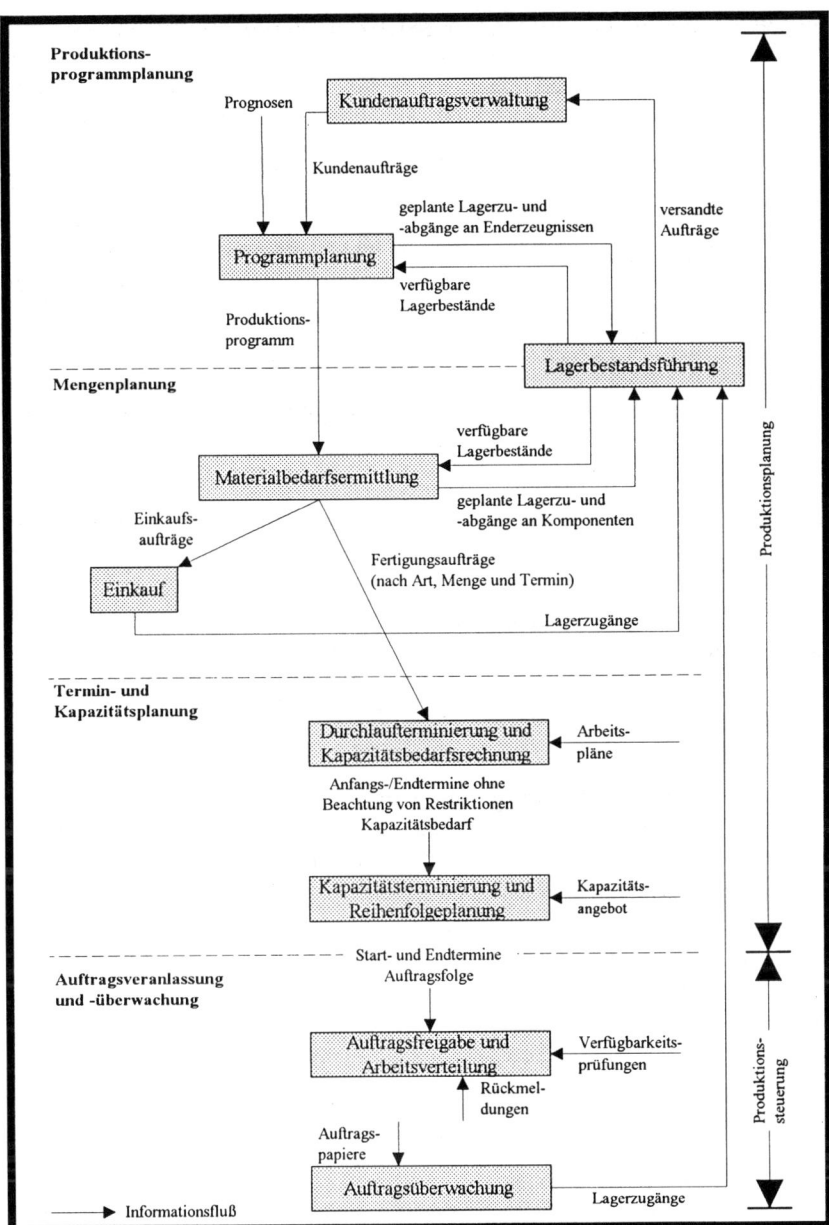

Produktions-
programmplanung

Prognosen

Kundenauftragsverwaltung

Kundenaufträge

geplante Lagerzu- und
-abgänge an Enderzeugnissen

versandte
Aufträge

Programmplanung

verfügbare
Lagerbestände

Produktions-
programm

Mengenplanung

Lagerbestandsführung

verfügbare
Lagerbestände

Materialbedarfsermittlung

geplante Lagerzu- und
-abgänge an Komponenten

Einkaufs-
aufträge

Fertigungsaufträge
(nach Art, Menge und Termin)

Einkauf

Lagerzugänge

Termin- und
Kapazitätsplanung

Durchlaufterminierung und
Kapazitätsbedarfsrechnung

Arbeits-
pläne

Anfangs-/Endtermine ohne
Beachtung von Restriktionen
Kapazitätsbedarf

Kapazitätsterminierung und
Reihenfolgeplanung

Kapazitäts-
angebot

Auftragsveranlassung
und -überwachung

Start- und Endtermine
Auftragsfolge

Auftragsfreigabe und
Arbeitsverteilung

Verfügbarkeits-
prüfungen

Rückmel-
dungen

Auftrags-
papiere

Auftragsüberwachung

Lagerzugänge

Informationsfluß

Produktionsplanung

Produktions-
steuerung

Abb. 43: Bestandteile eines PPS-Systems[26]

26 *Schulte, Ch.*: Logistik: Wege zur Optimierung des Material- und Informationsflusses, 2., überarb. und erw. Aufl., München, 1995, S. 204.

Abstimmung mit dem Vertrieb bzw. der Kundenauftragsverwaltung zu erfolgen hat. In diesem ersten Planungsschritt wird das grobe **Produktionsprogramm** (master production schedule) auf der Basis von eingegangenen Kundenaufträgen (bei Auftragsfertigung) oder Prognosen des zukünftigen Absatzes (bei Serien- bzw. Massenfertigung) bestimmt[27].

Die Genauigkeit der Absatzprognose determiniert die Ergebnisse aller nachfolgenden Planungsstufen. Das Absatzpotential der einzelnen Produktgruppen wird mit Hilfe eines Prognoseverfahrens für den Planungszeitraum von einem Jahr ermittelt und auf die Monate verteilt, bevor die Abstimmung mit den vorhandenen Produktionskapazitäten und dem gegebenen Lagerbestand erfolgen kann[28].

Die zu erstellenden Erzeugnisse werden nach Art, Menge und Termin festgelegt, wobei der Detaillierungsgrad noch relativ grob ist. Von der Planungsqualität des Produktionsprogramms werden in hohem Maße die Effizienz des gesamten PPS-Systems sowie insbesondere der logistische Aufwand in der Produktionssteuerung beeinflußt[29].

Als Ergebnis liefert die Produktionsprogrammplanung den **Primärbedarf** der Enderzeugnisse, der sich aus den Kundenaufträgen und/oder den Absatzprognosen aller Enderzeugnisse sowie Ersatzteile ergibt[30].

Zweite Hierarchieebene: **Mengen- und Grobterminplanung (Materialbedarfsplanung)**

Aufbauend auf dem Produktionsprogramm erfolgt die Mengen- und Grobterminplanung in der zweiten Hierarchieebene, deren Planungszeitraum ein halbes Jahr umfaßt[31].

Aufgabe der **Materialbedarfsplanung** (material requirements planning) ist die Ermittlung des Bedarfs an selbstzuerstellenden Baugruppen und Teilen sowie an fremdzubeziehenden Gütern zur Erfüllung des im Rahmen der Produktionsprogrammplanung bestimmten Primärbedarfs.

Der Aufgabenbereich der Materialbedarfsplanung umfaßt die Verwaltung der **Stücklisten**, die die Erzeugnisstrukturdaten für jedes Produkt beinhalten. Mit Hilfe der Stücklisten läßt sich für jedes Erzeugnis eindeutig angeben, aus welchen Baugruppen und Einzelteilen es besteht und wie viele Mengeneinheiten von diesen zur Produktion des betreffenden Erzeugnisses benötigt werden.

Eine weitere Aufgabe besteht in der Auflösung des in den Stücklisten erfaßten Primärbedarfs mit Hilfe mathematischer Verfahren, um den **Sekundärbe-**

---

27 Vgl. *Hansmann, K.-W.*, a.a.O., S. 259; *Roos, E.*: Informationsmodellierung für PPS-Systeme: Ein Konzept zur aufgabenorientierten Systementwicklung, Berlin u.a. 1992, S. 37.

28 Vgl. *Vahrenkamp, R.*: Produktionsmanagement, 3., neu bearb. Aufl., München u.a. 1998, S. 93; *Hansmann, K.-W.*, a.a.O., S. 259.

29 Vgl. *Schulte, Ch.*, a.a.O., S. 205; *Hansmann, K.-W.*, a.a.O., S. 258/259.

30 Vgl. *Hansmann, K.-W.*, a.a.O., S. 259/260.

31 Vgl. *Adam, D.*, a.a.O., S. 619.

darf an Baugruppen und Einzelteilen zu bestimmen. Hierbei sind eventuelle Vorlaufzeiten zu berücksichtigen, die die Starttermine der einzelnen Komponenten beeinflussen[32]. Die zeit- und mengenmäßig ermittelten Bedarfe einzelner Komponenten müssen im Rahmen der anschließenden Losgrößen- und Bestellmengenplanung zu Produktionsaufträgen (Losen) und Beschaffungsaufträgen (Bestellungen) zusammengefaßt werden.

Mit Hilfe der Bedarfsverfolgung soll schließlich verhindert werden, daß durch die Zusammenfassung der einzelnen Bedarfe in verschiedenen Teilperioden und für verschiedene Endprodukte die Beziehung zwischen einem Kundenauftrag und den dafür benötigten Einzelteilen verloren geht.

Im Rahmen der groben Terminplanung wird der Kapazitätsbedarf der einzelnen Produktionsaufträge mit den vorhandenen Kapazitäten abgestimmt.

Am Ende dieser Planungsstufe sollten ein Bereitstellungsplan für die in der Produktion einzusetzenden Bauteile und Materialien sowie eine grobe Terminierung der Aufträge vorliegen[33].

Dritte Hierarchieebene: **Termin- und Kapazitätsplanung (Zeit- und Kapazitätsplanung)**

Die dritte Hierarchieebene der PPS-Systeme beinhaltet die Feinterminierung der in die Produktion einzulastenden Aufträge.

Hierbei werden die Fertigungsaufträge zu wirtschaftlichen Losen zusammengefaßt (Losgrößenplanung) und auf den verfügbaren Kapazitätseinheiten zeitlich eingeplant (Durchlaufterminierung, Kapazitätsterminierung). An den einzelnen Arbeitsplätzen sind die Auftragsbearbeitungsfolgen (Reihenfolgeplanung) und die Maschinenbelegung (Maschinenbelegungsplanung) zu bestimmen. Ferner ist vor der Ausführung des Fertigungsauftrags festzustellen, ob die benötigten Materialien zum geplanten Termin an den vorgesehenen Produktionsstätten verfügbar sind (Verfügbarkeitsprüfung)[34].

Die innerhalb der Materialbedarfsplanung ermittelten groben Durchlaufzeiten sind zur Ermittlung des exakten Kapazitätsbedarfs innerhalb der Zeit- und Kapazitätsplanung (capacity requirements planning) durch eine genaue **Durchlaufterminierung** der einzelnen Arbeitsgänge, die zur Fertigung einer bestimmten Komponente durchzuführen sind, mit Start- und Endterminen zu ersetzen. Auf der Basis dieser Terminierung ist die konkrete Kapazitätsbelastung der Produktionsanlagen zu ermitteln und bei Kapazitätsüberlastung ein Kapazitätsabgleich vorzunehmen[35].

---

32 Vgl. *Hansmann, K.-W.*, a.a.O., S. 260; *Vahrenkamp, R.*, a.a.O., S. 94.
33 Vgl. *Hansmann, K.-W.*, a.a.O., S. 261; *Adam, D.*, a.a.O., S. 619.
34 Vgl. *Adam, D.*, a.a.O., S. 624; *Vahrenkamp, R.*, a.a.O., S. 95; *Heinen, E.*, a.a.O., S. 583/584.
35 Vgl. *Hansmann, K.-W.*, a.a.O., S. 261/262; *Vahrenkamp, R.*, a.a.O., S. 94; *Roos, E.*, a.a.O., S. 37.

Hierbei werden sowohl geringe Durchlaufzeiten als auch die Einhaltung vor-
gegebener Liefertermine bei möglichst geringen ablaufbedingten Stillstandszeiten der Maschinen angestrebt. Der zwischen diesen Teilzielen bestehende
Konflikt wird auch als **Dilemma der Ablaufplanung** bezeichnet[36].

Mit dem erfolgreich durchgeführten Kapazitätsabgleich ist die Produktionsplanung abgeschlossen, und es folgt die Produktionssteuerung[37].

Vierte Hierarchieebene: **Auftragsveranlassung und -überwachung (Produktionssteuerung)**

Die Produktionssteuerung umfaßt den Übergang von der Planungs- in die
Realisierungsphase. Sie bildet den letzten Teilbereich der PPS-Systeme und
beinhaltet die Auftragsfreigabe, die Maschinenbelegung bzw. Feitermine-
rung sowie die Betriebsdatenerfassung.

Die Koordination der Aufträge und Ressourcen erfolgt in dieser Phase auf
der Basis von Stunden und Minuten[38]. Die **Auftragsfreigabe** (order release)
stellt den Übergang von der Produktionsplanung zur Produktionssteuerung
dar, indem sie die Produktion anstößt.

Für die in einer Teilperiode (Woche oder Tag), gemäß der Zeit- und Kapazitätsplanung freizugebenden Aufträge wird geprüft, ob die zur Produktions-
durchführung benötigten Ressourcen (Arbeitskräfte, Material, Werkzeuge,
NC-Programme) ausreichend vorhanden sind oder bis zum Starttermin zur
Verfügung gestellt werden können. Nach dieser Verfügbarkeitsprüfung werden die für den kommenden Planungshorizont anstehenden Aufträge freige-
geben und in die Fertigung weitergeleitet[39].

Die erforderliche Feinterminierung im Rahmen der **Maschinenbelegung** ist
sehr kurzfristig orientiert (Tage, Stunden, Minuten). Ziele der Maschinenbelegung (scheduling) sind die Minimierung der Wartezeiten der Aufträge vor
den Maschinen und damit der Auftragsdurchlaufzeiten, der Leerzeiten der
Maschinen und schließlich der Rüstkosten.

Um bei der Maschinenbelegung hohe Bestände vor den einzelnen Produktionsanlagen zu vermeiden, kann hier das Verfahren der belastungsorientierten
Auftragsfreigabe eingesetzt werden.

In der Praxis wird die Maschinenbelegung anstatt mit rechenaufwendigen
Optimierungsverfahren mit Hilfe heuristischer Methoden, insbesondere den
Prioritätsregeln, durchgeführt[40] (siehe Kapitel 6.2.2.4.3).

Der effektive Arbeitsfortschritt wird im Rahmen der Auftragsüberwachung
mit Hilfe eines Betriebsdatenerfassungssystems (production data capturing

---

36 Vgl. *Adam, D.*, a.a.O., S. 625.
37 Vgl. *Hansmann, K.-W.*, a.a.O., S. 263.
38 Vgl. *Hansmann, K.-W.*, a.a.O., S. 264; *Vahrenkamp, R.*, a.a.O., S. 95.
39 Vgl. *Hansmann, K.-W.*, a.a.O., S. 264; *Roos, E.*, a.a.O., S. 37.
40 Vgl. *Hansmann, K.-W.*, a.a.O., S. 264/265.

system) festgestellt. Die sofortige Rückmeldung von Terminabweichungen ermöglicht der Fertigungssteuerung kurzfristige Anpassungsmaßnahmen. Ein derartiges Rückmeldesystem sollte sowohl auftrags-, betriebsmittel- als auch material-, werkzeug- und mitarbeiterbezogene Daten pflegen und ermöglicht eine zeitnahe Kontrolle der Mengen, Zeiten und Kosten.

Durch Abgleich der Fertigungsbelege (Arbeitspläne, Maschinenbelegungspläne etc.) mit den rückgemeldeten Betriebsdaten kann festgestellt werden, inwieweit die tatsächliche Realisierung der Fertigungsaufträge mit den geplanten Bearbeitungsschritten übereinstimmt (Auftragsfortschrittsüberwachung). Wird über die **Betriebsdatenerfassung (BDE)** festgestellt, daß Abweichungen gegenüber den Planvorgaben bestehen, müssen Anpassungsmaßnahmen vorgenommen werden, z. B. eine Änderung der Fertigungsaufträge hinsichtlich Art und Menge oder der Start- und Endtermine einzelner Aufträge[41].

Die mit dem Einsatz von PPS-Systemen erzielbare höhere Genauigkeit und Flexibilität führen zu einer besseren Materialdisposition, die Engpässe reduziert und somit eine gleichmäßigere und bessere Kapazitätsauslastung bewirkt. Durch die Senkung der Auftragsdurchlaufzeit (weniger Rüst-, Warte- und Störzeiten) können die Lieferbereitschaft und Termintreue erhöht werden[42].

Neben diesen Vorteilen sind jedoch auch einige Mängel festzustellen.

So werden die vielfältigen Interdependenzen einzelner Teilbereiche der Produktionsplanung und -steuerung dadurch vernachlässigt, daß im Rahmen der Sukzessivplanung die Entscheidungsgrößen auf den einzelnen Planungsstufen getrennt und nacheinander abgearbeitet werden[43].

Die Planungsergebnisse vorgelagerter PPS-Bereiche werden als gegeben hingenommen und ihre Ergebnisse an nachgelagerte Planungsbereiche weitergereicht. Rückkopplungen von einer niedrigeren in eine höhere Stufe sind zwar möglich, werden aber in der Regel nicht durchgeführt. Vorgelagerte, gröbere Pläne basieren jedoch häufig auf Annahmen, die mit detaillierteren Plänen nicht übereinstimmen.

Die Zahl der mit einem PPS-System zu steuernden Parameter ist teilweise so groß, daß ihre Auswirkungen und Interaktionen gar nicht mehr überschaubar und prognostizierbar sind.

---

41 Vgl. *Adam, D.*, a.a.O., S. 627; *Roos, E.*, a.a.O., S. 38; *Hansmann, K.-W.*, a.a.O., S. 266; *Heinen, E.*, a.a.O., S. 583/584.

42 Vgl. *Kurbel, K.*: Produktionsplanung und -steuerung: Methodische Grundlagen von PPS-Systemen und Erweiterungen, 2., verb. Aufl., München u. a. 1995, S. 25.

43 Vgl. *Kurbel, K.*, a.a.O., S. 27; *Corsten, H.*, a.a.O., S. 506; *Glaser, H.; Petersen, L.*: PPS (Produktionsplanungs- und -steuerungs)-Systeme, in: *Kern, W.* (Hrsg.): Handwörterbuch der Produktionswirtschaft, 2., völlig neu gestaltete Aufl., Stuttgart 1996, Sp. 1417.

So ist hinsichtlich einer Weiterentwicklung bestehender PPS-Systeme zu fordern, daß im Rahmen des Stufenkonzeptes bestehende Interdependenzen besser berücksichtigt werden[44].

Ein weiteres Problem besteht darin, daß die mit hohem Aufwand errechneten Pläne oft bereits nach wenigen Stunden oder Tagen überholt sind, wenn kurzfristige Planabweichungen durch Störereignisse oder falsche Annahmen auftreten[45]. Die Ergebnisse können nur so gut sein, wie die, unter Umständen geschätzten Inputdaten. Die Zusammenfassung von Einzelbedarfsmengen zu optimalen Losgrößen führt häufig zu hohen Lagerbeständen und den damit verbundenen Lagerhaltungs- und Kapitalbindungskosten. Die Programme zur Losgrößenrechnung nehmen keine Rücksicht auf andere Aspekte der Produktionsplanung, wie z. B. die Auswirkungen großer Lose auf die Flexibilität des Unternehmens[46].

Ein zusätzlicher Schwachpunkt der Produktionsplanung und -steuerung besteht darin, daß PPS-Systeme in der Regel auf ganz bestimmte Betriebstypen (z. B. Massenfertiger oder Einzelfertiger) ausgerichtet sind. Die Diversifikation der Fertigungsorganisation erschwert jedoch den Einsatz eines einheitlichen PPS-Systems, so daß die möglichen Nutzeffekte nicht vollständig realisiert werden können[47].

Eine weitere Schwäche liegt in dem hohen Durchdringungsgrad der Planung. Je mehr Planungsbereiche vom PPS-System abgedeckt werden, um so weniger Entscheidungsspielräume bleiben für den einzelnen Mitarbeiter. Hierdurch werden der Einsatz menschlicher Kreativität und Problemlösungsfähigkeit ausgeschaltet und Akzeptanzbarrieren bei der Belegschaft aufgebaut. Je komplizierter die Planungsstrategien und verwendeten Algorithmen sind, um so weniger sind sie und damit auch die Ergebnisse nachvollziehbar und transparent[48].

In neueren Ansätzen zur „Fabrik der Zukunft" wird eine integrierte Informationsverarbeitung nicht nur in den technischen und betriebswirtschaftlichen Bereichen, sondern auch in dem administrativen Bereich angestrebt.

CAO (Computer Aided Office) umfaßt Systeme der Bürokommunikation mit Schreib-, Recherchier- und Präsentationsprogrammen zur Administration der „produktiven" Bereiche. Wird das „Computer Aided Office" an den CIM-Bereich angekoppelt, führt dies zum Konzept des „Computer Aided Industry" (**CAI**). CAI stellt somit ein um administrative Funktionen erweitertes Konzept zur Systemintegration des technischen und betriebswirtschaftlichen Bereichs dar[49] (Abb. 44).

---

44 Vgl. *Kurbel, K.*, a. a. O., S. 28/29; *Corsten, H.*, a. a. O., S. 508.
45 Vgl. *Kurbel, K.*, a. a. O., S. 27.
46 Vgl. *Kurbel, K.*, a. a. O., S. 29.
47 Vgl. *Kurbel, K.*, a. a. O., S. 29/30.
48 Vgl. *Kurbel, K.*, a. a. O., S. 30/31.
49 *Milling, P., Zäpfel, G.*, a. a. O., S. 10 ff.

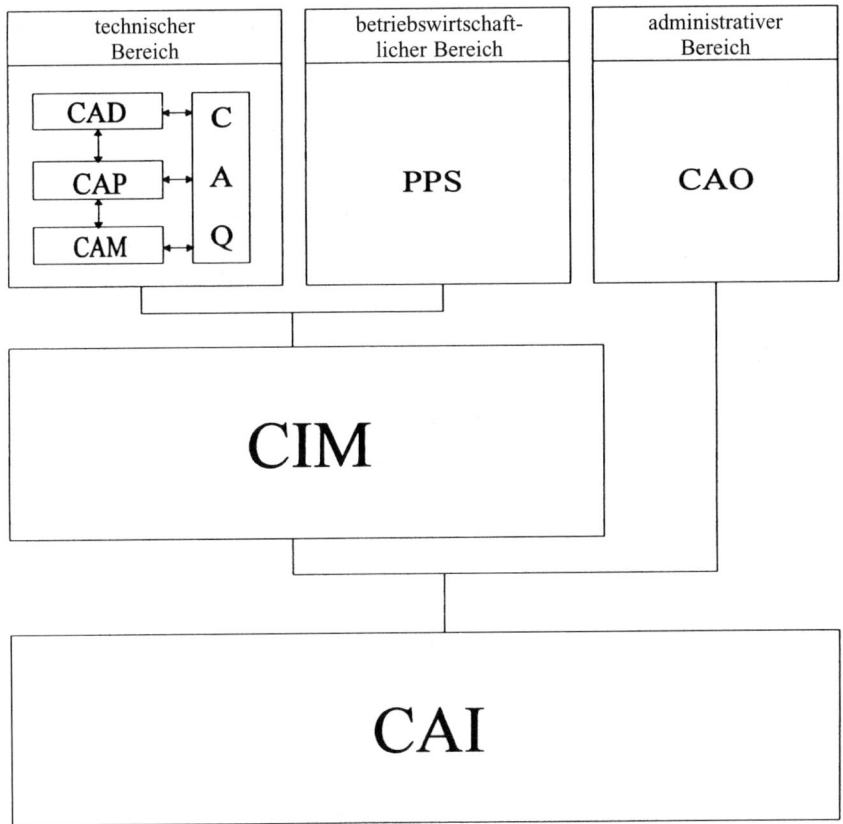

Abb. 44: Das Konzept der „Computer Aided Industry"[50]

6.4 Lean Production

Während bei der Einführung von CIM häufig die technischen und betriebswirtschaftlichen Aspekte im Vordergrund stehen, nimmt der Mensch im Rahmen der „**Lean Production**" eine zentrale Stellung ein. Das Konzept der
schlanken Produktion wurde in einer vom Massachusetts Institute of Techno-
logy (MIT) durchgeführten Studie beschrieben und thematisiert[51]. Der Lei-
stungsvorsprung der japanischen Automobilindustrie hinsichtlich Produktivität, Qualität und Produktvielfalt wird von den Autoren auf diese besondere
Produktionsphilosophie zurückgeführt. Der Begriff „schlanke Produktion"
soll insbesondere zum Ausdruck bringen, daß die Japaner für Entwicklung,

---

50 *Milling, P., Zäpfel, G.,* a.a.O., S. 11.
51 Die Ergebnisse der Studie wurden veröffentlicht in *Womack, J. P., Jones, D. T., Roos, D.:*
   Die zweite Revolution in der Automobilindustrie, 3. Aufl., Frankfurt/New York 1991.

Herstellung und Vertrieb ihrer Produkte im Vergleich zur westlichen Konkurrenz nur etwa halb soviel Aufwand und Zeit benötigen.

Die wesentlichen Bausteine der Lean Production sind in Abb. 45 dargelegt.

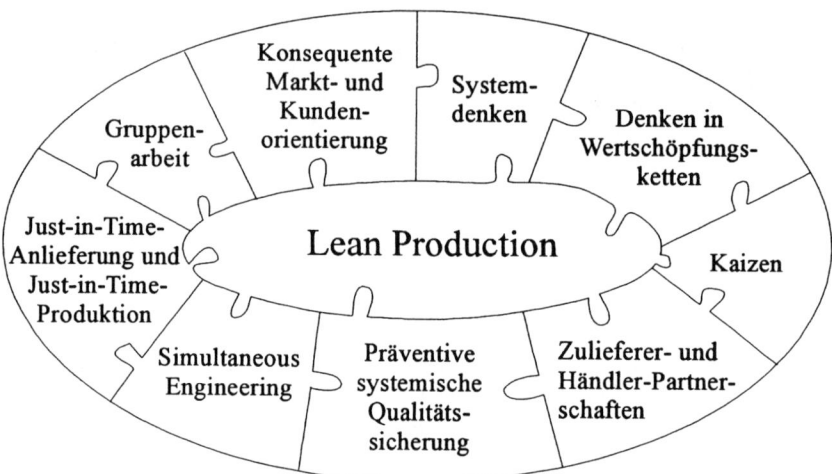

Abb. 45: Die neun Bausteine der Lean Production [52]

Das Grundprinzip der schlanken Fertigung ist eine konsequente Anwendung des **Just-in-Time-Gedankens**, und zwar sowohl in der Beschaffung [53] als auch in der Produktion. Eine besondere Variante der Just-in-Time-Produktion ist das KANBAN-Prinzip. Im Rahmen dieses Fertigungssteuerungssystems wird der Materialfluß nach dem Holprinzip gelenkt. KANBAN ist das japanische Wort für „Karte", auf der alle relevanten produktspezifischen Daten vermerkt sind. Werden in Fertigungsproduktlagern bestimmte Mindestbestände unterschritten, so wird diese Karte an vorgelagerte Produktionsstufen geschickt, wo daraufhin Fertigungsaufträge ausgelöst werden. Durch diese „Produktion auf Abruf" auf sämtlichen Produktionsstufen soll ein Maximum an Effektivität des Produktionsflusses mit minimalen Durchlaufzeiten, geringen Beständen und einer hohen Liefertermintreue erreicht werden.

Bei einem weitgehenden Abbau der Sicherheitspuffer im Rahmen der Just-in-Time-Anlieferung und Just-in-Time-Produktion sind störungslose Produktionsabläufe insbesondere durch fehlerhafte Teile gefährdet. Voraussetzung für eine bestandsarme Fertigung ist deshalb eine frühzeitige Fehlererkennung und -be-

52 Vgl. *Bullinger, H.-J., Seidel, U. A.*: Neuorientierung im Produktionsmanagement, in: Fortschrittliche Betriebsführung/Industrial Engineering, H. 4, 41. Jg. (1992), S. 150–156, hier S. 152.
53 Zum Thema Just-in-Time-Anlieferung vergleiche Abschnitt 4.3.1.

seitigung, für die neben speziellen Qualitätsprüfern jeder Mitarbeiter verantwortlich ist. Auf diese Weise wird direkt Qualität produziert und nicht durch aufwendige Prüfung und Nacharbeit erzeugt. Kennzeichnend für eine **präventive systemische Qualitätssicherung** ist darüber hinaus die Einbeziehung mehrerer Qualitätsdimensionen, wie z. B. Produktqualität, Prozeßqualität, Logistikqualität, Qualität von Dienstleistungen, Arbeitsqualität (Total Quality Management). Desweiteren zeichnet sich dieses Qualitätssicherungskonzept durch eine weitgehende automatisierte Fehlerkontrolle aus, im Rahmen derer auch ein sofortiger Produktionsstillstand beim Auftreten eines Fehlers sowie eine sofortige Fehler- und Fehlerursachenbeseitigung vorgesehen ist.

Die wichtigste Maßnahme in der Arbeitsorganisation der schlanken Fertigung ist die konsequente Einführung von **Gruppenarbeit**. Den Gruppen wird ein Maximum an Aufgaben und Verantwortung übertragen, wie z. B. Instandhaltung, Umrüstung und Qualitätskontrolle. Dies führt zu einer deutlichen Erhöhung der Motivation der Arbeiter und damit zu einem verbesserten Arbeitsablauf. Mitarbeiter in Gruppenarbeit müssen allerdings höher qualifiziert sein, da sie die Ausführung sämtlicher Aufgaben innerhalb der Arbeitsgruppen beherrschen sowie die Fähigkeit besitzen sollten, Probleme zu analysieren und zu lösen.

Ein weiteres wesentliches Element der Lean Production ist die Strategie der **kontinuierlichen Verbesserung** (KAIZEN). Dabei werden nicht nur Produktverbesserungen angestrebt, sondern auch alle Abläufe und Prozesse schrittweise effizienter gestaltet, die zur Entwicklung, zur Herstellung und zum Vertrieb dieser Produkte nötig sind, und zwar unter Einbeziehung der Zulieferbetriebe und der Händler.

Nach der MIT-Studie ist der Zeitraum von der Konzipierung eines Modells bis zur Serienreife bei japanischen Automobilherstellern wesentlich kürzer als bei westlichen Herstellern. Im Rahmen der „schlanken Produktentwicklung" ist die gleichzeitige und teamorientierte Entwicklung und Konstruktion von Komponenten, Fertigungsprozessen sowie der dazugehörigen Werkzeuge als ein wesentliches Mittel zur Verkürzung der Gesamtentwicklungszeit anzusehen. Jedoch bedarf dieses „**Simultaneous Engineering**" ein erhebliches Maß an Voraussicht sowie häufig auch die aktive Einbeziehung der Zulieferer in den Konstruktions- und Entwicklungsprozeß.

Den Zulieferern kommt im Rahmen der Lean Production eine besondere Bedeutung zu. Es werden mehr Teile fremdbezogen und gleichzeitig die Anzahl der Zulieferer reduziert. Diese werden in verschiedene Stufen eingeteilt. Nur die Zulieferer der ersten Stufe (Systemlieferanten) treten in Kontakt mit dem Abnehmer. Diese Systemlieferanten wiederum kontaktieren Zulieferer der zweiten Stufe usw., so daß sich eine vertikale Abstufung ergibt. In zahlreichen Fällen besteht zwischen Abnehmern und ihren Systemlieferanten ein partnerschaftliches Verhältnis, das häufig in sogenannten **Wertschöpfungspartnerschaften** mit gemeinsamer Entwicklungs- und Kostenverantwortung zum Ausdruck kommt. Ähnliche Partnerschaften existieren mit dem Handel. Allerdings sind auch konfliktgeladene Beziehungen zwischen Herstellern und Lieferanten keine Seltenheit, wie das Beispiel Automobilindustrie zeigt.

Eine **konsequente Markt- und Kundenorientierung** beinhaltet die Fähigkeit eines Unternehmens, das Produktangebot schnell und flexibel an sich ändernde Kundenwünsche anzupassen. Diese Strategie ist häufig mit Produktinnovationen, hohen Produktqualitäten, konkurrenzfähigen Preisen und kurzen Lieferfristen verbunden. Ihre erfolgreiche Realisierung setzt zusätzlich eine ausgeprägte Kostenorientierung voraus. In schlanken Unternehmen wird ausgehend von erlaubten Marktpreisen und nach Abzug einer akzeptablen Gewinnspanne eine Kostenobergrenze für die Herstellung und den Vertrieb von Produkten definiert, die auch den Preisgestaltungsspielraum der Zulieferer beeinflussen kann (Target Costing).

Viele Elemente von „Lean Production", wie Just-in-time und Gruppenarbeit, sind seit langem in den westlichen Industrieländern bekannt und in den Unternehmen eingeführt. Es fehlt jedoch die konsequente Umsetzung in den Unternehmen. Die Umsetzung von Lean Production erfordert ein konsequentes **Systemdenken**, d.h. ein Denken in Netzstrukturen. Nicht mehr die Optimierung der einzelnen Unternehmensbereiche steht im Mittelpunkt, sondern die der gesamten Prozeßkette mit allen Wertschöpfungsaktivitäten von den Zulieferern bis zu den Kunden.

Bei der Übernahme der Lean Production müssen die kulturellen Unterschiede zwischen Japan und den westlichen Industrieländern Berücksichtigung finden und diese Konzeption gegebenenfalls modifiziert werden.

6.5 Produktionsnetzwerke

Der zunehmende Konkurrenzdruck auf den internationalisierten Märkten zwingt Produktionsunternehmen zur Anwendung neuer Strategien, um ihre eigene Leistungsfähigkeit im turbulenten Umfeld behaupten zu können. Eine in letzter Zeit immer häufiger angewandte Strategie zur Erzielung von Wettbewerbsvorteilen in der Produktion ist die Kooperation zwischen Unternehmen. Durch diese interorganisationalen Verflechtungen entstehen Unternehmensnetzwerke.

Ein **Unternehmensnetzwerk**, das „[...] sich durch komplex-reziproke, eher kooperative denn kompetitive und relativ stabile Beziehungen zwischen rechtlich selbständigen, wirtschaftlich jedoch zumeist abhängigen Unternehmen auszeichnet"[54], kann als eine erfolgversprechende Organisationsform bezeichnet werden, mit der die Unternehmen die Anforderungen des turbulenten Umfeldes erfüllen können. Ein **Produktionsnetzwerk** stellt eine spe-

---

54 *Sydow, J.*: Strategische Netzwerke: Evolution und Organisation, Wiesbaden 1992, hier S. 79.

zielle Ausprägung von Unternehmensnetzwerken dar, bei dem auf die Produktions- und Logistikprozesse sowie die zugehörigen Informationsströme fokussiert wird[55]. Der spezielle Begriff des Produktionsnetzwerkes umfaßt somit unterschiedliche Formen der Kooperation von rechtlich selbständigen Unternehmen mit dem Ziel der koordinierten Leistungserstellung[56].

Bei Produktionsnetzwerken kann zwischen horizontalen und vertikalen Netzwerken differenziert werden. Unterscheidungskriterium ist hierbei die Position der Netzwerkteilnehmer in der Wertschöpfungskette.

Horizontale Produktionsnetzwerke sind dadurch gekennzeichnet, daß die beteiligten Unternehmen auf der gleichen Wertschöpfungsstufe stehen. Diese Art der polyzentrischen Zusammenarbeit zweier oder mehrerer Unternehmen wird auch als „**strategische Allianz**" bezeichnet[57]. Charakteristisch für ein horizontales Produktionsnetzwerk ist, daß kein fokales Unternehmen existiert, welches eine dominante Führungsfunktion im Netzwerk wahrnimmt[58]. Im Mittelpunkt von horizontalen Produktionsnetzwerken steht die gemeinsame Nutzung von Ressourcen durch die Netzwerkunternehmen. Die Ressourcen werden mit dem Ziel einer optimalen Nutzung und Auslastung zu einem Ressourcenpool zusammengefaßt[59].

Vertikale Produktionsnetzwerke oder „**strategische Netzwerke**" bestehen aus Unternehmen unterschiedlicher Wertschöpfungsstufen. Merkmal eines strategischen Netzwerkes ist die Führung durch ein fokales Unternehmen. Nach *Sydow* äußert sich die strategische Führung zum Beispiel darin, daß das fokale Unternehmen den Markt definiert, in dem das strategische Netzwerk tätig wird[60]. Der Schwerpunkt der Betrachtung liegt bei diesem Netzwerktyp auf dem Wertschöpfungsprozeß. In einem vertikalen Produktions-

---

55 Vgl. *Buse, H. P., Dangelmaier, W., Schneider, U., von Stengel, R.*: Einleitung, in: *Dangelmaier, W.* (Hrsg.): Vision Logistik – Logistik wandelbarer Produktionsnetze zur Auflösung ökonomisch-ökologischer Zielkonflikte, Wissenschaftliche Berichte des Forschungszentrums Karlsruhe Technik und Umwelt FZKA-PFT 181, Karlsruhe 1996, S. 1–9, hier S. 3.

56 Vgl. *Bellmann, K., Hippe, A.*: Kernthesen zur Konfiguration von Produktionsnetzwerken, in: *Bellmann, K., Hippe, A.* (Hrsg.): Management von Unternehmensnetzwerken: Interorganisationale Konzepte und praktische Umsetzung, Wiesbaden 1996, S. 55–85, hier S. 57.

57 Vgl. zu dem Begriff „Strategische Allianz": *Arnold, U.*: Marktlich integrierte Kooperationen: Netzwerke und Allianzen in Beschaffung und Absatz, in: *Gassert, H., Prechtl, M., Zahn, E.* (Hrsg.): Innovative Dienstleistungspartnerschaften: Neue Formen der Zusammenarbeit zwischen Industrie und Dienstleistern, Stuttgart 1998, S. 57–90, hier S. 62.

58 *Meyer, M.*: Die Reorganisation logistischer Systeme in strategischen Netzwerken: Eine Analyse der Position von Systemlieferanten im „Organization Set" der Automobilhersteller, in: *Kleinaltenkamp, M., Schubert, K.* (Hrsg.): Netzwerkansätze im Business-to-Business-Marketing: Beschaffung, Absatz und Implementierung Neuer Technologien, Wiesbaden 1994, S. 213–250, hier S. 219.

59 Vgl. *Meyer, M.*: Effektivität und Effizienz von industriellen Netzwerken, in: Marktforschung & Management, 40. Jg. (1996), Nr. 3, S. 90–95, hier S. 94.

60 Vgl. *Sydow, J.*: Strategische Netzwerke, a. a. O., S. 81.

114   Fertigung

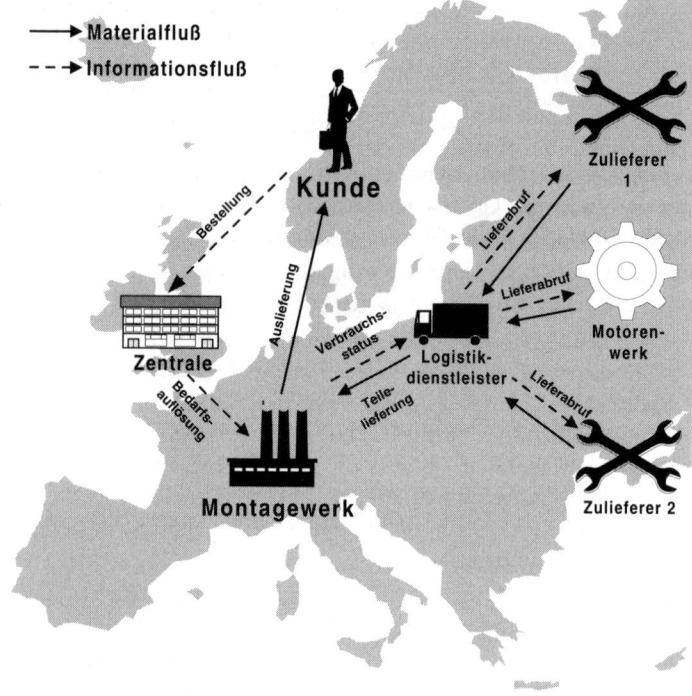

Abb. 46: Beispiel eines Produktionsnetzwerkes in der Automobilindustrie[61]

netzwerk übernimmt jedes Netzwerkmitglied diejenigen Prozesse, die es besser als die übrigen Partner beherrscht und lagert jene Prozesse aus, die von den Netzwerkpartnern besser bewältigt werden. Diese Konzentration auf die **Kernkompetenzen** führt zu einer gesteigerten Effizienz in der Prozeßbewältigung. Die Abbildung 46 zeigt exemplarisch ein vertikales Produktionsnetzwerk anhand eines vereinfachten Beispiels aus der Automobilindustrie. Darin sind die durch eine Bestellung des Kunden ausgelösten Material- und Informationsflüsse zwischen den Netzwerkmitgliedern dargestellt. Das fokale Unternehmen in diesem Netzwerk ist der Automobilhersteller, der seine Zulieferunternehmen in die Produktions- und Logistikprozesse integriert, um so gemeinsam mit den anderen Netzwerkunternehmen auf dem Absatzmarkt, in diesem Fall dem Automobilmarkt, tätig zu werden[62]. Der Automobilhersteller, als fokales Unternehmen im Netzwerk, verlangt von seinen Zulieferern die Erfüllung von Vorgaben im Hinblick auf Zeit- und Qualitätsgrößen der

---

61 In Anlehnung an *Scheer, A.-W.*: Supply Chain Management – Wiedergeburt vom CIM?, Vortrag auf der Tagung „Logistikinnovationen 1998", 19.–20. Mai, Saarbrücken 1998, hier S. 9.
62 Vgl. *Meyer, M.*: (1996), a.a.O., S. 91.

Prozesse und schränkt damit den Entscheidungsspielraum der anderen Netzwerkmitglieder ein. Dies verdeutlicht die typische asymmetrische Machtverteilung innerhalb strategischer Netzwerke[63].

Weitere grundsätzliche Ziele der Partizipation in einem Produktionsnetzwerk liegen in der Bündelung von Know-how, der Nutzung von Kostensenkungspotentialen sowie in einem verbesserten Marktzugang[64]. Die Bündelung von Know-how entsteht durch die Kooperation von Unternehmen, die in den verschiedenen Prozessen Kernkompetenzen besitzen. So werden Schwachstellen vermieden, die bei der alleinigen Durchführung der Prozesse durch ein einzelnes Unternehmen entstehen würden. Die Kostensenkungspotentiale liegen insbesondere in einer verbesserten Kapazitätsauslastung durch eine optimierte Abstimmung der Produktionsprozesse unter den Netzwerkpartnern, sowie in der Möglichkeit die Fixkosten durch Änderungen im Betriebsmittelbestand aufgrund der Errichtung eines Ressourcenpools zu reduzieren. Durch den Zusammenschluß von Unternehmen entsteht ein verbesserter Marktzugang für das einzelne Unternehmen, da es von den Verbindungen der anderen Netzwerkunternehmen zu anderen Märkten oder Marktsegmenten profitieren kann.

Darüber hinaus bieten Produktionsnetzwerke Möglichkeiten eines organisationalen Lernens durch die Aneignung zusätzlicher produktionswirtschaftlicher und logistischer Kompetenzen. Die Potentiale des organisationalen Lernens liegen insbesondere in horizontalen Produktionsnetzwerken, wo die Netzwerkunternehmen auf der gleichen Wertschöpfungsstufe stehen. Hier ist ein Vergleich der eigenen Prozesse mit den entsprechenden Prozessen der anderen Unternehmen möglich. Auch in vertikalen Produktionsnetzwerken können die Netzwerkunternehmen voneinander lernen, indem sie die Arbeits- und Vorgehensweisen der Unternehmen, die in diesem Bereich ihre Kernkompetenzen besitzen, adaptieren und auf ihre eigenen Prozesse anwenden.

Zur Unterstützung der Steuerung und Koordination der Prozesse in Produktionsnetzwerken werden Informations- und Kommunikationssysteme (IuK-Systeme) eingesetzt. Zu den Aufgaben der IuK-Systeme gehören die Steuerung der Abläufe und die Erfassung und Verarbeitung großer Datenmengen, die aufgrund der zunehmend komplexeren Produkte und Interaktionsbeziehungen zwischen den Netzwerkunternehmen anfallen.

Im unternehmensinternen Bereich werden seit längerer Zeit PPS-Systeme verwendet, um den Produktionsprozeß zu planen und zu steuern. Verstärkt werden aber auch **Supply Chain Management**-Softwaretools genutzt, um eine unternehmensübergreifende Planung und Steuerung der Prozesse in ver-

---

63 Vgl. *Beckmann, H.*: Auf dem Weg zur Netzwerkorganisation – Gestaltungsregeln für verteilte Fabrikstrukturen, in: *Kuhn, A.* (Hrsg.): Wege zur innovativen Fabrikorganisation, Band 1, Dortmund 1998, S. 1–42, hier S. 9.
64 Vgl. *Wildemann, H.*: Entwicklungs-, Produktions- und Vertriebsnetzwerke in der Zulieferindustrie, München 1998, hier S. 93.

tikalen Produktionsnetzwerken zu erreichen[65]. Ziel ist hierbei eine ganzheitliche Optimierung der Wertschöpfungskette anstelle von unternehmensinternen Einzeloptimierungen.

In horizontalen Produktionsnetzwerken unterstützen die IuK-Systeme die, aufgrund der fehlenden Hierarchie und damit Weisungsbefugnisse, unerläßliche Kommunikation zur Abstimmung zwischen den Netzwerkpartnern. Der Einsatz von IuK-Systemen nimmt mit der Internationalisierung der Netzwerkstrukturen und der Intensivierung der Kommunikation zwischen Netzwerkunternehmen zu. Dabei ersetzen die immer leistungsfähigeren IuK-Systeme zunehmend die persönliche Kommunikation zwischen den Netzwerkunternehmen.

Die dargestellten Formen einer Netzwerkbeziehung zwischen Produktionsunternehmen, Zulieferern und Logistikdienstleistern sind in unterschiedlichen Ausprägungen immer häufiger in der Praxis zu beobachten. Allen Grundstrukturen ist jedoch ein Wandel in den Beziehungen zwischen den Unternehmen gemeinsam. Die Austauschbeziehungen zwischen den beteiligten Produktionsunternehmen und den vorgelagerten Zulieferern auf den unterschiedlichen Stufen des Produktionsprozesses basieren verstärkt auf partnerschaftlicher Kooperation. Die Kommunikationsbeziehungen sind hierbei stark ausgeprägt. Die Entstehung einer Netzwerkkultur mit kompatiblen Zielvorstellungen der einzelnen Netzwerkunternehmen ist für den Fortbestand des Netzwerkes von großer Bedeutung. Unterstützt wird die Entwicklung der Produktionsorganisation hin zu Produktionsnetzwerken durch die fortschreitende Konzentration vieler Unternehmen auf ihre Kernkompetenzen sowie durch die konsequente Anwendung der Informations- und Kommunikationstechnologie. Die intraorganisationalen Verbesserungspotentiale werden von zahlreichen Unternehmen bereits weitgehend ausgeschöpft, eine Fokussierung auf interorganisationale Synergiepotentiale scheint deshalb dringend geboten, um bestehende Wettbewerbsvorteile nicht zu gefährden und um neue Wettbewerbschancen zu erschließen. Somit erfährt das grundsätzlich bereits seit längerer Zeit angewandte Prinzip flexibler Fertigungsnetze durch die Übertragung auf eine überbetriebliche Koordination der Produktionsprozesse eine zunehmende Bedeutung[66]. Von einer Aufhebung des Wettbewerbs zwischen den Produktionsunternehmen kann jedoch auch unter Berücksichtigung der Bildung von Produktionsnetzwerken nicht die Rede sein. Der Wettbewerb wird vielmehr funktions- oder projektbezogen, also entweder inhaltlich und/oder zeitlich abgegrenzt, eingeschränkt[67].

---

65 Vgl. *Pirron, J., Kulow, B., Hellingrath, B., Laakmann, F.*: Gut, daß wir verglichen haben – Marktübersicht SCM-Software, in: Logistik heute, 21. Jg. (1999), Nr. 3, S. 69–76.

66 Vgl. *Zelewski, S.*: Elektronische Märkte zur Prozeßkoordinierung in Produktionsnetzwerken, in: Wirtschaftsinformatik, H. 3, 39. Jg. (1997), S. 231–243, hier S. 232.

67 Vgl. *Sydow, J., Winand, U.*: Unternehmungsvernetzung und -virtualisierung: Die Zukunft unternehmerischer Partnerschaften, in: *Winand, U., Nathusius, K.* (Hrsg.): Unternehmungsnetzwerke und virtuelle Organisationen, Stuttgart 1998, S. 11–31, hier S. 12.

Zweiter Teil
Produktionstheoretische Grundlagen

1. Produktionsfunktion

Der betriebliche Leistungserstellungsprozeß läßt sich als Kombinationsprozeß auffassen, bei dem die beschriebenen Produktionsfaktoren menschliche Arbeit, Betriebsmittel und Werkstoffe durch den dispositiven Faktor zu einer produktiven Einheit kombiniert werden. Dabei lassen sich die vielgestaltigen Formen und Arten der Leistungserstellung auf die Beziehung zwischen dem Verzehr von Produktionsfaktoren und dem Produktionsvolumen zurückführen. Die mengenmäßige Beziehung zwischen dem Faktoreinsatz und dem Faktorertrag (Ausbringung, Output, Produktionsvolumen, produzierte Menge) wird durch die **Produktionsfunktion** zum Ausdruck gebracht[1]. Mit Hilfe der mathematischen Symbolsprache läßt sich die Produktionsfunktion wie folgt formulieren: Bezeichnen wir den mengenmäßigen Ertrag mit x und die eingesetzten Produktionsfaktormengen mit r_1; r_2; ...; r_n, wobei n die Anzahl der verschiedenartigen eingesetzten Produktionsfaktoren darstellt, so erhalten wir für die Produktionsfunktion folgende allgemeine Grundgleichung[2]:

$$x = f(r_1; r_2; ...; r_n).$$

Bei dieser Produktionsfunktion stellt der Faktorverbrauch die unabhängige Größe und die Ertragsmenge die abhängige Variable dar.

2. Arten von Faktorbeziehungen

Hinsichtlich der Faktorbeziehungen lassen sich substitutionale und limitationale Produktionsfunktionen unterscheiden. Bei **substitutionalen** Produktionsfunktionen stehen die Einsatzfaktoren r_i in keiner festen Relation zu dem mengenmäßigen Ertrag x. Substitutionale Produktionsfaktoren können daher gegeneinander ausgetauscht werden, ohne daß dadurch der mengenmäßige

---

[1] *Gutenberg, E.*, a.a.O., S. 302.
[2] Um die Zuordnung zwischen x und (r_1; r_2; ...; r_n) auszudrücken, schreibt man $x \to f(r_1 \cdot r_2; ...; r_n)$. f bedeutet die V o r s c h r i f t, nach der man zu r_1; r_2; ...; r_n) den Funktionswert $f(r_1; r_2; ...; r_n) = x$ erhält.

Ertrag verändert wird[3]. Die Verringerung der Einsatzmenge eines Faktors bei Konstanz der Ausbringungsmenge kann durch verstärkten Einsatz eines anderen Faktors ausgeglichen werden. Gleichermaßen ist es möglich, den Ertrag bei Variation nur eines Faktors (Faktorgruppe) und Konstanz des anderen Faktors (Faktorgruppe) zu erhöhen.

Im allgemeinen werden in der Produktionstheorie zwei Arten von Substitutionalität unterschieden[4]. Ist es beispielsweise möglich, jede Faktorart oder jede Gruppe von Faktoren bei gleichem mengenmäßigen Ertrag durch eine andere Faktorart bzw. Gruppe **vollständig** zu ersetzen, so spricht man von **alternativer** oder **totaler** Substitution.

Beispiel:

Eine Produktionsfunktion lautet $x = r_1 + 2\,r_2$. Es läßt sich daraus für bestimmte Produktionsmengen $\bar{x}_0$ die in Abb. 47 dargestellte Beziehung zwischen r_1 und r_2 ableiten.

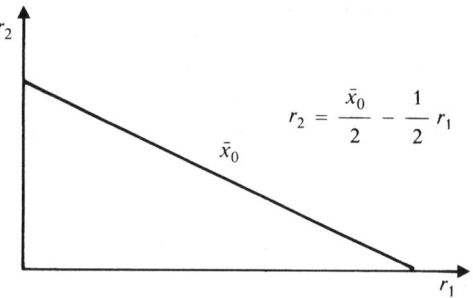

$$r_2 = \frac{\bar{x}_0}{2} - \frac{1}{2}\,r_1$$

Abb. 47: Beziehung zwischen den Einsatzfaktoren r_1 und r_2 bei totaler bzw. alternativer Faktorsubstitution

Ist dagegen ein Faktor bzw. eine Faktorgruppe durch eine(n) andere(n) nur innerhalb bestimmter Grenzen ersetzbar, so handelt es sich um eine **periphere** oder **Randsubstitution**. Für derartige Produktionsvorgänge sind alle am Produktionsprozeß beteiligten Faktoren erforderlich.

Beispiel:

Die periphere Substitution im $r_1 - r_2$-Diagramm kann folgendermaßen dargestellt werden (vgl. Abb. 48). Unterstellt sei eine Produktionsfunktion $x = r_1 \cdot r_2$. Beim Ertrag $\bar{x}_0$ gilt dann $r_2 = \bar{x}_0/r_1$.

---

3 Zur Substitutionalität: vgl. *Gutenberg, E.*, a.a.O., S. 303f.; *Heinen, E.*: Betriebswirtschaftliche Kostenlehre, a.a.O., S. 198f.

4 Vgl. *Gutenberg, E.*, a.a.O., S. 301f. und 312.

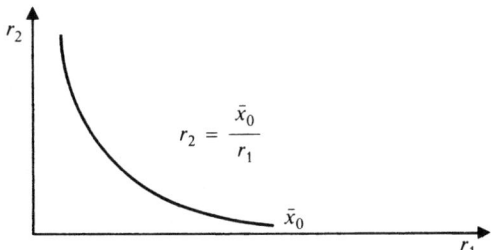

Abb. 48: Beziehung zwischen den Einsatzfaktoren r_1 und r_2 bei peripherer Faktorsubstitution

Im Gegensatz hierzu stehen die Faktoren bei **limitationalen** Produktionsfunktionen in einer technisch determinierten Relation zur geplanten Produktmenge[5]. Zur Erzeugung eines bestimmten Ertrages $\bar{x}_0$ ist eine technisch genau festgelegte Einsatzmenge jedes limitationalen Produktionsfaktors erforderlich. Eine größere als die technisch festgelegte Einsatzmenge würde vom Produktionsprozeß nicht aufgenommen, sie wäre in diesem Fall überflüssig. Wird jedoch von einem bestimmten limitationalen Produktionsfaktor weniger als technisch erforderlich eingesetzt, so können die Einsatzmengen der restlichen limitationalen Faktoren nicht voll produktiv eingesetzt werden. Die Folge hiervon wäre eine Verringerung des Ertrages. Die Faktoren sind untereinander nicht austauschbar. Limitationale Produktionsfaktoren sind häufig in der chemischen Industrie anzutreffen; die entsprechenden Produktionsprozesse vollziehen sich nach Gesetzmäßigkeiten, durch welche der mengenmä-

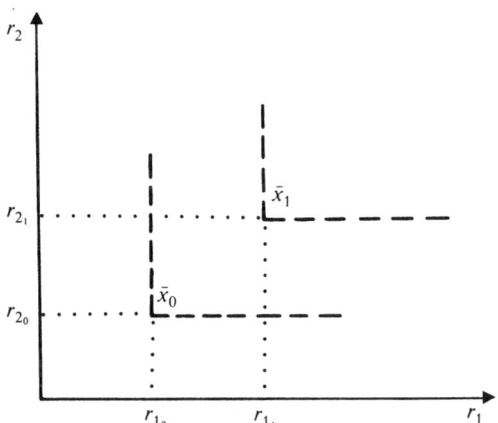

Abb. 49: Beziehung zwischen den Einsatzfaktoren r_1 und r_2 bei limitationaler Faktorbeziehung

---

5 Vgl. *Adam, D.*, a.a.O., S. 288.

ßige Faktoreinsatz genau festgelegt ist. Ein Produktionsprozeß mit limitationalen Produktionsfaktoren r_1 und r_2 ist in Abb. 49 dargestellt.

Hierbei bilden r_{1_0}; r_{2_0} und r_{1_1}; r_{2_1} die allein effizienten Faktorkombinationen für $\bar{x}_0$ bzw. $\bar{x}_1$. Bleiben bei Veränderung der Produktmenge alle Produktionskoeffizienten $\bar{r}_i = r_i/x$ konstant, so spricht man von **linear-limitationalen** Produktionsfunktionen[6]. Der **Produktionskoeffizient** gibt an, wieviel Mengeneinheiten eines Produktionsfaktors r_i für die Herstellung einer Einheit von x erforderlich sind. Als Beispiel für eine linear-limitationale Produktionsfunktion sei hier die Herstellung eines Automobils erwähnt, bei der unabhängig von der Produktionsmenge jeweils 5 Reifen (r_1), 1 Motor (r_2) und 1 Fahrgestell (r_3) erforderlich sind. Bei linear-limitationalen Produktionsfunktionen führt zum Beispiel die Verdopplung aller Faktoreinsatzmengen zu einer Verdopplung des mengenmäßigen Ertrages.

Ändert sich dagegen bei Variation der Produktmenge wenigstens ein Produktionskoeffizient, so liegt eine **nichtlinear-limitationale** Produktionsfunktion vor. In diesem Fall ist der Produktionskoeffizient eine Funktion der Ausbringung. Das ist beispielsweise bei der Produktionsfunktion vom Typ B im Rahmen einer intensitätsmäßigen Anpassung der Fall[7].

3. Begriffliches Instrumentarium zur Analyse von Produktionsfunktionen

Um die Produktionsfunktion näher analysieren zu können, wird im folgenden das hierfür notwendige begriffliche Instrumentarium erarbeitet.

Verändert sich in einem Produktionsprozeß mit einer Produktionsfunktion $x = f(r_1; r_2; \ldots; r_n)$ die Einsatzmenge eines beliebigen Faktors i von r_i auf $r_i + \Delta r_i$, während der Einsatz aller übrigen Faktoren unverändert bleibt, und wird durch diese Einsatzänderung die mengenmäßige Ausbringung von x auf $x + \Delta x$ erhöht, so erhalten wir für $\Delta r_i \to 0$ die **Grenzproduktivität** (GP_i) des Produktionsfaktors i als Quotient der hierdurch hervorgerufenen Ertragsänderungen und der infinitesimalen Faktorvariation[8]. In mathematischer Schreibweise läßt sich die Grenzproduktivität wie folgt darstellen:

$$\lim_{\Delta r_i \to 0} \frac{\Delta x}{\Delta r_i} = \frac{\partial x}{\partial r_i} = \frac{\partial f(r_1; r_2; \ldots; r_n)}{\partial r_i} \ .$$

Dieser Ausdruck ist nichts anderes als die **partielle Ableitung** von f nach r_i.

---

6 Vgl. *Busse v. Colbe, W., Laßmann, G.*, a.a.O., S. 102.
7 Vgl. III. Teil, Abschnitt 3.3.2.
8 Vgl. *Schneider, E.*: Einführung in die Wirtschaftstheorie, II. Teil, 10. verbesserte Aufl., Tübingen 1965, S. 167.

Für den Fall einer Produktionsfunktion mit nur einem Einsatzfaktor r_1 wird die partielle Ableitung zur Ableitung der Produktionsfunktion nach r_1:

$$\frac{\partial x}{\partial r_1} = \frac{\mathrm{d}x}{\mathrm{d}r_1}$$

Beispiel:

Für die Produktionsfunktion in der Form $x = c\,(r_1^2 + r_2)$ ergeben sich folgende partielle Grenzproduktivitäten:

$$GP_1 = \frac{\partial x}{\partial r_1} = 2cr_1; \quad GP_2 = \frac{\partial x}{\partial r_2} = c$$

Die Grenzproduktivität eines Faktors stellt die **relative** Änderung des Ertrages bei marginaler Variation der Einsatzmengen dieses Faktors dar. Mathematisch handelt es sich hierbei um den partiellen Differentialquotienten der Produktionsfunktion. Multipliziert man die partielle Grenzproduktivität mit einer infinitesimalen Einsatzmengenänderung $\mathrm{d}r_i$, so erhält man das **partielle Grenzprodukt** bzw. den **partiellen Grenzertrag** also **absolute** Ertragsänderung $\mathrm{d}x$.

$$\mathrm{d}x = \frac{\partial x}{\partial r_i} \cdot \mathrm{d}r_i$$

Mathematisch gesehen ist der Grenzertrag das partielle Differential der Produktionsfunktion.

Von Interesse ist auch die Frage, wie sich die Gesamtausbringung verändert, wenn alle Produktionsfaktoren eine infinitesimale Einsatzmengenänderung erfahren. Hierüber informiert der **totale Grenzertrag** (Grenzprodukt), den man durch Addition der partiellen Grenzprodukte erhält.

$$\mathrm{d}x = \frac{\partial x}{\partial r_1} \cdot \mathrm{d}r_1 + \frac{\partial x}{\partial r_2} \cdot \mathrm{d}r_2 + \cdots + \frac{\partial x}{\partial r_n} \cdot \mathrm{d}r_n$$

Für die Beispielfunktion gilt:

$$\mathrm{d}x = 2cr_1 \cdot \mathrm{d}r_1 + c \cdot \mathrm{d}r_2$$

Ein weiterer Grundbegriff der Produktionstheorie ist der **Durchschnittsertrag** eines Produktionsfaktors. Der Durchschnittsertrag eines Faktors r_i ist der Quotient aus dem Ertrag x aller Einsatzfaktoren und der Einsatzmenge dieses Faktors. Der Durchschnittsertrag für den ersten Faktor der Beispielfunktion $x = c\,(r_1^2 + r_2)$ ist daher:

$$e = \frac{x}{r_1} = cr_1 + \frac{cr_2}{r_1}$$

Der Durchschnittsertrag stellt also den reziproken Wert des Produktionskoeffizienten dar und gibt an, wieviel Produkteinheiten durchschnittlich auf eine Faktoreinheit entfallen.

4. Produktionsfunktion vom Typ A[9]

Das Ertragsgesetz als eine spezielle Form der Produktionsfunktion vom Typ A bildet historisch betrachtet den Ausgangspunkt für die später entwickelte Produktions- und Kostentheorie[10]. Produktionsfunktionen, die zum Typ A gehören, zeichnen sich durch substitutionale Faktorbeziehungen aus. *Jacques Turgot* (1727–1781) kommt das Verdienst zu, das Ertragsgesetz erstmals mit Hilfe eines Beispiels aus der Landwirtschaft verbal formuliert zu haben. *Turgot* stellte fest, daß auf einer bestimmten Ackerbaufläche und unter konstantem Einsatz von Saatgut, Düngemitteln und sonstigen landwirtschaftlichen Produktionsfaktoren die sukzessive Vermehrung der eingesetzten menschlichen Arbeitsleistung schließlich zu immer geringeren Ertragszuwächsen führt. Die gesamte Ertragsmenge steigt zwar mit jeder zusätzlich aufgewandten Bearbeitungsstunde, die Ertragszuwächse sind jedoch sinkend. Schließlich können die Ertragszuwächse ab einem bestimmten Punkt sogar negativ werden, wenn das Arbeitsaufgebot so weit gesteigert wird, bis die Arbeitskräfte sich gegenseitig bei der Arbeit behindern.

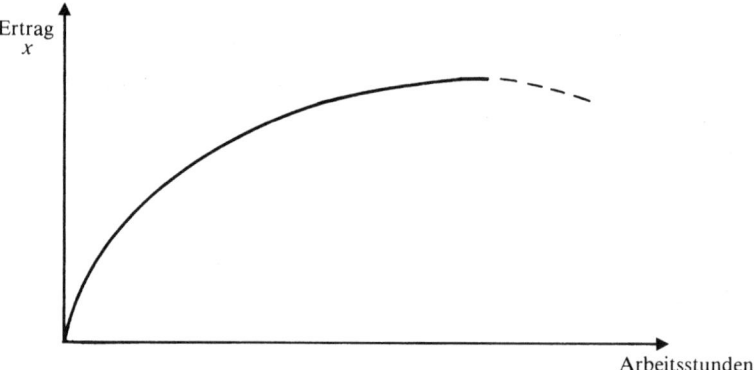

Abb. 50: Graphische Darstellung der Produktionsfunktion vom Typ A

---

9 Der Erläuterung der Produktionsfunktion vom Typ A ist in diesem Buch aus didaktischen Gründen ein relativ breiter Raum gewidmet.

10 Zur Produktionsfunktion vom Typ A vgl. u.a. *Gutenberg, E.*, a.a.O., *Krelle, W.*: Produktionstheorie, Tübingen 1969.

Gutenberg hat versucht, das Ertragsgesetz auf Probleme der industriellen Fertigung zu übertragen. Er formulierte es wie folgt: „Wenn man die Einsatzmenge eines Faktors (einer Faktorgruppe) bei Konstanz der Einsatzmenge eines anderen Faktors (einer anderen Faktorgruppe) sukzessive vermehrt, dann ergeben sich zunächst steigende, dann abnehmende Ertragszuwächse. Nach Erreichen einer bestimmten Faktoreinsatzmenge werden die Ertragszuwächse negativ[11].

4.1 Kennzeichen der Produktionsfunktion vom Typ A

Die Produktionsfunktion vom Typ A ist durch folgende Kennzeichen charakterisiert:

1. Die Produktionsfunktionen von diesem Typ enthalten nur substitutionale Faktorbeziehungen.

2. Sie sind insofern kaum technisch orientiert, als Aggregate und ihre den Faktorverzehr verursachenden Eigenschaften nicht in die Betrachtung mit einbezogen werden. Die Produktionsfunktion vom Typ A beschreibt somit nur den unmittelbaren Zusammenhang zwischen dem Ertrag und dem Faktoreinsatz. Man bezeichnet sie deshalb auch als einstufig. Die ihr inhärente Betrachtungsweise entspricht der sogenannten „black-box"-Analyse der Kybernetik.

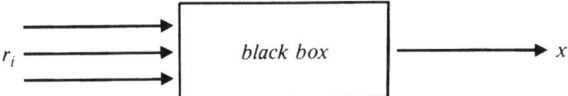

Abb. 51: „Black box"-Betrachtung im Rahmen der Produktionsfunktion vom Typ A

3. Die Qualität der Einsatzgüter ist konstant.

4. Nur ein Produkt wird hergestellt.

5. Die Produktionstechnik ist unverändert.

4.2 Partielle Faktorvariation

Von **partieller Faktorvariation** wird gesprochen, wenn ein Faktor bei Konstanz aller anderen Faktoren variiert wird. Unter dieser Bedingung nimmt die Produktionsfunktion folgende Gestalt an:

$$x = f\,(\underbrace{\bar{r}_1;\, \bar{r}_2;\, \ldots;\, \bar{r}_{n-1}}_{\text{konstant}};\, r_n)$$

---

11 *Gutenberg, E.*, a.a.O., S. 308.

Führt man für die konstanten Produktionsfaktoren das Symbol C ein, so läßt sich die Produktionsfunktion in die Form

$$x = f(C; r_n)$$

überführen.

Beim Ertragsgesetz handelt es sich unter der zusätzlichen Bedingung peripherer Substitution um eine derartige Produktionsfunktion. Die Gesamtertragskurve hat den in Abb. 52 beschriebenen Verlauf[12].

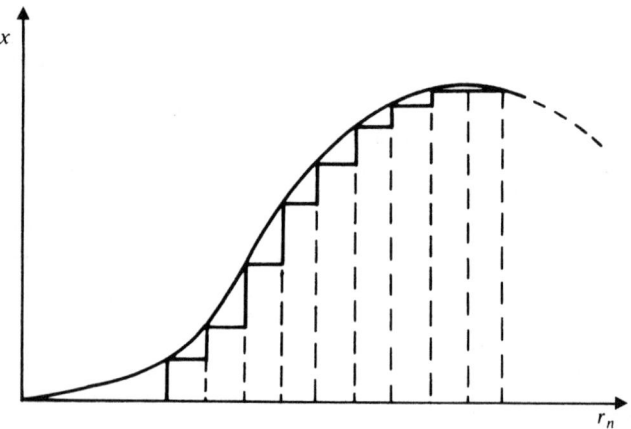

Abb. 52: Produktionsfunktion vom Typ A

Die Kurve gibt für jede Einsatzmenge r_n an, welchen mengenmäßigen Ertrag dieser Faktor unter der Voraussetzung erzeugt, daß die übrigen Produktionsfaktoren auf einem bestimmten Niveau größer Null konstant gehalten werden.

Zunächst wird bei vermehrtem Einsatz des variablen Faktors r_n das **Wirkungsverhältnis** zwischen dem konstanten Faktor und dem variablen Faktor immer günstiger (progressiver Verlauf der Gesamtertragskurve, zunehmende Grenzerträge). Nach dem Wendepunkt der Gesamtertragsfunktion überwiegt in zunehmendem Maße die Einsatzmenge des variablen Faktors, so daß der Gesamtertrag nur noch degressiv steigt (abnehmende Grenzerträge). Die Gesamtertragskurve erreicht schließlich ihr Maximum und weist bei weiterer Vermehrung des variablen Faktors negative Grenzerträge auf[13].

---

12 In Teilen der Literatur wird dieser Verlauf des Ertragsgesetzes als das Ertragsgesetz in seiner abgeschwächten Form (klassisches Ertragsgesetz) bezeichnet. Das Ertragsgesetz in seiner strengen Form entspricht dem Postulat, daß über dem gesamten Faktoreinsatzbereich fallende Ertragszuwächse zu verzeichnen sind. Vgl. *Kistner, K.-P.*: Produktions- und Kostentheorie, Würzburg/Wien 1981, S. 27.

13 Vgl. *Gutenberg, E.*, a.a.O., S. 308.

Einen Maßstab für die Veränderung des Gesamtertrages bei sukzessiver Vermehrung des Faktoreinsatzes bildet die Grenzproduktivität des variablen Faktors.

Mathematisch läßt sich die Grenzproduktivität als erste Ableitung der Gesamtertragskurve nach dem variablen Faktor definieren. Sie ist graphisch wie folgt zu ermitteln: Der Tangens des spitzen Winkels α, den jede Kurventangente mit der Abszisse (r_n-Achse) bildet, ist gleich dem Ordinatenwert der Grenzproduktivitätskurve. Für die Grenzproduktivitätskurve $x' = \partial x/\partial r_n$ wird im folgenden der Begriff **Grenzertragskurve** verwendet, da der Grenzertrag

$$\mathrm{d}x = \frac{\partial x}{\partial r_n} \cdot \mathrm{d}r_n$$

für $\mathrm{d}r_n = 1$ in die Grenzproduktivität übergeht.

Danach erhält man die in Abb. 53 dargestellte Grenzertragskurve.

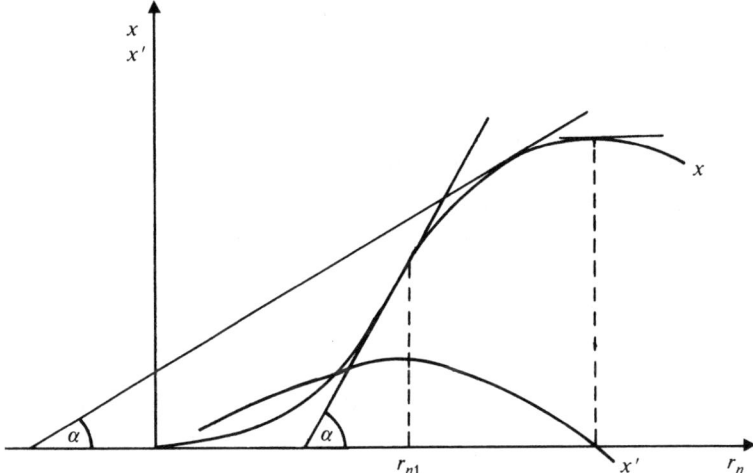

Abb. 53: Ableitung der Grenzertragskurve aus der Gesamtertragskurve

Die **Durchschnittsertragskurve** des variablen Faktors läßt sich ermitteln, indem man den Quotienten aus dem Gesamtertrag und der eingesetzten Menge des variablen Faktors bildet:

$$e = \frac{x}{r_n} \, .$$

Dies bedeutet nichts anderes als die Division des Ordinatenwertes eines beliebigen Kurvenpunktes der Gesamtertragsfunktion durch den dazugehörigen Abszissenwert. Graphisch ergibt sich der Ordinatenwert der Durchschnittser-

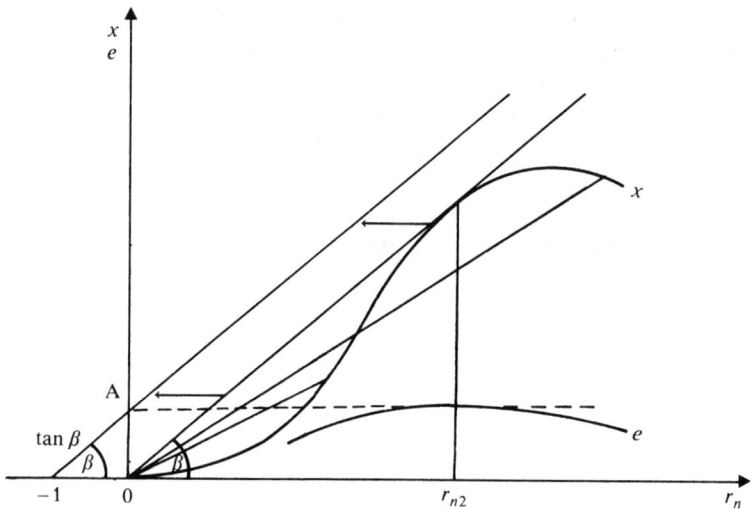

Abb. 54: Ableitung der Durchschnittsertragskurve aus der Gesamtertragskurve[14]

tragskurve durch den Tangens des spitzen Winkels β, den der vom Ursprung ausgehende Fahrstrahl zu jedem Kurvenpunkt mit der Abszisse bildet.

An dem Kurvenpunkt, an dem der Fahrstrahl zur Tangente wird, liegt das Maximum der Durchschnittsertragskurve, weil der Fahrstrahl die größte Steigung hat. In Abb. 54 ist dieser Punkt durch die Einsatzmenge r_{n2} gegeben. Werden die Faktoreinsatzmengen weiter erhöht, so nimmt der Durchschnittsertrag wieder ab.

Um die Zusammenhänge zwischen der Gesamtertrags-, der Grenzertrags- und der Durchschnittsertragskurve besser erkennen zu können, empfiehlt es sich, diese Kurven in einem Schaubild zusammenfassend darzustellen und anhand des „Vierphasenschemas" zu beschreiben[15].

Phase I:

Gesamtertrags-, Grenzertrags- und Durchschnittsertragskurve nehmen zu. Das Ende dieser Phase ist mit dem Maximum der Grenzertragskurve erreicht, das durch die Faktoreinsatzmenge r_{n1} bestimmt wird.

---

14 Bei der geometrischen Ableitung der Durchschnittsertragskurve ist die Tangente von Ursprung an die Gesamtertragskurve so weit nach links zu verschieben, bis sie durch den Punkt −1 auf der Abszisse verläuft. Der so erhaltene Ordinatenabschnitt $\overline{OA}$ gibt genau den Wert des gesuchten Durchschnittsertrages an (hier für r_{n2}). Das gleiche Verfahren läßt sich zur Bestimmung des Grenzertrages anwenden.
15 Vgl. *Gutenberg, E.*, a. a. O., S. 308 und 309.

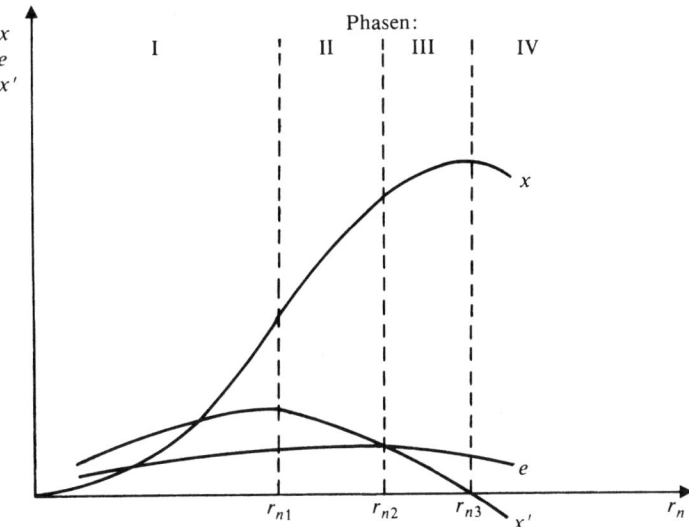

Abb. 55: Beziehungen zwischen den Ertragskurven

Phase II:

Die Gesamtertragskurve sowie die Durchschnittsertragskurve steigen weiter an, der Grenzertrag sinkt, ist jedoch absolut noch größer als der Durchschnittsertrag. Das Ende dieser Phase ist durch das Maximum der Durchschnittsertragskurve gegeben, welches das mengenmäßig absolut günstigste Wirkungsverhältnis zwischen variablem und konstantem Faktor darstellt. In diesem Punkt schneiden sich die Grenzertragskurve und die Durchschnittsertragskurve, was sich dadurch erklärt, daß bei diesem Faktoreinsatz (hier: r_{n2}) der Fahrstrahl an die Gesamtertragskurve den größten Tangens aufweist und gleichzeitig zur Tangente an die Gesamtertragskurve wird.

Phase III:

Die Gesamtertragskurve steigt weiter an, Grenzertrag und Durchschnittsertrag sinken, wobei nun der Grenzertrag absolut kleiner als der Durchschnittsertrag ist und bis zum Ende der Phase auf den Wert Null absinkt. Die Gesamtertragskurve erreicht hier ihr Maximum.

Phase IV:

Sämtliche Ertragskurven sinken, der Grenzertrag ist negativ, d. h. durch jeden zusätzlichen Einsatz des variablen Faktors tritt eine Verminderung des Gesamtertrages ein.

Folgende Tabelle gibt nochmal einen Überblick über den Verlauf und die Zusammenhänge der verschiedenen Ertragskurven:

Ertrag / Phase	Gesamtertrag x	Durchschnittsertrag e	Grenzertrag x'	Endpunkte
Phase I	positiv steigend	positiv steigend	positiv steigend	Wendepunkt $x' = $ max
Phase II	positiv steigend	positiv steigend bis Maximum	positiv fallend, aber $x' > e$	Durchschnittsertragsmaximum; $e = x'$
Phase III	positiv steigend	positiv fallend	positiv fallend bis Null; $x' < e$	Gesamtertragsmaximum; $x' = 0$
Phase IV	positiv fallend	positiv fallend	negativ fallend	

4.3 Totale Faktorvariation

4.3.1 Ertragsgebirge

Bisher wurde die Veränderung des mengenmäßigen Ertrages unter der Voraussetzung untersucht, daß von insgesamt n Produktionsfaktoren $n - 1$ konstant gehalten werden und nur der n-te Faktor variiert wird. Es soll nun der allgemeine Fall betrachtet werden, der dadurch gekennzeichnet ist, daß der Einsatz sämtlicher Produktionsfaktoren frei variierbar ist. Der Einfachheit halber soll dabei von einer Produktionsfunktion ausgegangen werden, deren mengenmäßiger Ertrag x von den Einsatzmengen der beiden Produktionsfaktoren r_1 und r_2 abhängig ist:

$$x = f(r_1; r_2)$$

Graphisch läßt sich eine derartige Funktion als eine über der $r_1 - r_2$-Ebene gewölbte Fläche darstellen, wie sie in Abb. 56 wiedergegeben ist.

Dabei werden auf den beiden horizontalen Koordinatenachsen die Einsatzmengen der Faktoren r_1 und r_2 abgetragen. Die senkrechte Achse gibt für jede Mengenkombination r_1, r_2 den dazugehörigen mengenmäßigen Ertrag an. Legt man durch dieses Ertragsgebirge senkrechte Schnitte, die parallel zu der r_1- oder r_2-Achse verlaufen, so ergeben sich Schnittkurven, die den bekannten ertragsgesetzlichen Verlauf aufweisen. Im dargestellten Ertragsgebirge wurden beispielsweise derartige Schnitte parallel zur r_2-Achse für die Werte r_1' und r_1'' gelegt und die dazugehörigen Schnittkurven eingezeichnet. Diese Schnitte stellen im Grunde nichts anderes dar als eine Variation der Einsatzmenge des Faktors r_2 von 0 ME bis r_2'' ME bei konstantem r_1-Einsatz in Höhe von $\bar{r}_1'$ ME bzw. $\bar{r}_1''$ ME. Durch diese Schnitte wird also die totale Faktorvariation wieder auf eine partielle Faktorvariation reduziert.

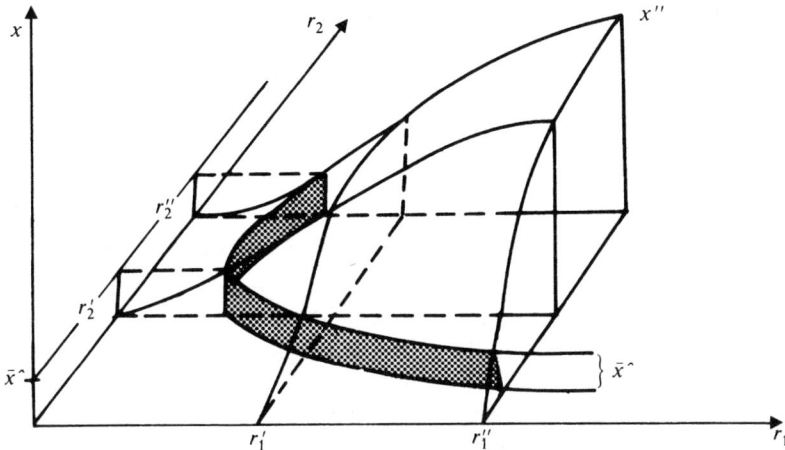

Abb. 56: Ertragsgebirge

4.3.2 Isoquanten und Isoquantensysteme

Eine vertiefte Analyse der totalen Faktorvariation ist möglich, wenn man zur Grundfläche parallele Schnitte durch das Ertragsgebirge legt. Die hierdurch entstehenden Schnittkurven verbinden alle Punkte des Ertragsgebirges, die den mengenmäßig gleichen Ertrag aufweisen. Sie sind daher mit Höhenlinien des Ertragsgebirges gleichzusetzen und werden als **Ertragsisoquanten** bezeichnet. Diese bilden also den geometrischen Ort aller Faktorkombinationen, die zum gleichen Ertrag führen. In Abb. 56 wurde ein zur Grundebene paral-

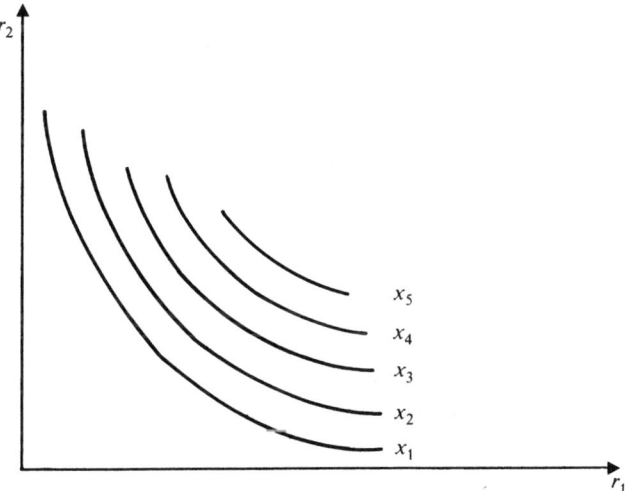

Abb. 57: Ertragsisoquantensystem

leler Schnitt in Höhe von $\bar{x}\hat{\ }$ gelegt und die dazugehörige Schnittkurve (Isoquante) eingezeichnet. Entsprechende Kurven lassen sich für alle übrigen Ertragsmengen ermitteln. Auf die $r_1 - r_2$-Ebene projiziert, ergibt sich ein Isoquantensystem, wie es in Abb. 57 beispielhaft dargestellt ist.

4.3.3 Homogenitätsgrad

Bei einer proportionalen Veränderung aller Faktoren (= Niveauvariation) läßt sich ein unterschiedliches Verhalten von Produktionsfunktionen feststellen[16].

Die Produktionsfunktion, deren Isoquanten für den Ertrag $x = 1$, $x = 2$, $x = 3$ in Abb. 58 dargestellt sind, hat beispielsweise die Eigenschaft, daß eine proportionale Vermehrung beider Faktoren zu einer proportional gleichen Erhöhung des mengenmäßigen Ertrages führt. Produktionsfunktionen mit dieser Eigenschaft bezeichnet man auch als **homogen vom Grade 1** oder **linearhomogen**[17]. Betrachtet man in Abb. 58 die Niveauvariation, die durch die Gerade $\overline{OABC}$ festgelegt ist, so wird deutlich, daß die Verdopplung des r_1-Einsatzes von 20 ME auf 40 ME bei gleichzeitiger Verdopplung des r_2-Einsatzes von 5 ME auf 10 ME zu einem doppelten mengenmäßigen Ertrag führt. Eine Verdreifachung beider Einsatzmengen führt zu einer Verdreifachung des mengenmäßigen Ertrages (Punkt C).

Verändern sich bei einer Niveauvariation die Produktmengen überproportional zum Niveau des Faktoreinsatzes, so ist die entsprechende Produktionsfunktion homogen vom Grade größer 1.

Verändern sich bei einer Niveauvariation die Produktmengen unterproportional zum Niveau des Faktoreinsatzes, so ist die entsprechende Produktionsfunktion homogen vom Grade kleiner 1.

Läßt sich keine dieser Beziehungen bei einer Produktionsfunktion feststellen, so spricht man von einer **inhomogenen** Produktionsfunktion.

Allgemein läßt sich der Homogenitätsgrad einer Funktion folgendermaßen ermitteln:

Geht man aus von einer Produktionsfunktion der Form

$$x = f(r_1; r_2)$$

und multipliziert r_1 und r_2 mit einem Faktor $\lambda > 1$, dann wird x steigen. Besteht dabei folgender Zusammenhang

$$x\hat{\ } = \lambda^h \cdot x = x(\lambda r_1; \lambda r_2)$$

und läßt sich ein konstantes, von λ unabhängiges h finden, so ist die Produktionsfunktion **homogen vom Grade h**.

---

16 Vgl. *Schneider, E.*, a.a.O., S. 174 ff.
17 Vgl. *Schneider, E.*, a.a.O., S. 176.

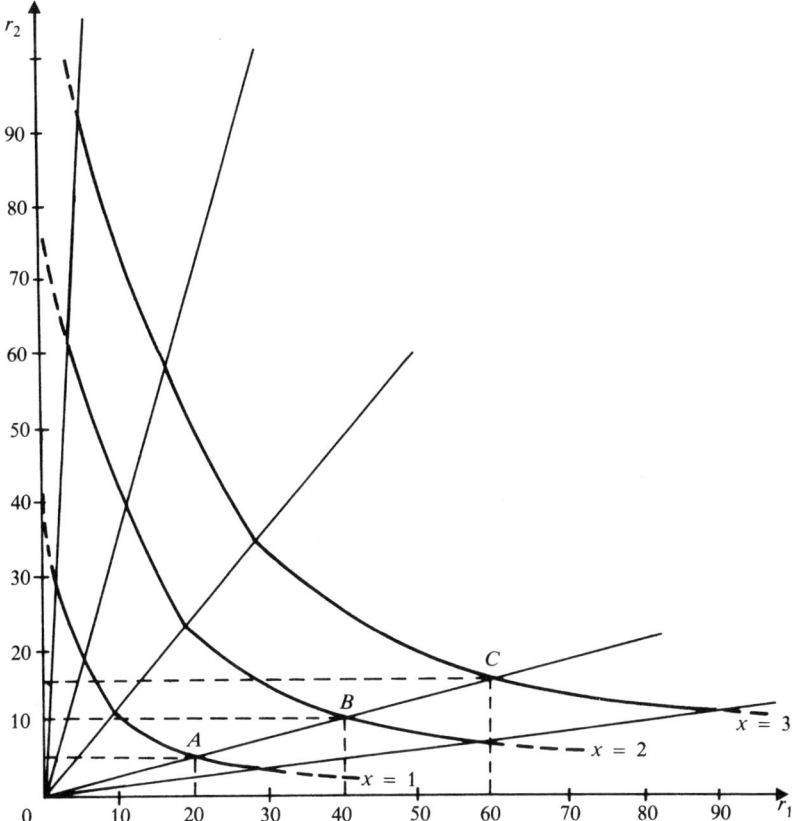

Abb. 58: Isoquantensystem einer linearhomogenen Produktionsfunktion

4.3.4 Grenzrate der Substitution

Die Punkte A und B in Abb. 59 stellen indifferente Ertragslagen dar. Es ist also möglich, die Faktorkombination in Punkt A (r_1^0; r_2^0) bei gleichem Ertrag durch die Faktorkombination im Punkt B ($r_1^0 - \Delta r_1$, $r_2^0 + \Delta r_2$) zu ersetzen.

Der Quotient $\Delta r_2 / \Delta r_1$ bildet die **Durchschnittsrate der Substitution**. Sie gibt an, wie viele Einheiten von r_2 durchschnittlich notwendig sind, um eine Einheit von r_1 zu ersetzen. Bei infinitesimalen Faktorvariationen geht die Durchschnittsrate der Substitution in die **Grenzrate der Substitution** über. Diese entspricht dem Differentialquotienten dr_2 / dr_1 und stellt geometrisch die Steigerung der Isoquante im betrachteten Punkt dar. Mit zunehmender Substitution des Faktors r_1 durch den Faktor r_2 sind immer mehr Faktoreinheiten von r_2 notwendig, um eine weitere Einheit von r_1 zu ersetzen, d.h. die Grenzproduktivität des ersetzenden Faktors r_2 wird immer ge-

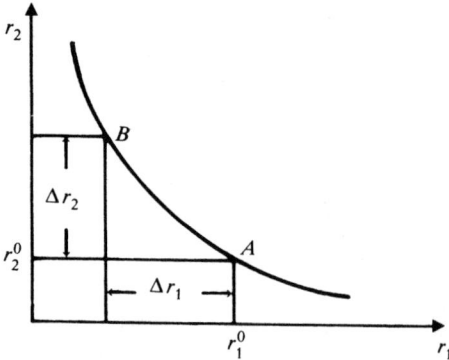

Abb. 59: Bestimmung der Durchschnittsrate der Substitution

ringer[18]. Wird die Einsatzmenge zweier substitutionaler Produktionsfaktoren unter der Prämisse variiert, daß der Ertrag der entsprechenden Kombination gleich bleibt, so muß der totale Grenzertrag den Wert Null haben. Es muß also gelten:

$$\mathrm{d}x = \frac{\partial x}{\partial r_1} \cdot \mathrm{d}r_1 + \frac{\partial x}{\partial r_2} \cdot \mathrm{d}r_2 = 0 \ .$$

Aus dieser Gleichung folgt:

$$\frac{\mathrm{d}r_2}{\mathrm{d}r_1} = -\frac{\partial x}{\partial r_1} : \frac{\partial x}{\partial r_2} = -\frac{GP_1}{GP_2}$$

Demnach ist die Grenzrate der Substitution der variierbaren Einsatzfaktoren gleich dem negativen reziproken Wert ihrer Grenzproduktivitäten[19].

4.3.5 Minimalkostenkombination

Da es bei Produktionsfunktionen des Typs A möglich ist, einen vorgegebenen mengenmäßigen Ertrag mit einer Vielzahl von Kombinationen der Einsatzgütermengen herzustellen, muß ein Kriterium im Hinblick auf die auszuwählende Faktormengenkombination eingeführt werden: „Die ‚günstigste‘ unter den vielen Kombinationen ist nun offenbar diejenige, welche am wenigsten kostet"[20]. Diese Kombination wird als **Minimalkostenkombination** bezeichnet. Zu ihrer Ermittlung sind Preisangaben hinsichtlich der Produktionsfaktoren notwendig. In den bisher nur technisch festgelegten Kombinationsprozeß

---

18 Vgl. *Gutenberg, E.,* a.a.O., S. 314.
19 Vgl. *Gutenberg, E.,* a.a.O., S. 315.
20 *Gutenberg, E.,* a.a.O., S. 315.

greifen die Faktorpreise als wirtschaftlich bestimmtes Regulativ ein[21]. Bei gegebenen Faktorpreisen p_i (i = Index der jeweiligen Faktorart) sind die Kosten gegeben durch

$$K = \sum_{i=1}^{n} r_i \cdot p_i \,.$$

Bei zwei Faktoren gilt:

$$K = r_1 p_1 + r_2 p_2 \,.$$

Werden in einem Produktionsprozeß mit zwei Einsatzfaktoren die Kosten K als konstante Größe vorgegeben, so läßt sich die Kostengleichung nach r_2 auflösen:

$$r_2 = -\frac{p_1}{p_2} \cdot r_1 + \frac{\bar{K}}{p_2}$$

Die graphische Darstellung dieser Kostenfunktion für verschiedene Werte $\bar{K}_1; \bar{K}_2; \ldots; \bar{K}_n$ ergibt eine Schar von Geraden mit der Steigung $-p_1/p_2$. Diese Kostengeraden werden als **Kostenisoquanten** oder **Isokostenlinien** bezeichnet, da sie der geometrische Ort aller Einsatzmengenkombinationen mit der gleichen Kostenhöhe sind. Mit Hilfe einer solchen Schar von Kostenisoquanten läßt sich zu einer gegebenen Ertragsisoquante die Minimalkostenkombination herleiten.

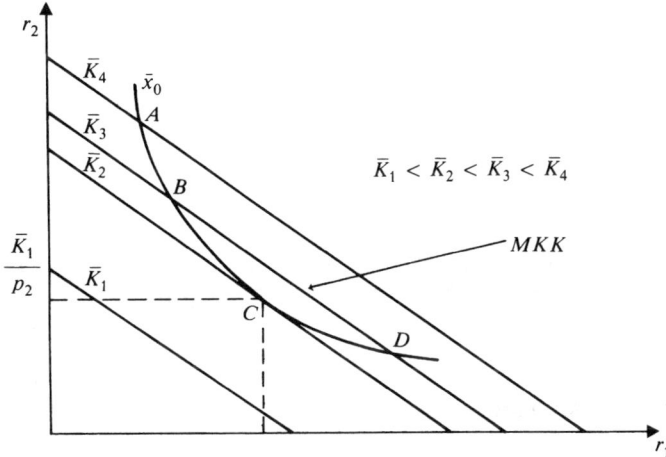

Abb. 60: Graphische Herleitung der Minimalkostenkombination

---

21 Vgl. *Gutenberg, E.*, a. a. O., S. 315/316.

Der vorgegebene mengenmäßige Ertrag x_0 läßt sich mit allen durch die Isoquante gegebenen Faktorkombinationen realisieren. Soll jedoch dieser Ertrag
wie angenommen mit den geringsten Kosten produziert werden, so kommen
beispielsweise die Faktorkombinationen A; B; D nicht in Frage, weil sie auf
vergleichsweise hohen Kostenniveaus liegen. $\bar{X}_0$ kann auch, wie aus dem
Schaubild ersichtlich, mit Faktorkombinationen realisiert werden, die niedrigere Kosten verursachen. **Die Minimalkostenkombination liegt dort, wo
die Isokostenlinie zur Tangente an die Ertragsisoquante wird** (Punkt C).
Mit einem Kosteneinsatz, der durch eine noch näher zum Ursprung liegende
Isokostenlinie repräsentiert wird, könnte der Ertrag $\bar{x}_0$ nicht mehr produziert
werden. Im Berührpunkt C ist die Steigung der Isokostenlinie gleich der Steigung der Ertragsisoquante. Die Steigung der Isoquante entspricht der Grenzrate der Substitution dr_2/dr_1, die Steigung der Isokostenlinie dem Preisverhältnis $-p_1/p_2$. Somit gilt im Berührpunkt:

$$\boxed{\frac{dr_2}{dr_1} = -\frac{p_1}{p_2}}$$

Für die Minimalkostenkombination gilt, daß die Grenzrate der Substitution
der beiden Faktoren gleich dem negativen reziproken Verhältnis der Faktorpreise sein muß. Da für die Grenzrate der Substitution gilt

$$\frac{dr_2}{dr_1} = -\frac{GP_1}{GP_2}\,,$$

läßt sich die abgeleitete Bedingung für die Minimalkostenkombination auch
wie folgt formulieren:

$$\boxed{\frac{GP_1}{GP_2} = \frac{p_1}{p_2}}$$

Für die Minimalkostenkombination gilt also als zweite Bedingung, daß sich
die Grenzproduktivitäten der Faktoren zueinander verhalten wie ihre Preise.

5. Produktionsfunktion vom Typ B

5.1 Kennzeichen der Produktionsfunktion vom Typ B

Die Produktionsfunktion vom Typ A ist als Erklärungsmodell für industrielle
Prozesse auf Grund ihrer Annahmen nur wenig geeignet. Deshalb wurde von

Gutenberg eine alternative Produktionsfunktion entwickelt, die er als Funktion vom Typ B bezeichnet[22].

Diese ist durch folgende Eigenschaften charakterisiert:

1. Sie geht von einer **limitationalen Faktorbeziehung** aus, da die Einsatzmengenverhältnisse in industriellen Produktionsprozessen weitgehend technisch determiniert sind. Sie umfaßt sowohl linear-limitationale als auch nichtlinear-limitationale Faktorbeziehungen. Aufgrund der Limitationalität ist eine Ertragssteigerung nur durch vermehrten Einsatz aller beteiligten Produktionsfaktoren möglich. Deshalb läßt sich der Beitrag, den jedes einzelne Gut dazu erbringt (= Grenzproduktivität), nicht ermitteln.

2. Sie ist insofern **technisch orientiert**, als sie den Einfluß der Aggregate auf den Faktorverzehr mit in die Betrachtung einbezieht. Sie beschreibt somit den mittelbaren Zusammenhang zwischen den Faktoreinsatzmengen und der Ausbringungsmenge und wird deshalb auch als **mehrstufig** bezeichnet.

3. Sie berücksichtigt daneben unmittelbare Beziehungen zwischen dem Faktoreinsatz und dem Ertrag, wie dies beispielsweise für den Rohstoffeinsatz typisch ist.

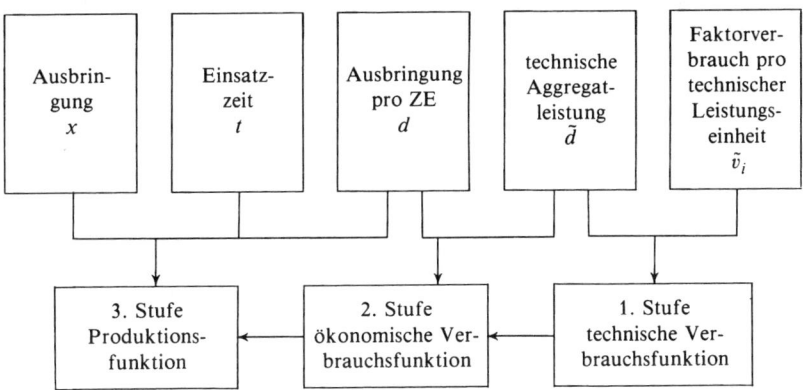

Abb. 61: Stufen der Produktionsfunktion vom Typ B[23]

5.2 Analyse der mittelbaren Input-Output-Beziehungen

5.2.1 Technische Eigenschaften von Aggregaten

Die technischen Daten eines Aggregates, die für den Faktorverbrauch bedeutsam sind, bezeichnet *Gutenberg* als „z-Situation"[24]. So kann beispielsweise die z-Situation eines Hochofens durch dessen Fassungsvermögen sowie die

22 Vgl. *Gutenberg, E.*, a.a.O., S. 326 ff.
23 *Adam, D.*, a.a.O., S. 320.
24 Vgl. *Gutenberg, E.*, a.a.O., S. 329.

Art der Ofenauskleidung und die Energiezufuhr bestimmt sein[25]. Da sich die z-Situation eines Aggregates, soweit sie konstruktionsbedingt ist, kurzfristig nicht beeinflussen läßt, soll sie im folgenden als Bestimmungsgröße des Faktorverzehrs vernachlässigt werden. Damit kann die Analyse des Faktorverbrauches im Rahmen der mittelbaren Input-Output-Beziehungen auf die Beziehungen zwischen den Faktoreinsatzmengen und der Leistung eines bestimmten Aggregates beschränkt werden.

5.2.2 Verbrauchsfunktionen

Die **Verbrauchsfunktion** gibt die Beziehung zwischen der Leistung eines Aggregates und dem Faktorverzehr pro Leistungseinheit an[26]. Die Produktionstheorie versucht die Leistung eines Aggregates nicht sofort in ökonomischen Größen (z. B. Zahl der pro Zeiteinheit erstellten Produkte), sondern zunächst in physikalischen Größen (Arbeit/Zeit) auszudrücken und zu messen. Die technisch-physikalisch ausgedrückte Leistung (= Zahl der technischen Leistungseinheiten pro Zeiteinheit [TLE/ZE]) muß dann in einem zweiten Schritt in eine aussagefähige ökonomische Größe (Ausbringung/ZE) transformiert werden[27].

Bezeichnet man die technisch-physikalischen Leistungseinheiten, die ein Potentialfaktor während der Laufzeit t hervorbringt, mit b, so kann die Leistung einer Anlage wie folgt definiert werden:

$$\tilde{d} = \frac{b}{t} \left[\frac{\text{TLE}}{\text{ZE}} \right] \quad \text{z. B.} \quad \left[\frac{\text{Umd.}}{\text{Min.}} \right].$$

Verwendet man für den Faktoreinsatz [FE] eines Faktors i, der auf eine technische Leistungseinheit entfällt, das Symbol $\tilde{v}_i$, so läßt sich die **technische Verbrauchsfunktion** folgendermaßen herleiten:

$$\tilde{v}_i = f_i(\tilde{d}) \left[\frac{\text{FE}}{\text{TLE}} \right] \quad i = 1 \dots n = \text{Index der Einsatzfaktoren}$$

Zwischen den Verbrauchsmengen $\tilde{v}_i$ der einzelnen Faktoren an einem bestimmten Aggregat und der technischen Leistung $\tilde{d}$ besteht eine eindeutige technische Beziehung (Limitationalität). Durch die technische Leistung $\tilde{d}$ des Aggregates ist der Verbrauch $\tilde{v}_i$ dieser Faktoren festgelegt[28].

Einige typische Verläufe von Verbrauchsfunktionen sind in Abb. 62a und b wiedergegeben. In Abb. 62a sind Verbrauchsfunktionen unter der Voraussetzung stetig variierbarer Intensität dargestellt (z. B. bei Bohrmaschinen mit

---

25 Vgl. *Gutenberg, E.*, a.a.O., S. 329.
26 Vgl. *Gutenberg, E.*, a.a.O., S. 331.
27 Vgl. *Heinen, E.*: Betriebswirtschaftliche Kostenlehre, a.a.O., S. 219f.
28 Vgl. *Kistner, K.-P.*, a.a.O., S. 119.

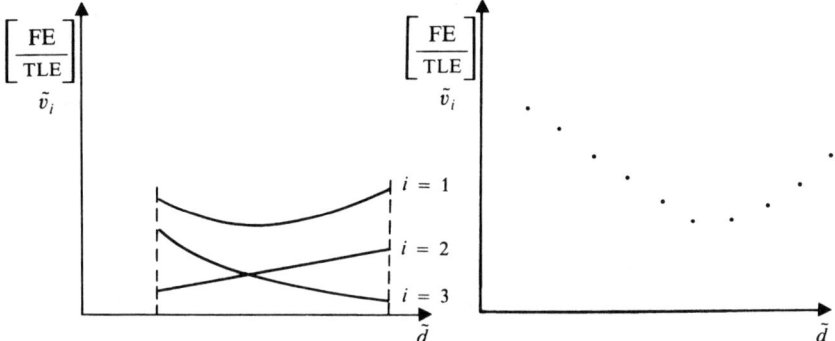

Abb. 62a: Verbrauchsfunktionen bei
stetig variierbarer Intensität

Abb. 62b: Verbrauchsfunktion bei
diskret variierbarer Intensität

stufenloser elektronischer Drehzahlregelung), während Abb. 62b auf diskret
variierbare Intensitäten abhebt (z. B. Bohrmaschinen mit stufenweiser Drehzahlregelung).

Die technische Leistung $\tilde{d}$ ist abhängig von der ökonomischen Leistung d
(z. B. Stück/Min.) eines Aggregates.

$$\tilde{d} = g(d)$$

Durch Einsetzen dieser Transformationsbeziehung in die technische Verbrauchsfunktion erhält man die **ökonomische Verbrauchsfunktion**

$$v_i = f_i(g(d)) \left[\frac{FE}{ME} \right],$$

wofür im folgenden die Kurzform

$$v_i = h_i(d)$$

verwendet wird. Sie gibt den Verbrauch des Faktors i pro Ausbringungseinheit in Abhängigkeit von der ökonomischen Leistung d an[29].

Produziert ein Aggregat nun während eines bestimmten Zeitraumes mit konstanter ökonomischer Leistung d, so verhält sich der Faktorverbrauch proportional zu den während dieses Zeitraumes gefertigten Outputeinheiten. Der
gesamte Faktoreinsatz V_i während dieses Zeitraumes läßt sich somit durch
folgende Gleichung ermitteln (**Zeit-Verbrauchsfunktion**):

---

29 Vgl. *Adam, D.*, a.a.O., S. 324f.

$$V_i = h_i(d) \cdot d \left[\frac{FE}{ZE}\right].$$

Durch Multiplikation dieser Funktion V_i mit der Einsatzzeit des Aggregates pro Periode läßt sich der Gesamtverbrauch einer Periode ermitteln[30].

$$V_i^{\text{tot}} = V_i \cdot t$$

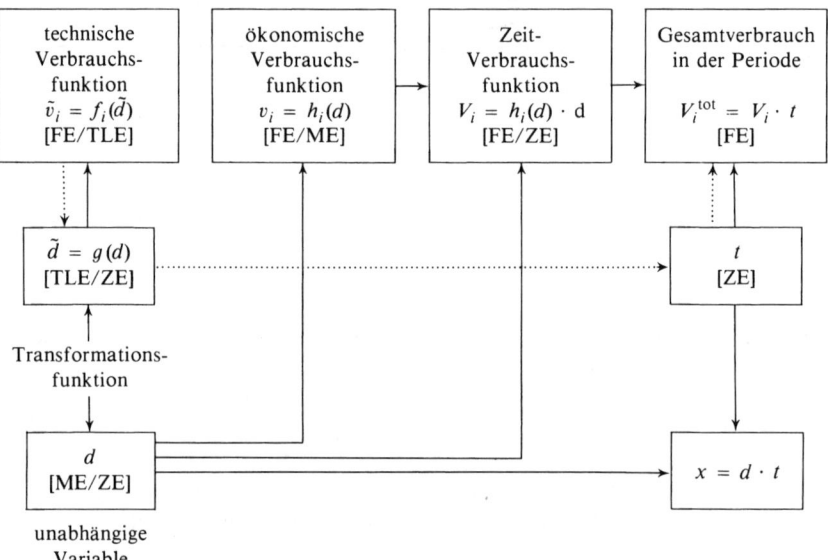

| technische Verbrauchsfunktion $\tilde{v}_i = f_i(\tilde{d})$ [FE/TLE] | ökonomische Verbrauchsfunktion $v_i = h_i(d)$ [FE/ME] | Zeit-Verbrauchsfunktion $V_i = h_i(d) \cdot d$ [FE/ZE] | Gesamtverbrauch in der Periode $V_i^{\text{tot}} = V_i \cdot t$ [FE] |

$\tilde{d} = g(d)$ [TLE/ZE]

t [ZE]

Transformationsfunktion

d [ME/ZE]

$x = d \cdot t$

unabhängige Variable

FE = Faktoreinheit (Input); TLE = technische Leistungseinheit;
ME = Mengeneinheit (Output)

Abb. 63: Zusammenhang zwischen den einzelnen Verbrauchsfunktionen[31]

5.2.3 Bestimmung des optimalen Leistungsgrades

Da es möglich ist, ein Aggregat mit verschiedenen Leistungsgraden zu betreiben, stellt sich die Frage, welcher davon der günstigste ist.

Existiert für ein Aggregat nur eine Verbrauchsfunktion, so ist der **optimale Leistungsgrad** dann erreicht, wenn der Verbrauch des einen Faktors pro Leistungseinheit am niedrigsten ist (minimaler spezifischer Verbrauch des Faktors). Man ermittelt diesen Leistungsgrad über die Ableitung der Verbrauchsfunktion v_i und die Bedingung

---

30 *Adam, D.*, a.a.O., S. 326f.
31 *Adam, D.*, a.a.O., S. 332.

$$v_i' = \frac{\mathrm{d}v_i}{\mathrm{d}d} \stackrel{!}{=} 0$$

In der Regel ist ein Aggregat durch eine Reihe von Verbrauchsfunktionen mit unterschiedlichem Verlauf (vgl. Abb. 64) charakterisiert.

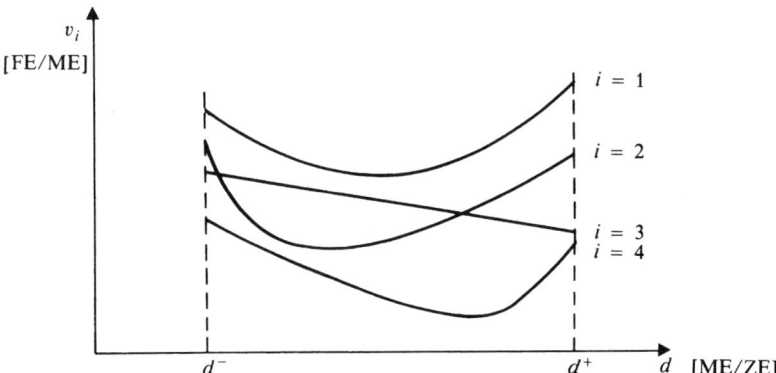

Abb. 64: Verbrauchsfunktionen mit verschiedenen spezifischen Minima

In diesem Fall sind die Kosten als Kriterium zur Ermittlung des optimalen Leistungsgrades heranzuziehen. Danach gilt der Leistungsgrad als optimal, bei dem die Summe der mit ihren Preisen bewerteten Faktoreinsatzmengen pro Leistungseinheit (Stückkosten) ein Minimum bildet. Es sind also sämtliche Verbrauchsfunktionen $v_i = h_i(d)$ mit den entsprechenden Faktorpreisen p_i (DM/FE) zu multiplizieren und anschließend zur Stückkostenfunktion zusammenzufassen:

$$k = h_1(d) \cdot p_1 + h_2(d) \cdot p_2 + \cdots + h_n(d) \cdot p_n$$

oder

$$k = \sum_{i=1}^{n} h_i(d) \cdot p_i \,.$$

Diese Stückkostenfunktion gibt die Kosten pro Leistungseinheit in Abhängigkeit von der ökonomischen Leistung d an. Ihr Minimum wird auf folgende Weise ermittelt:

$$k' = \frac{\mathrm{d}k}{\mathrm{d}d} = \frac{\partial h_1(d)}{\partial d} p_1 + \frac{\partial h_2(d)}{\partial d} p_2 + \cdots + \frac{\partial h_n(d)}{\partial d} p_n \stackrel{!}{=} 0 \,.$$

Graphisch läßt sich der optimale Leistungsgrad für ein Aggregat mit zwei konvexen Verbrauchsfunktionen und den daraus abgeleiteten Kostenfunktionen $k_i = h_i(d) \cdot p_i$ wie folgt ableiten:

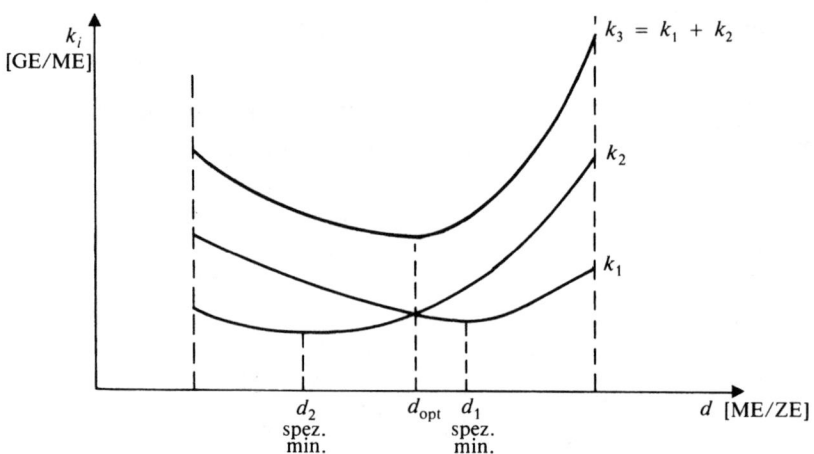

Abb. 65: Graphische Ableitung der optimalen Intensität

Die mit den zugehörigen Faktorpreisen bewerteten Verbrauchsfunktionen werden in ein gemeinsames Koordinatensystem eingezeichnet und ihre Ordinatenwerte addiert. Auf diese Weise erhält man die Kurve, die die Stückkosten in Abhängigkeit vom Leistungsgrad angibt. An der Stelle, wo diese Stückkostenkurve ihr Minimum aufweist, liegt der günstigste Leistungsgrad (d_{opt}). Das Gesamtkostenminimum muß in Abb. 65 nicht notwendig im Schnittpunkt der beiden faktorspezifischen Teilkostenfunktionen liegen.

5.2.4 Kritik der Produktionsfunktion vom Typ B als Ansatzpunkt für eine Erweiterung

Im Vergleich zur Produktionsfunktion vom Typ A zeichnet sich die Produktionsfunktion vom Typ B vor allem durch eine technische Fundierung der produktionstheoretischen Aussagen aus. Dadurch wird die Produktionstheorie in die Lage versetzt, die empirischen Produktionsmöglichkeiten weitaus vollständiger zu erfassen, zu analysieren und zu erklären. Jedoch dürfen die unbestrittenen Vorteile der B-Funktion nicht darüber hinwegtäuschen, daß diese Funktion noch einer Weiterentwicklung bedarf[32]. So müßte die Annahme konstanter technischer Eigenschaften (z-Situation) aufgegeben werden und der Einfluß gezielter Veränderungen dieser Eigenschaften auf den Faktorverbrauch untersucht werden. Eine solche Erweiterung erfuhr die Produktionstheorie z.B. mit der Entwicklung der Produktionsfunktion vom Typ C durch *Heinen*, der sich zum Ziel setzte, „alle in der Realität vorzufindenden technologischen Prozesse, die ihnen immanenten Freiheitsgrade und ihre komplexe Struktur erfassen zu können"[33].

---

32 Vgl. *Adam, D.*, a.a.O., S. 332.
33 *Heinen, E.*: Betriebswirtschaftliche Kostenlehre, a.a.O., S. 244.

6. Übergang vom Leontief-Produktionsmodell zur Aktivitätsanalyse[34]

Unter Zugrundelegung der Produktionsfunktion vom Typ B stellt sich im Fall einer konstanten technischen Leistung der Potentialfaktoren eine Proportionalität zwischen Produktionszeit, Produktmenge und dem Faktorverbrauch ein[35]. Dies läßt sich mit Hilfe der oben formulierten ökonomischen Verbrauchsfunktion

$$v_i = h_i(d); \ i = 1 \ldots n = \text{Index der Einsatzfaktoren}$$

veranschaulichen. Wird in dieser Funktion die Leistung d konstant gehalten, so sind die Verbrauchsmengen der Faktoren i pro Ausbringungseinheit (Produktionskoeffizienten) unabhängig von der Produktionsmenge konstant. Da diese lineare Limitationalität das typische Merkmal der **Leontief-Produktionsfunktion** ist, kann diese auch als Sonderfall der Produktionsfunktion vom Typ B behandelt werden[36].

Der Faktorverbrauch (r_i) läßt sich in einem linear-limitationalen Produktionsmodell als lineare Funktion des Outputs x (**Faktoreinsatzfunktion**) darstellen:

$$r_i = v_i \cdot x; \ i = 1 \ldots n = \text{Index der Einsatzfaktoren}$$

Beispiel:

Zieht man das in Teil II Abschnitt 2 formulierte Beispiel aus der Automobilindustrie heran, so lassen sich folgende Faktoreinsatzfunktionen formulieren:

$r_1 = 5 \cdot x \ (r_1 = \text{Anzahl der Reifen})$

$r_2 = 1 \cdot x \ (r_2 = \text{Anzahl der Motoren})$

$r_3 = 1 \cdot x \ (r_3 = \text{Anzahl der Fahrgestelle}).$

Durch Umkehrung der in den Faktoreinsatzfunktionen beschriebenen Input-Output-Beziehungen läßt sich die Leontief-Produktionsfunktion wie folgt darstellen:

---

34 Die Aktivitätsanalyse wird hier nur kurz gestreift. Zu deren Erschließung verweisen wir auf das grundlegende Werk von Dyckhoff (vgl. *Dyckhoff, H.*: Betriebliche Produktion, Berlin u.a., 1992).

35 Vgl. *Heinen, E.*: Betriebswirtschaftliche Kostenlehre, a.a.O., S. 237. Konstante technische Leistungen sind in der Praxis häufig anzutreffen und teilweise darauf zurückzuführen, daß Aggregate konstruktiv überhaupt nicht auf verschiedene Leistungsgrade hin ausgelegt sind oder die Leistungskonstanz organisatorisch bedingt ist.

36 Vgl. *Heinen, E.*: Betriebswirtschaftliche Kostenlehre, a.a.O., S. 236 ff.

$$x = \begin{cases} \dfrac{1}{v_1} \cdot r_1 \\[2mm] \dfrac{1}{v_2} \cdot r_2 \\[1mm] \vdots \\[1mm] \dfrac{1}{v_2} \cdot r_n \end{cases}$$

Diese Schreibweise impliziert, daß sich in allen Gleichungen einheitliche x-Werte ergeben. Weichen die x-Werte voneinander ab, so wird die Produktionsmenge durch diejenige Gleichung determiniert, die den kleinsten Wert für x aufweist. Die in diese Gleichung eingesetzte Faktoreinsatzmenge limitiert die Produktion, der Produktionsfaktor ist Engpaßfaktor. Um diese Einschränkung hervorzuheben, wird die Leontief-Produktionsfunktion meist in folgender Form geschrieben:

$$x = \min\left(\frac{1}{v_1} \cdot r_1; \ \frac{1}{v_2} \cdot r_2; \ \ldots; \ \frac{1}{v_n} \cdot r_n\right).$$

Analog ergibt sich für das Beispiel aus der Automobilindustrie folgende Produktionsfunktion:

$$x = \min\left(\frac{1}{5} r_1; \ 1\,r_2; \ 1\,r_3\right).$$

In Abb. 66 ist die Leontief-Produktionsfunktion für den Fall zweier variabler Einsatzfaktoren dargestellt. Im Rahmen dieses Ertragsgebirges finden sich lediglich auf der Geraden $\overline{OA}$ **effiziente** Faktorkombinationen. Projiziert man diese „Gebirgskante", deren Höhe die jeweilige Produktmenge kennzeichnet, auf die $r_1 - r_2$-Ebene, so ergibt sich eine Ursprungsgerade, die **Prozeßstrahl, Produktionsprozeß, Prozeß** oder **Aktivität** genannt wird[37].

Horizontale Schnitte durch das Ertragsgebirge markieren den schon oben vorgestellten **rechtwinkligen Verlauf der Ertragsisoquanten** (gestrichelte Linie in Abb. 66).

Integriert man die Überlegungen zur **Minimalkostenkombination** in das Leontief-Produktionsmodell, so fallen die Minimalkostenkombinationen stets mit den effizienten Faktorkombinationen zusammen[38].

---

37 Vgl. *Dellmann, K.*: Betriebswirtschaftliche Produktions- und Kostentheorie, Wiesbaden 1980, S. 70.
38 Vgl. *Steffen, R.*: Produktions- und Kostentheorie, 2. Auflage, Stuttgart 1993, S. 48.

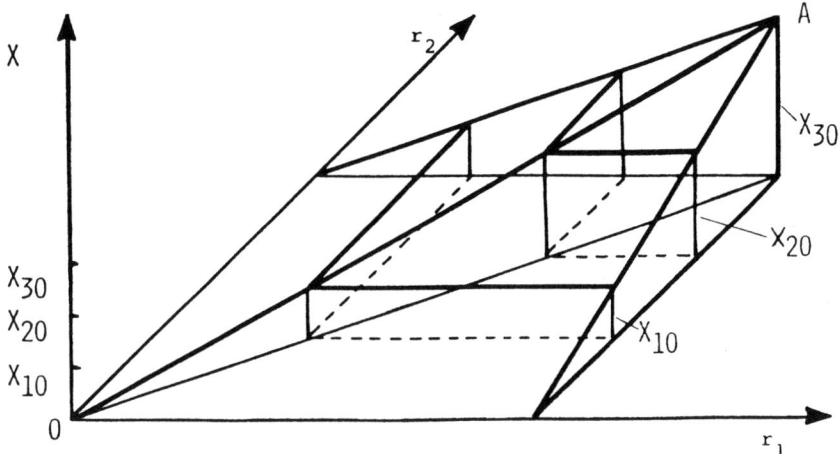

Abb. 66: Graphische Darstellung eines linear-limitationalen Produktionsprozesses

Vor allem in der chemischen Industrie und in der Stahlproduktion können gleichartige Erzeugnisse durch mehrere verschiedene linear-limitationale Prozesse bei Einsatz gleichartiger Verbrauchsfaktoren hergestellt werden[39]. Unter diesen Bedingungen läßt sich eine bestimmte Ausbringungsmenge grundsätzlich durch einzelne Prozesse oder durch Kombinationen von Prozessen erzeugen. Abb. 67 weist eine entsprechende Produktionssituation auf. Obwohl für jeden der beiden Prozesse lineare Limitationalität gilt, liegen für die dargestellte Gesamtsituation insoweit substitutionale Bedingungen vor, als eine gegebene Erzeugnismenge $\bar{x}$ zum Teil mit dem Prozeß I, zum restlichen Teil mit dem Prozeß II produziert werden kann. Eine Substitutionalität zwischen den Prozessen bedeutet zugleich eine Substitution zwischen den Faktoreinsatzmengen. Das **Substitutionsgebiet** wird durch die beiden Prozeßstrahlen begrenzt. Die Verbindungslinien der Punkte gleicher Ausbringungsmengen auf diesen Strahlen stellen die **Ertragsisoquanten** dar. Jeder Isoquantenpunkt im Substitutionsgebiet entspricht einer Kombination beider Prozesse, seine Koordinaten geben die Gesamteinsatzmengen r_1 und r_2 für beide Prozesse an. Betrachtet man in Abb. 67 den Punkt A, so wird der dadurch gekennzeichnete Ertrag $x = 40$ wie folgt erreicht: 3/4 des Ertrages (30 Outputeinheiten) wird mit Prozeß I und 1/4 des Ertrages (10 Outputeinheiten) mit Prozeß II hergestellt. Die Geamteinsatzmenge von Faktor 1 ist $\bar{r}_1$ und von Faktor 2 ist $\bar{r}_2$. Für jeden Isoquantenpunkt lassen sich analoge Überlegungen anstellen. Es wird deutlich, daß ein Unternehmen, welches über

---

39 Vgl. *Steffen, R.*, a.a.O., S. 55. So kann z.B. Stahl durch unterschiedliche Verfahren (Bessemer-, Thomas-Siemens-Martin-, Oxygen-Verfahren) erzeugt werden; die Verbrauchsfaktoren werden dabei in unterschiedlichen Einsatzverhältnissen kombiniert.

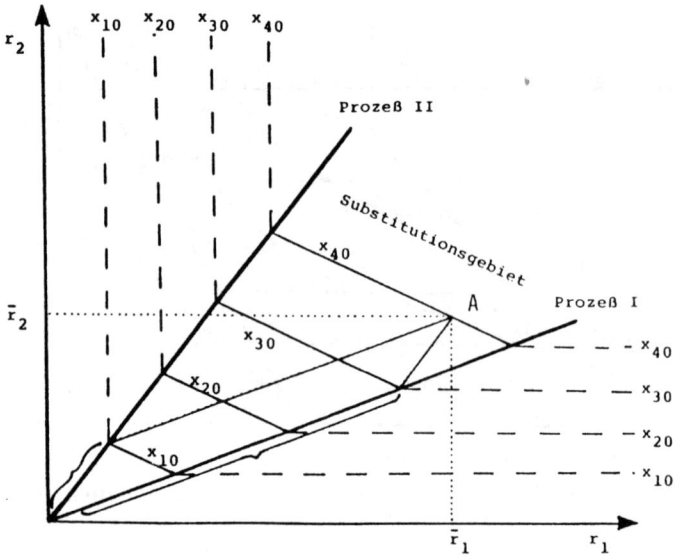

Abb. 67: Mehrere effiziente Prozesse

mehrere Produktionsprozesse zur Herstellung eines Produktes verfügt, durch eine Kombination dieser Prozesse Faktoreinsatzmengenkombinationen realisieren kann, die mit einzelnen Prozessen nicht erreichbar wären.

Bei der Entscheidung, wie eine bestimmte Ausbringungsmenge zu produzieren ist, bezieht sich das ökonomische Problem dann sowohl auf die Prozesse als auch auf das Niveau der zum Einsatz kommenden Prozesse[40].

---

40 Vgl. hierzu im einzelnen *Kistner, K.-P.*, a.a.O., S. 46 ff.

Dritter Teil
Kostentheoretische Grundlagen

1. Betriebswirtschaftlicher Kostenbegriff

Der Kostenbegriff zählt zu den wichtigsten Grundbegriffen der Betriebswirtschaftslehre, dennoch gibt es bis heute trotz intensiver Bemühungen noch keinen allgemein anerkannten Kostenbegriff.

Unter Kosten versteht man in der Praxis den bewerteten leistungsbezogenen Güterverbrauch.

Dieser als **wertmäßig** oder **zweckorientiert** bezeichnete Kostenbegriff hat sich heute weitgehend durchgesetzt. Er unterscheidet sich vom **pagatorischen** Kostenbegriff in bezug auf die Bewertungskomponente. Nach Maßgabe des pagatorischen Kostenbegriffes kann nur der Verbrauch solcher Güter zu Kosten führen, deren Beschaffung zu Anschaffungsausgaben geführt hat[1].

2. Kosteneinflußgrößen

In der Literatur werden alternative Systeme von Kosteneinflußgrößen unterschieden. Nur die wichtigsten werden hier behandelt, wobei der Beschäftigungsgrad im Mittelpunkt steht.

2.1 Beschäftigungsgrad als zentrale Kosteneinflußgröße

2.1.1 Definition des Beschäftigungsgrades

Der Beschäftigungsgrad ist in der Fachliteratur nicht eindeutig definiert, wird jedoch häufig als das Verhältnis der tatsächlichen Erzeugung zur möglichen Erzeugung verstanden.

$$\text{Beschäftigungsgrad} = \frac{\text{Beschäftigung}}{\text{Kapazität}} \cdot 100$$

---

1 Vgl. zum Kostenbegriff *Haberstock, L.*: Kostenrechnung I, 8. Aufl., 2. Nachdruck, Hamburg 1991, S. 72 ff.

2.1.2 Arten von Kosten in Abhängigkeit vom Beschäftigungsgrad

2.1.2.1 Fixe Kosten

Die Untersuchung der Kostenstruktur eines Betriebes oder einer Teileinheit beruht insbesondere auf einer Zweiteilung der Kosten in **fixe** (beschäftigungsgradunabhängige) und **variable** (beschäftigungsgradabhängige) Kosten. Als Beispiele für fixe Kosten können Abschreibungen für Zeitverschleiß oder Zinsen auf das in Anlagen investierte Kapital angeführt werden. Diese Fixkosten werden auch Kapazitätskosten oder Kosten der Betriebsbereitschaft genannt, weil sie auch dann entstehen, wenn die sie verursachenden Produktionsfaktoren nicht genutzt werden, die Betriebsbereitschaft jedoch aufrechterhalten werden soll[2]. Sind die fixen Kosten über den gesamten Beschäftigungsspielraum eines Betriebes konstant, so spricht man von **absolut fixen Kosten**. Demgegenüber verursacht ein Potentialfaktor, dessen Kapazität nur ein Intervall der gesamten Beschäftigung umfaßt **intervallfixe** oder **sprungfixe Kosten**[3] (z.B. wenn bei zunehmender Beschäftigung ein weiterer Meister eingestellt wird).

2.1.2.1.1 Arten von Fixkosten

Zur Klärung der Frage, inwieweit die fixen Kosten bei der Leistungserstellung ausgenutzt werden, führt *Gutenberg* die Begriffe Leerkosten und Nutzkosten ein[4]. Ist der Betrag an fixen Kosten, den eine betriebliche Teileinheit verursacht, Q Geldeinheiten und besteht die Kapazität dieser betrieblichen Teileinheit aus m Erzeugniseinheiten, so entfallen auf eine Erzeugniseinheit fixe Kosten in Höhe von Q/m Geldeinheiten.

Wird die Anlage nur mit einem Teil ihrer Kapazität genutzt, so fallen auch für diese nichtgenutzte Kapazität fixe Kosten an, die als **Leerkosten** (K_l) bezeichnet werden[5]. **Nutzkosten** (K_n) sind dagegen diejenigen Fixkosten, die auf die genutzte Kapazität entfallen. Es ergibt sich also der Zusammenhang:

$$Q = K_l + K_n.$$

Graphisch ist diese Aufspaltung der fixen Kosten für eine betriebliche Teileinheit in Abb. 68 dargestellt.

Ist x die effektiv von einer betrieblichen Teileinheit erstellte Erzeugnismenge und m die maximal mögliche Produktmenge dieser Teileinheit, so lassen sich die Leerkosten ermitteln durch[6]:

---

2 Vgl. *Gutenberg, E.*, a.a.O., S. 348.
3 Vgl. *Heinen, E.*: Betriebswirtschaftliche Kostenlehre, a.a.O., S. 513.
4 Vgl. *Gutenberg, E.*, a.a.O., S. 348 f.
5 Vgl. *Gutenberg, E.*, a.a.O., S. 348 f.
6 Vgl. *Gutenberg, E.*, a.a.O., S. 349.

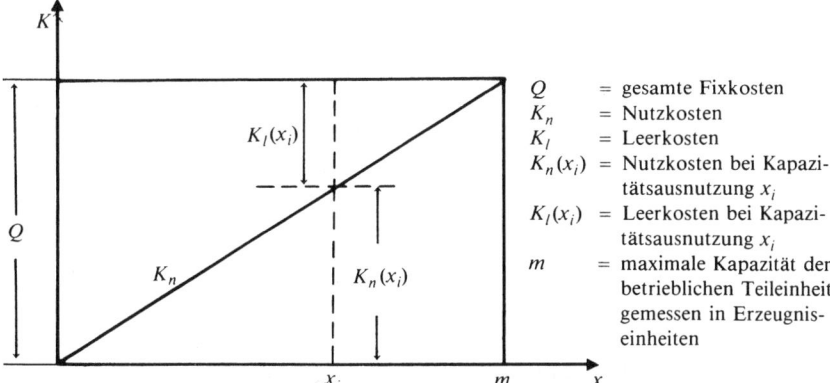

Abb. 68: Aufteilung der Fixkosten in Nutzkosten und Leerkosten

$$K_l(x) = (m - x)\,\frac{Q}{m}\,.$$

Die Nutzkosten ergeben sich aus der Gleichung

$$K_n(x) = Q - K_l(x) = x\,\frac{Q}{m}\,.$$

2.1.2.1.2 Ursachen von Fixkosten

Im Anschluß an diese Leer- und Nutzkostenanalyse soll nach den Entstehungsursachen der beschäftigungsfixen Kosten gefragt werden. Allgemein werden in der Literatur[7] als direkte Ursachen für das Entstehen fixer Kosten folgende Grundtatbestände angeführt:

1. die mangelnde Teilbarkeit von Produktionsfaktoren,
2. betriebliche Entscheidungen auf Grund bestimmter Erwartungen über eine spätere Ausnutzung der Kapazität,
3. rechtliche (gesetzliche und vertragliche) und institutionelle Bindungen.

Die **mangelnde Teilbarkeit** bezieht sich vor allem auf die Betriebsmittel und die menschliche Arbeitskraft. So kann eine vorhandene Produktionseinrichtung nicht einfach verkleinert werden, weil ihre Kapazität plötzlich zu groß erscheint. Die aufgrund dieser Unteilbarkeit eventuell auftretenden Leerkosten sind nicht abbaufähig und gewinnen mit fortschreitender Automatisierung immer mehr an Bedeutung.

---

7 Vgl. *Gutenberg, E.*, a.a.O., S. 350 ff.; *Heinen, E.*: Betriebswirtschaftliche Kostenlehre, a.a.O., S. 516 ff.

Die auf **betriebspolitische Entscheidungen** zurückzuführenden Fixkosten entstehen dadurch, daß im Betrieb die fixkostenverursachenden Produktionsfaktoren in einem über die augenblicklichen Erfordernisse hinausgehenden Maße bereitgehalten werden. Es werden bewußt Leerkosten in Kauf genommen, um erwartete Absatz- und Produktionsmöglichkeiten ausnutzen zu können[8].

Beispiele für **gesetzliche** und **vertragliche Bindungen** als Ursache von Fixkosten sind: Kündigungsschutzgesetz, Gehaltsverträge, Energieabnahmeverträge.

Da die Lage der Unternehmen durch eine immer höher werdende Fixkostenlast gekennzeichnet ist, sehen sich die Unternehmen in zunehmendem Maße herausgefordert, den Wirkungen der fixen Kosten mit unternehmens- und betriebspolitischen Maßnahmen zu begegnen, z. B. durch die Variabilisierung von Fixkosten und/oder durch den Einsatz von fixkostenorientierten Kostensenkungsprogrammen[9].

2.1.2.2 Variable Kosten

Wie schon angedeutet, setzen sich die Gesamtkosten (K) eines Betriebes oder einer betrieblichen Teileinheit aus den fixen Kosten (K_f) und den variablen Kosten (K_v) zusammen. Dieser Sachverhalt läßt sich in der Gleichung

$$K = K_v + K_f$$

ausdrücken.

Die **variablen** Kosten sind vom Beschäftigungsgrad abhängig. Um die Beziehung zwischen der Kostenentwicklung und der Änderung des Beschäftigungsgrades darzustellen, wird der Begriff des **Reagibilitätsgrades** verwendet.

$$\text{Reagibilitätsgrad } (R) = \frac{\text{prozentuale Kostenänderung}}{\text{prozentuale Beschäftigungsänderung}} \, .$$

Die fixen Kosten weisen demnach den Reagibilitätsgrad (R) von „Null" auf. Die variablen Kosten können im Verhältnis zur Beschäftigungsänderung proportional, degressiv, progressiv oder regressiv verlaufen.

Proportionale Kosten liegen dann vor, wenn die prozentuale Kostenänderung gleich der prozentualen Beschäftigungsänderung ist $(R = 1)$. In Abb. 69 ist die Kurve der proportionalen Gesamtkosten eine aus dem Ursprung des Koordinatensystems ansteigende Gerade. Bei proportionalen Gesamtkosten sind die Stückkosten konstant; graphisch dargestellt verlaufen sie parallel zur Abszisse.

---

8 Vgl. *Gutenberg, E.*, a. a. O., S. 353.
9 Vgl. *Jehle, E.*: Gemeinkostenmanagement, in: *Männel, W.* (Hrsg.): Handbuch Kostenrechnung, Wiesbaden 1992, S. 1506 ff.

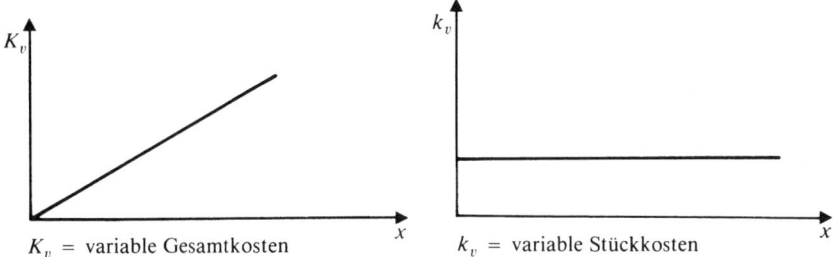

K_v = variable Gesamtkosten k_v = variable Stückkosten

Abb. 69: Darstellung proportionaler Gesamtkosten und der dazugehörigen Stückkosten

Typische Beispiele für proportionale Kosten sind Kosten für Fertigungsmaterial und Fertigungslöhne bei Akkordarbeit.

Ist die prozentuale Kostensteigerung geringer als die prozentuale Erhöhung des Beschäftigungsgrades, verlaufen die Gesamtkosten **degressiv**, d.h. sie steigen mit zunehmendem Beschäftigungsgrad zwar absolut an, das Steigungsmaß wird jedoch immer kleiner ($0 < R < 1$). Die Stückkosten (k_v) zeigen einen degressiv fallenden Verlauf (vgl. Abb. 70).

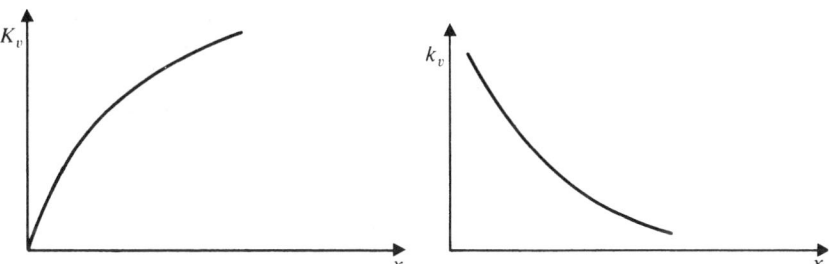

Abb. 70: Darstellung degressiver Gesamtkosten und der dazugehörigen Stückkosten

Der Energieverbrauch eines Hochofens ist ein Beispiel für degressive Kosten.

Ist die prozentuale Kostensteigerung größer als die prozentuale Beschäftigungszunahme, so spricht man von **progressiven** Kosten. In diesem Fall steigen sowohl die Gesamtkosten als auch die Stückkosten mit zunehmendem Steigungsmaß (vgl. Abb. 71) ($R > 1$).

Progressive Kosten entstehen beispielsweise bei Überbeanspruchung von Maschinen.

Regressiv verlaufen die Kosten, wenn bei zunehmendem Beschäftigungsgrad die Gesamtkosten absolut abnehmen. Die Stückkosten verhalten sich in diesem Fall sehr stark degressiv (vgl. Abb. 72) ($R < 0$).

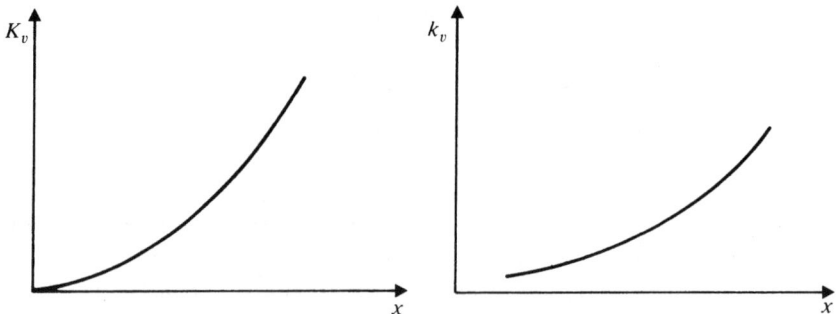

Abb. 71: Darstellung progressiver Gesamtkosten und der dazugehörigen Stückkosten

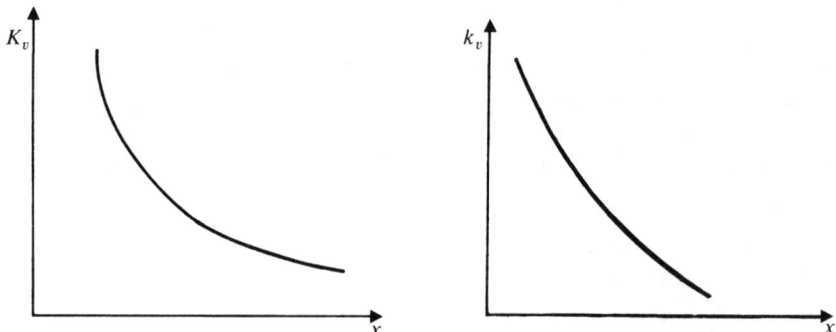

Abb. 72: Darstellung regressiver Gesamtkosten und der dazugehörigen Stückkosten

Regressive Kosten sind in der Praxis äußerst selten anzutreffen.

Die dargestellten Kostenarten treten nur selten in reiner Form auf. Häufig sind zwischen ihnen auch gewisse **kompensatorische Effekte** feststellbar.

2.2 Betriebsgröße als Kosteneinflußgröße

Als eine weitere wichtige Kosteneinflußgröße ist die **Betriebsgröße** anzusehen. Man versteht darunter das produktionelle Potential des Betriebes. In der Literatur werden unterschiedliche Indikatoren zur Messung der Betriebsgröße herangezogen. Die am häufigsten verwendete Maßgröße ist die Kapazität des Gesamtbetriebes.

Der Einfluß einer Beschäftigungsgradänderung und einer Variation der Betriebsgröße sind nicht immer sauber voneinander zu trennen. Die kostenmäßigen Konsequenzen werden unter Punkt 4 dieses Kapitels näher dargestellt.

2.3 Faktorpreis als Kosteneinflußgröße

Um die Kosten zu ermitteln, sind die Produktionsfaktoren mit ihren Preisen zu bewerten. Sind die gewählten Faktormengen konstant, so bestimmen deren Preise das Kostenniveau **unmittelbar**.

Einen **mittelbaren** Einfluß auf die Kosten eines Betriebes haben die Faktorpreise insoweit, als sie die Wahl der Einsatzfaktoren nach Art und Menge beeinflussen. Zum Beispiel kann eine nichtproportionale Änderung der Faktorpreise bei substitutionalen Produktionsfaktoren zu einer Änderung der Relation der Faktoreinsatzmengen (**Substitutionseffekt**) führen. Ist ein Kostenbudget vorgegeben, so führt eine derartige Faktorpreisänderung neben der genannten Substitution zu einer Verringerung des Produktionsvolumens (**Ausbringungsmengeneffekt**). Abb. 73 zeigt diese Effekte bei einer Steigerung von p_1 (Preis von Gut 1) und Konstanz von p_2 (Preis von Gut 2). Hierbei stellt der Übergang von MKK_1 zu MKK_2 den Substitutionseffekt und von MKK_2 zu MKK_3 den Ausbringungsmengeneffekt dar.

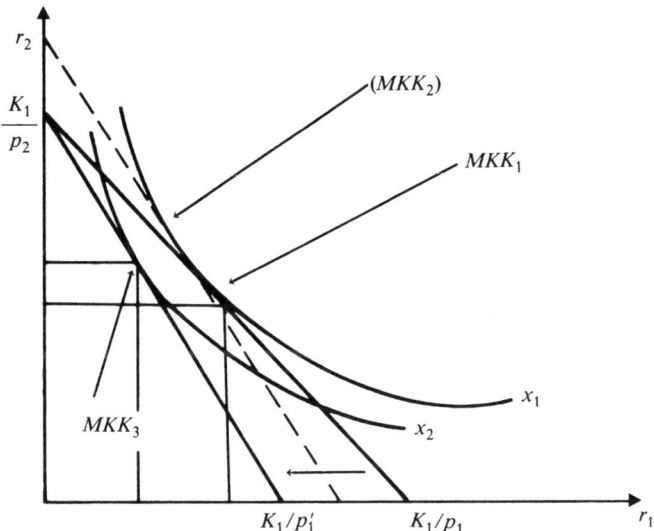

Abb. 73: Substitutions- und Ausbringungsmengeneffekt

Bei Faktorpreisänderungen unter der Bedingung totaler Faktorsubstitution kommt es häufig vor, daß ein Werkstoff durch einen anderen vollständig ersetzt wird.

Weiterhin können über eine Veränderung des zeitlichen Einsatzes eines Produktionsfaktors (z.B. Einsatz von Nachtstrom) als Folge einer Faktorpreisänderung Kostenwirkungen erzielt werden[10].

---

10 Vgl. *Busse v. Colbe, W., Laßmann, G.*, a.a.O., S. 214 f.

2.4 Faktorqualitäten als Kosteneinflußgröße

Änderungen der Faktorqualitäten als weitere Kosteneinflußgröße treten in unterschiedlichen Ausdrucksformen auf. Von **oszillativen Schwankungen** spricht man, wenn die Qualität eines Produktionsfaktors um einen gleichbleibenden Mittelwert schwankt. Diese Veränderungen der Faktorqualität können deshalb im Rahmen der kostentheoretischen Analyse vernachlässigt werden.

Stetige und **mutative** Veränderungen der Faktorqualität müssen hingegen in ihren kostenmäßigen Auswirkungen voll erfaßt werden. Letztere sind häufig die Folge revolutionärer technischer Entwicklungen, im Gegensatz zu stetigen Veränderungen der Faktorqualitäten, die in kontinuierlichen und kleinen Schritten erfolgen.

2.5 Fertigungsprogramm als Kosteneinflußgröße

In aller Regel ist die gesamte Betriebseinrichtung auf ein bestimmtes Fertigungsprogramm abgestellt. Ändert sich nun im Laufe der Zeit dessen Zusammensetzung, so kann der Fall eintreten, daß die fertigungstechnische Ausstattung des Betriebes nicht mehr den neuen fertigungstechnischen Anforderungen genügt. Dies hat zur Folge, daß sich auch das Kostenniveau des Betriebes ändert. Das Fertigungsprogramm kann also ebenfalls als Kosteneinflußgröße angesehen werden. Unter der Annahme, daß die betrieblichen Teilkapazitäten danach eingerichtet sind, die verschiedenen Güter des Produktionsprogramms in einer festgelegten Mengenrelation zu erzeugen, treten beispielsweise bei einer Veränderung dieses Produktionsplanes im Hinblick auf diese Mengen Engpässe und damit ungenutzte Kapazitäten auf.

2.6 Externe Effekte als Kosteneinflußgröße

Die durch externe Effekte bedingten Einflüsse auf das Kostenniveau des Betriebes gewinnen in letzter Zeit zunehmend an Bedeutung. Unter **externen Effekten** versteht man Auswirkungen wirtschaftlicher Tätigkeit auf unbeteiligte Dritte. Man muß zwischen positiven und negativen externen Effekten unterscheiden. Von Einfluß auf das Kostengefüge des Betriebes sind nur die negativen externen Effekte (z. B. Umweltverschmutzung). Der Betrieb wird durch Gesetze und Auflagen gezwungen, eine wachsende Anzahl dieser Effekte zu internalisieren. Mit dieser Internalisierung sind in der Regel hohe Kosten verbunden (Kosten für Anlagen zur Luftreinhaltung).

3. Anpassung an Beschäftigungsschwankungen und ihre kostenmäßigen Konsequenzen

Nunmehr gilt es zu untersuchen, wie Änderungen in der Beschäftigungslage die Produktionskosten eines Betriebes oder einer betrieblichen Teileinheit be-

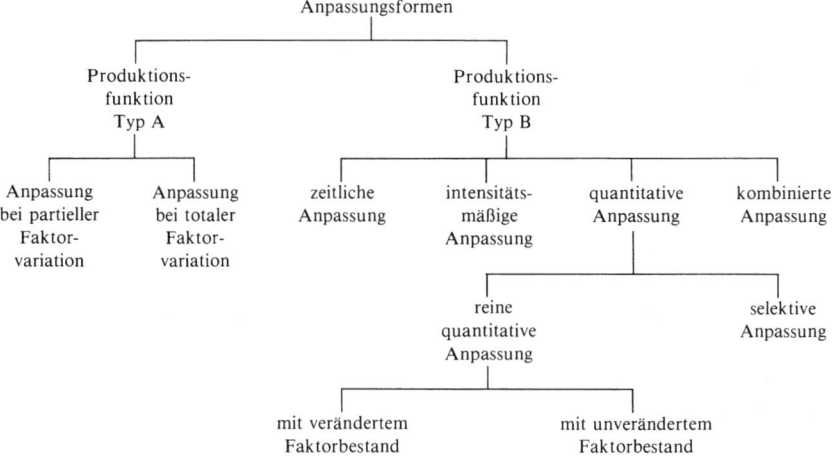

Abb. 74: Anpassungsformen an Beschäftigungsschwankungen

einflussen, wenn der Betrieb versucht, sich diesen Beschäftigungsschwankungen fertigungstechnisch anzupassen.

Es lassen sich die in Abb. 74 aufgeführten Anpassungsformen unterscheiden.

3.1 Kostenverlauf bei ertragsgesetzlicher Anpassung (partielle Faktorvariation)

Ist ein Betrieb gegeben, dessen fertigungstechnische Grundlagen der Produktionsfunktion vom Typ A (Ertragsgesetz) entsprechen, so ist seine Produktionstechnik dadurch gekennzeichnet, daß ein bestimmter konstanter Faktor oder eine bestimmte konstante Faktorgruppe r_c mit beliebigen Mengen eines (einer) anderen Faktors (Faktorgruppe) r_1 kombiniert werden kann. Ändert sich die Beschäftigung des Betriebes, dann variiert der Betrieb die Einsatzmengen des (der) variablen Faktors (Faktorgruppe).

Geht man von der s-förmigen Gesamtertragsfunktion aus, so zeigt diese den funktionalen Zusammenhang zwischen dem Gesamtertrag x und der eingesetzten Menge des variablen Faktors r_1 unter der Annahme des konstanten Einsatzes der übrigen Faktoren. Mathematisch läßt sich dieser funktionale Zusammenhang in der bekannten Form

$$x = f(r_1); \quad r_c = \text{konst.}$$

darstellen.

Sind die Voraussetzungen des Ertragsgesetzes erfüllt, existiert eine stetige Umkehrfunktion

$$r_1 = f^{-1}(x),$$

die als **Faktoreinsatzfunktion** interpretiert werden kann[11]. Multipliziert man die Einsatzmenge des Faktors r_1 mit dem zugehörigen Faktorpreis p_1 und addiert die fixen Kosten

$$K_f = r_c \cdot p_c \, ,$$

dann erhält man die Kostenfunktion

$$K(x) = f^{-1}(x) \cdot p_1 + K_f \, .$$

Der Kostenbetrag $f^{-1}(x) \cdot p_1$ schwankt mit der Ausbringungsmenge x. Dieser Betrag bildet daher die variablen Kosten.

Geometrisch ist der Sachverhalt der ertragsgesetzlichen Anpassung in Abb. 75 dargestellt[12].

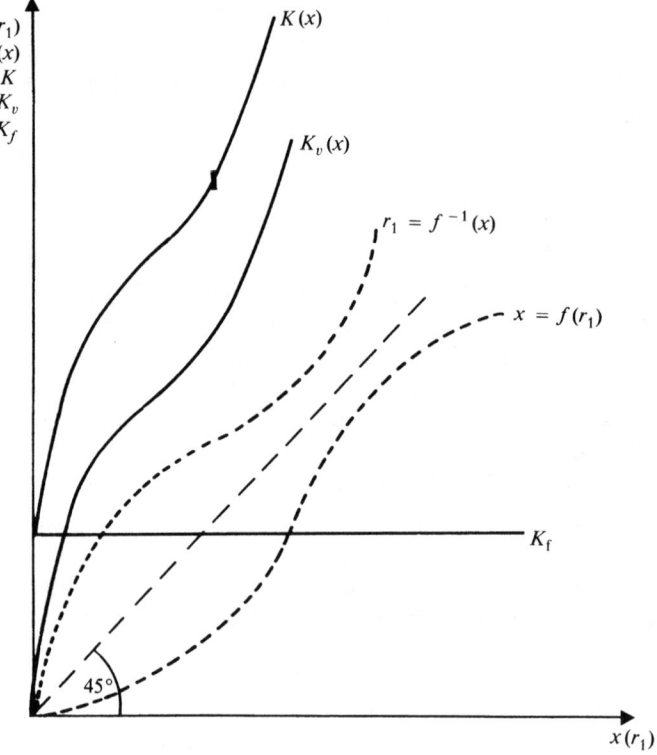

Abb. 75: Geometrische Darstellung der ertragsgesetzlichen Anpassung

---

11 Vgl. *Kistner, K.-P.*, a.a.O., S. 38.
12 Vgl. *Gutenberg, E.*, a.a.O., S. 358 ff.

Beispiel:

Im Folgenden werden die beschriebenen Zusammenhänge vereinfachend am Beispiel einer Gesamtertragsfunktion mit durchgängig fallenden Grenzerträgen näher erläutert.

Gegeben sei die neoklassische Produktionsfunktion

$$x = r_1^{1/2} \cdot r_2^{1/2}.$$

Der Einsatz von r_1 sei konstant und betrage 4 ME. Die Faktorpreise sind $p_1 = 4$ und $p_2 = 1$.

Bei konstantem Faktoreinsatz von $r_1 = 4$ gilt folgende Beziehung zwischen dem mengenmäßigen Ertrag und dem Einsatz von r_2:

$$x = 2 r_2^{1/2}.$$

Die Umkehrfunktion (Faktoreinsatzfunktion) lautet:

$$r_2 = \frac{1}{4} x^2.$$

Aus der allgemeinen Kostengleichung $K = \bar{r}_1 p_1 + r_2 p_2$ kann die Kostenfunktion $K = f(x)$ abgeleitet werden:

$$K(x) = \bar{r}_1 p_1 + \frac{1}{4} x^2 \cdot p_2$$

oder

$$K(x) = 16 + \frac{1}{4} x^2.$$

Die ertragsgesetzlich verlaufende Produktionsfunktion $x = f(r_1)$ ist an der 45°-Linie zu spiegeln. Vertauscht man gleichzeitig die Achsenbezeichnungen, so ist die Einsatzmenge r_1 in Abhängigkeit vom mengenmäßigen Ertrag x dargestellt (Faktoreinsatzfunktion). Multipliziert man jeden Wert dieser Faktoreinsatzfunktion mit dem zugehörigen (konstanten) Preis p_1, so ergibt sich die Kurve der variablen Kosten K_v in Abhängigkeit von x. Da die fixen Kosten zu diesen variablen Kosten addiert werden müssen, ist die Kurve der variablen Kosten um den Fixkostenbetrag nach oben zu verschieben. Es ergibt sich eine Gesamtkostenkurve (K) mit s-förmigen Verlauf.

Die aus dem Ertragsgesetz entwickelte Gesamtkostenkurve kann durch die Ableitung der Grenzkostenkurve und durch die Bestimmung der durchschnittlichen Gesamtkosten (totale Durchschnittskosten bzw. Stückkosten) und der Kurve der durchschnittlichen variablen und fixen Kosten näher analysiert werden.

3.1.1 Grenzkostenkurve

Die **Grenzkosten** $K' = dK/dx$ sind durch das Steigungsmaß der Gesamtkosten-funktion bestimmt. Sie sind daher mathematisch betrachtet gleich dem ersten Differentialquotienten der Gesamtkostenfunktion:

$$K'(x) = K'_v(x) = \lim_{\Delta x \to 0} \frac{\Delta K}{\Delta x} = \frac{dK}{dx} = \tan \alpha \,.$$

Graphisch interpretiert ist der Tangens des Winkels α, den jede Kurven-tangente mit der Abszissenachse (x-Achse) bildet, gleich dem Ordinatenwert der Grenzkostenkurve.

Will man aus der Gesamtkostenkurve die Grenzkostenkurve geometrisch ab-leiten, so legt man über der Ausbringungsmenge x, für welche die Grenzko-sten ermittelt werden sollen, die Tangente an die Gesamtkostenkurve. Diese wird so lange parallel verschoben, bis sie durch den Punkt -1 auf der Ab-szisse verläuft: der so erhaltene Ordinatenabschnitt gibt genau den Wert der gesuchten Grenzkosten an. In Abb. 76 wurden die Grenzkosten für den Wert x_0 auf diese Weise abgeleitet.

Das Minimum der Grenzkostenkurve liegt unter dem Wendepunkt der Gesamtkostenkurve.

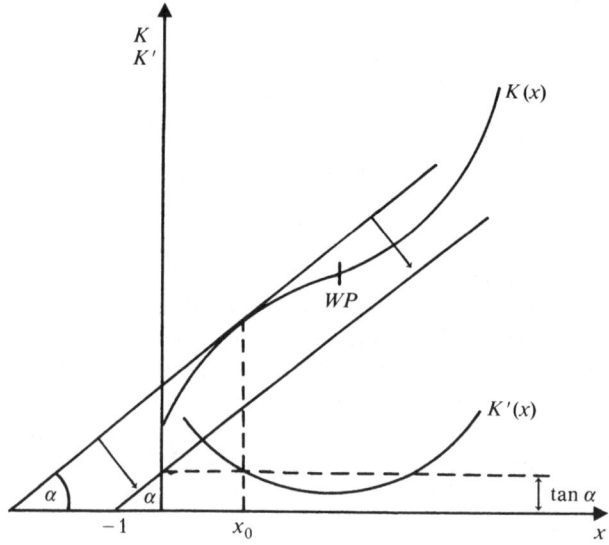

Abb. 76: Ableitung der Grenzkosten aus der Gesamtkostenkurve

3.1.2 Kurve der totalen Durchschnittskosten (Stückkosten)

Dividiert man die Gesamtkosten durch die ausgebrachte Menge, so erhält man die **totalen Durchschnittskosten** $k = K/x$. Graphisch interpretiert ist der Tangens des Winkels β, den jeder vom Ursprung ausgehende Fahrstrahl zu der Gesamtkostenkurve mit der Abszisse bildet, gleich dem Ordinatenwert der Durchschnittskosten (vgl. Abb. 77).

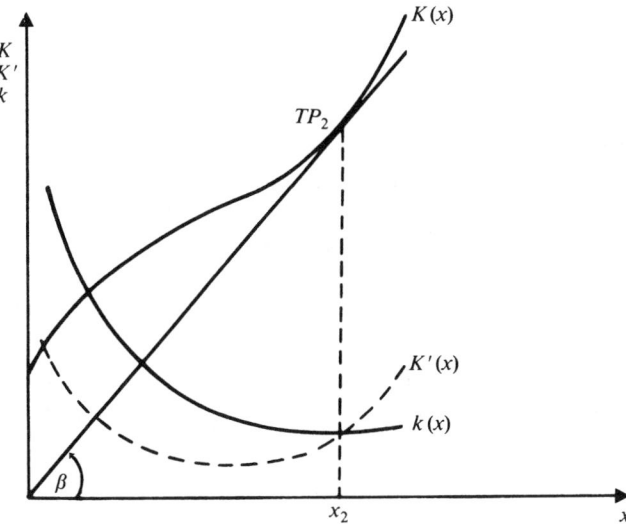

Abb. 77: Ableitung der totalen Durchschnittskosten aus der Gesamtkostenkurve

An der Stelle, wo der Fahrstrahl zur Tangente wird (x_2), liegt das Minimum der totalen Durchschnittskostenkurve, weil dieser Fahrstrahl die geringste Steigung hat. Die Durchschnittskosten müssen dort gleichzeitig mit den Grenzkosten übereinstimmen, da der Anstieg der Tangente die Grenzkosten bestimmt.

Mathematischer Beweis:

Im Minimum der Durchschnittskosten muß gelten:

$$\left(\frac{K}{x}\right)' \overset{!}{=} 0$$

$$\left(\frac{K}{x}\right)' = \frac{x \cdot \dfrac{dK}{dx} - K}{x^2} \overset{!}{=} 0 \quad \text{(Quotientenregel!)}$$

es folgt: $\dfrac{dK}{dx} = \dfrac{K}{x} = k$

3.1.3 Kurve der variablen und fixen Durchschnittskosten

Da sich die gesamten Kosten K aus den variablen Kosten K_v und den fixen Kosten K_f zusammensetzen, lassen sich die gesamten Durchschnittskosten k in die **variablen Durchschnittskosten** k_v und die **fixen Durchschnittskosten** k_f zerlegen.

Aus der Gleichung $k = \dfrac{K}{x}$ folgt:

$$\frac{K}{x} = \frac{K_v}{x} + \frac{K_f}{x} = k_v + k_f \ .$$

Graphisch betrachtet sind die variablen Durchschnittskosten gleich dem Anstieg eines vom Schnittpunkt der fixen Kosten mit der Ordinate an die Gesamtkostenkurve geführten Fahrstrahls. Der Tangens des Winkels γ gibt den Ordinatenwert der variablen Durchschnittskostenkurve an (vgl. Abb. 78). **Das Minimum der variablen Durchschnittskostenkurve (x_1) liegt an der Stelle, wo der Fahrstrahl zur Tangente wird**, die variablen Durchschnittskosten also mit den Grenzkosten übereinstimmen.

Die fixen Durchschnittskosten k_f stellen eine hyperbolisch fallende Kurve dar, deren Ordinatenwerte durch die Steigung des Fahrstrahles vom Ursprung an die Fixkostenkurve bestimmt wird.

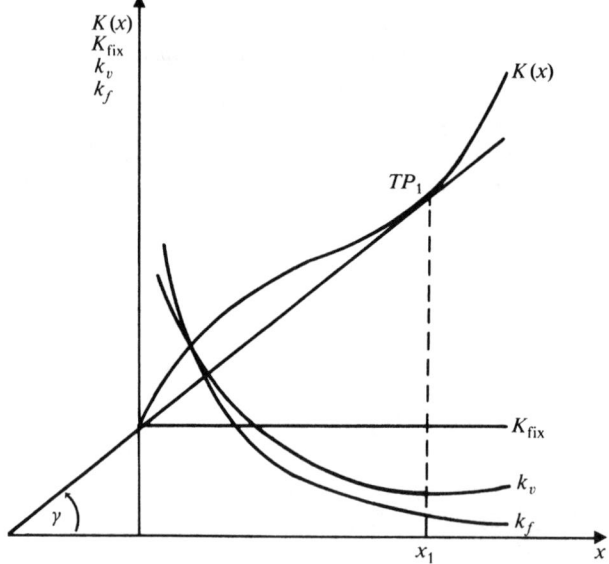

Abb. 78: Ableitung der variablen und fixen Durchschnittskosten aus der Gesamt- und Fixkostenkurve

3.1.4 Zusammenhänge zwischen den Kostenkurven

Ähnlich wie für die ertragsgesetzliche Produktionsfunktion läßt sich für die aus dem Ertragsgesetz abgeleitete Kostenfunktion ein Vierphasenschema entwickeln (vgl. Abb. 79).

Phase I:

Die Gesamtkosten steigen, das Steigungsmaß (ausgedrückt durch die Grenzkosten) nimmt jedoch immer mehr ab. Die erste Phase endet im Wendepunkt der Gesamtkostenkurve (=Minimum der Grenzkosten). Die Stückkosten und die variablen Durchschnittskosten sinken in dieser Phase.

Phase II:

Die Gesamtkosten wachsen in dieser Phase mit zunehmendem Steigungsmaß. Daher steigen die Grenzkosten, während die Stückkosten und die variablen Durchschnittskosten absinken. Letztere erreichen ihr Minimum am Ende dieser Phase. Die Grenzkosten entsprechen in diesem Minimum den variablen Durchschnittskosten.

Phase III:

Es steigen sowohl die Gesamtkosten und die Grenzkosten als auch die variablen Durchschnittskosten. Die Stückkosten sinken weiter bis zu ihrem Minimum im Schnittpunkt der Stückkosten- und der Grenzkostenkurve (Ende der Phase III).

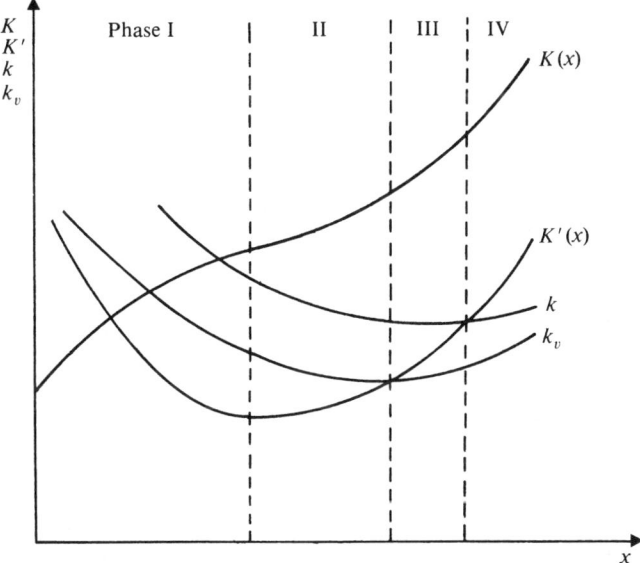

Abb. 79: Beziehungen zwischen den Kostenkurven

Phase IV:

In dieser Phase steigen alle Kostenkurven an.

3.2 Kostenverlauf bei Anpassung im Rahmen der totalen Faktorvariation

Die bisherigen Ausführungen behandeln den Fall, daß sich der Betrieb durch Variation nur eines (einer) Produktionsfaktors (Faktorgruppe) an eine sich verändernde Beschäftigungslage anpaßt. Im folgenden soll nun davon ausgegangen werden, daß die Anpassung durch eine totale Faktorvariation erfolgt. Bei einer totalen Faktorvariation wird mit der Einsatzmengenkombination produziert, die für ein vorgegebenes Produktionsvolumen die geringsten Kosten aufweist (Minimalkostenkombination). Ermittelt man nun für jede beliebige Ausbringungsmenge bei Konstanz aller übrigen Einflußgrößen die Minimalkostenkombination und verbindet diese im Isoquantensystem, so ergibt sich der **Expansionspfad** als geometrischer Ort aller Minimalkostenkombinationen (vgl. Abb. 80).

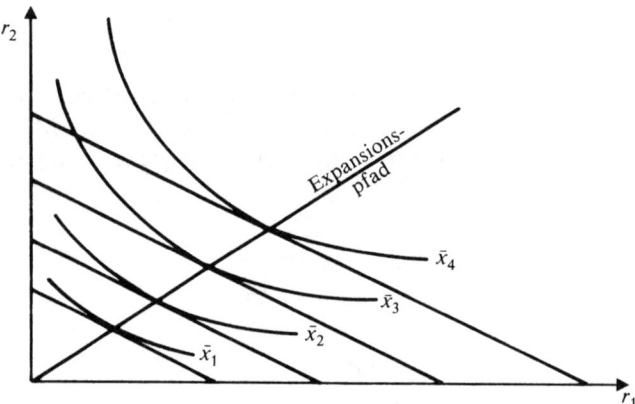

Abb. 80: Expansionspfad in einem Isoquantensystem

Bei homogenen Produktionsfunktionen ist der Expansionspfad immer eine Gerade aus dem Ursprung.

Paßt sich die Unternehmung nun entlang des Expansionspfades an, so kann für eine homogene Produktionsfunktion der allgemeinen Form $x = f(r_1; r_2)$ der Kostenverlauf folgendermaßen abgeleitet werden:

Da durch den Expansionspfad ein festes Verhältnis zwischen den beiden Faktoren r_1 und r_2 gegeben ist, läßt sich in der allgemeine Produktionsfunktion $x = f(r_1; r_2)$ einer der beiden Faktoren durch den anderen ersetzen. Die Produktionsfunktion läßt sich in die Form $x = f(\hat{r}_1)$ transformieren. Bildet man nun die Umkehrfunktion $\hat{r}_1 = f^{-1}(x)$ und setzt diese sogenannte Faktoreinsatzfunktion in die Kostenfunktion $K = f(r_1; r_2)$ ein, wobei auch in dieser r_2 durch r_1 ersetzt werden kann ($K = f(\hat{r}_1)$), so ergibt sich die Kostenfunktion der allgemeinen Form $K = h(x)$.

Beispiel:

Gegeben sei wieder die Produktionsfunktion

$$x = r_1^{1/2} \cdot r_2^{1/2}.$$

Die Preise sind $p_1 = 4$ und $p_2 = 1$.

Das durch den Expansionspfad (MKK) festgelegte Verhältnis zwischen r_1 und r_2 ergibt sich aus der Bedingung

$$\frac{GP_1}{GP_2} = \frac{p_1}{p_2}.$$

Man erhält:

$$\frac{r_2}{r_1} = \frac{4}{1}$$

oder

$$r_2 = 4r_1.$$

Durch Einsetzen in die Produktionsfunktion ergibt sich:

$$x = r_1^{1/2} \cdot (4r_1)^{1/2} = 2r_1.$$

Die Faktoreinsatzfunktion lautet demzufolge

$$r_1 = \frac{1}{2}x.$$

Mit Hilfe der Beziehung $r_2 = 4r_1$ läßt sich auch die Kostenfunktion $K = 4r_1 + 1r_2$ umformen in die Funktion

$$K = 4r_1 + 4r_1 = 8r_1.$$

Wird die Faktoreinsatzfunktion in diese Kostenfunktion eingesetzt, so erhält man

$$K(x) = 4x.$$

Läßt sich der Produktionsprozeß durch das s-förmige Ertragsgebirge beschreiben, so ergibt sich ein s-förmiger Kostenverlauf. Ein Ertragsgebirge mit nur fallenden Grenzerträgen führt zu einer progressiven Kostenkurve. Sind die Grenzerträge dagegen steigend, verläuft die Kostenkurve˙ degressiv. Handelt es sich um eine linearhomogene Produktionsfunktion (vgl. Beispiel), so ergibt sich ein linearer Kostenverlauf[13].

3.3 Anpassung auf der Grundlage der Produktionsfunktion vom Typ B

Den bisherigen Untersuchungen wurde ein Betrieb zugrunde gelegt, dessen fertigungstechnische Grundlagen der Produktionsfunktion des Typs A (Ertragsgesetz) entsprechen. Aus der Kritik des Ertragsgesetzes wurde jedoch deutlich, daß für die Analyse industrieller Fertigungsprozesse die Produktionsfunktion vom Typ B mit ihrer disaggregierten Betrachtungsweise besser geeignet ist. Die Produktionsfunktion vom Typ B sieht im Gegensatz zur Produktionsfunktion vom Typ A mehrere Möglichkeiten der Anpassung an unterschiedliche Beschäftigungssituationen vor[14]:

– die zeitliche Anpassung
– die intensitätsmäßige Anpassung
– die quantitative Anpassung.

Wird die Ausbringungsmenge bei konstanter Intensität d und unverändertem Bestand an Potentialfaktoren allein durch Variation der Betriebszeit t der einzelnen Aggregate verändert, so spricht man von zeitlicher Anpassung.

Verändert ein Betrieb bei Konstanz des Potentialfaktorbestandes z und der Betriebszeit t die mengenmäßige Ausbringung durch Variation der Intensität d, so paßt er sich intensitätsmäßig an.

Quantitative Anpassung liegt vor, wenn der Bestand der eingesetzten Potentialfaktoren bei unveränderter Intensität und Betriebszeit der eingesetzten Aggregate variiert wird, mit dem Ziel, unterschiedliche Ausbringungsmengen zu erstellen.

Diese Anpassungsformen können auch kombiniert werden. Die Ausbringungsmenge x eines Betriebes ist somit festgelegt durch

$$x = z \cdot t \cdot d \quad (\text{ME}).$$

Um den Einfluß der einzelnen Anpassungsformen auf die Kosten herauszuarbeiten, wird im folgenden jeweils einer der drei Parameter bei Konstanz der übrigen variiert.

---

13 Eine partielle Faktorvariation führt bei gleicher Produktionsfunktion allerdings zu einem progressiven Kostenverlauf (vgl. S. 153 ff.).
14 Vgl. *Gutenberg, E.*, a.a.O., S. 354 ff. und 361 ff.

3.3.1 Kostenverlauf bei zeitlicher Anpassung

Bei **zeitlicher Anpassung** wird die Betriebszeit t des Aggregates variiert, während die Zahl der eingesetzten Potentialfaktoren z und die Intensität d konstant gehalten werden. Geht man von den Verbrauchsfunktionen eines Aggregates aus und bewertet die Verbrauchsmengen mit den als konstant angenommenen Faktorpreisen

$$k = \sum_{i=1}^{n} v_i\, p_i = \sum_{i=1}^{n} h_i(d) \cdot p_i\,,$$

so erhält man eine Funktion des bewerteten Gesamtfaktorverbrauches pro Ausbringungseinheit in Abhängigkeit von der Intensität d. Wird nun das Aggregat mit einer konstanten Leistung (in der Regel d_{opt}) gefahren, so sind die Einsatzmengen v_i der Faktoren durch die betreffende Verbrauchsfunktion eindeutig bestimmt:

$$v_i = h_i(d)\left[\frac{\text{FE}}{\text{ME}}\right];\quad d = \text{konstant}\quad v_i = \text{konstant}\,.$$

Die Betriebszeit bleibt als einziger Kostenbestimmungsfaktor. Paßt sich ein Betrieb unter dieser Bedingung zeitlich an, so bringt jede zusätzliche Einheit der Betriebszeit einerseits wegen der konstanten Intensität eine gleichbleibende zusätzliche Ausbringungsmenge und verursacht andererseits einen konstanten Kostenzuwachs $[K'(t)]$. Bei zeitlicher Anpassung sind daher auch die Grenzkosten in Abhängigkeit von der Ausbringungsmenge konstant. Die variablen Kosten (K_v) sind sowohl zur Betriebszeit als auch zur ausgebrachten Menge x proportional.

Beispiel:

Für ein Aggregat sei folgende Verbrauchsfunktion gegeben:

$$v_1 = 2d^2 - 12d + 20$$

v_1 = Verbrauch in Liter/Stück;
d = Stück/Stunde;
p_1 = Preis pro Liter = 4,– DM/Liter.

$$k(d) = v_1(d) \cdot p_1 = 8d^2 - 48d + 80 \quad [\text{DM/Stück}]$$

für d_{opt} gilt:

$$k'(d) \overset{!}{=} 0$$
$$k'(d) = 16d - 48 \overset{!}{=} 0$$
$$d_{\text{opt}} = 3 \text{ Stück/Stunde}\,.$$

Wird die Anlage mit der konstanten Intensität d_{opt} gefahren, so sind die Kosten $k(d) = k(3) = 8$ DM/Stück, die Kostenfunktion $K(x)$ lautet daher:

$K(x) = 8x$.

Die Kosten pro Stunde Betriebszeit betragen:

$K = k(d) \cdot d_{\text{opt}} = 24$ DM/Stunde .

Bei zeitlicher Anpassung ergibt sich die in Abb. 81 dargestellte proportionale Kostenkurve.

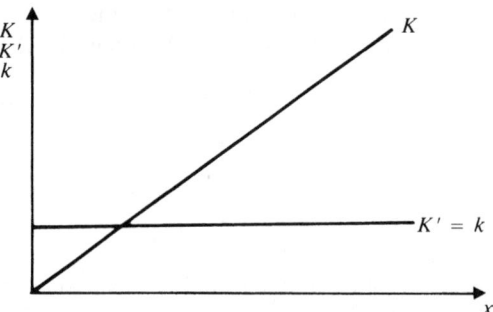

Abb. 81: Kostenverlauf bei zeitlicher Anpassung

Fallen neben diesen variablen Kosten auch fixe Kosten an, so verschiebt sich die Gesamtkostenkurve um den Fixkostenbetrag nach oben. Die Grenzkosten K' verlaufen weiterhin parallel zur Abszisse, wohingegen die Stückkosten k nun einen degressiven Verlauf aufweisen und sich für eine gegen unendlich strebende Ausbringungsmenge x den Grenzkosten asymptotisch nähern (vgl. Abb. 82).

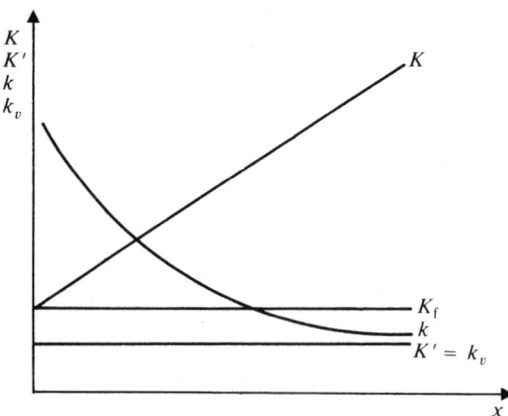

Abb. 82: Kostenverlauf bei zeitlicher Anpassung unter Berücksichtigung von Fixkosten

Steigen die Lohnkosten bei zeitlicher Anpassung über die normale Arbeitszeit hinaus wegen Überstundenzuschlägen, muß die Annahme konstanter Faktorpreise aufgegeben werden. Die Überstundenzuschläge führen zu einem
veränderten Anstieg der Kostenfunktion im Bereich der Überstundenproduk-
tion. Die Gesamtkosten einschließlich der Lohnkosten weisen an der Stelle,
ab der die Ausbringungsmengen nur noch mit Überstunden hergestellt werden können, einen Knick auf. Danach verläuft die Kostenkurve steiler, aber
wiederum linear (vgl. Abb. 83).

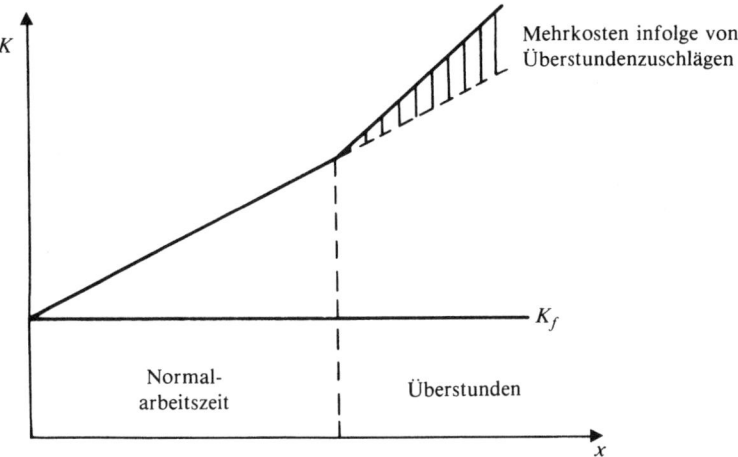

Abb. 83: Kostenkurve bei zeitlicher Anpassung und Überstundenzuschlägen

3.3.2 Kostenverlauf bei intensitätsmäßiger Anpassung

Bei **intensitätsmäßiger Anpassung** wird bei konstanter Betriebszeit und gegebenem Potentialfaktorbestand die Ausbringungsmenge pro Zeiteinheit und
damit die Produktionsgeschwindigkeit der maschinellen Aggregate variiert.
Als Ausgangspunkt für die Ableitung des Kostenverlaufs bei intensitätsmäßiger Anpassung dient wiederum die Stückkostenfunktion in Abhängigkeit von
der Intensität

$$k = \sum_{i=1}^{n} v_i \, p_i = \sum_{i=1}^{n} h_i(d) \cdot p_i \,.$$

Bei konstantem Potentialfaktorbestand ist die Ausbringung allein von der Betriebszeit t und der Intensität d abhängig:

$$x = d \cdot t \,.$$

Wenn jetzt auch die Betriebszeit t als konstant angenommen wird, verhalten sich bei intensitätsmäßiger Anpassung die Ausbringungsmengen proportional zur Intensität. Auf Grund dieser Beziehung kann aus der Stückkostenfunktion in Abhängigkeit von der Intensität d eine Stückkostenfunktion in Abhängigkeit von der Ausbringung x hergeleitet werden.

Es gilt: $d = \dfrac{x}{t}$,

eingesetzt in die Stückkostenfunktion $k(d)$ folgt:

$$k(x) = \sum_{i=1}^{n} h_i \left(\frac{x}{t}\right) \cdot p_i.$$

Multipliziert man die Werte dieser Funktion mit den zugehörigen Ausbringungsmengen x, so erhält man die in Abb. 84 dargestellte Kurve der variablen Gesamtkosten

$$K(x) = k(x) \cdot x = \sum_{i=1}^{n} h_i \left(\frac{x}{t}\right) \cdot p_i \cdot x.$$

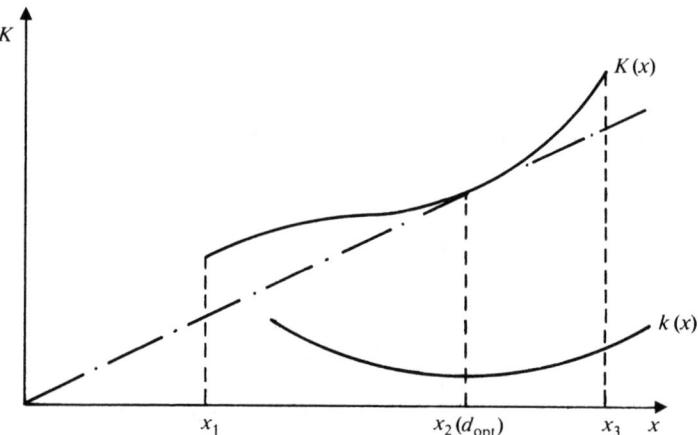

Abb. 84: Kostenkurve bei intensitätsmäßiger Anpassung

Für den Fall konvexer Verbrauchsfunktionen und einer beliebig variierbaren Intensität ergibt sich also ein *s*-förmiger Gesamtkostenverlauf, wobei die optimale Intensität durch den Punkt bestimmt wird, in dem der Fahrstrahl zur Tangente an die Kurve der variablen Gesamtkosten wird. Die variablen Durchschnittskosten haben hier ihr Minimum.

Der in der traditionellen Kostentheorie unterstellte s-förmige Kostenverlauf kann also nicht nur durch die ertragsgesetzliche Produktionsfunktion, sondern auch mit Hilfe ganz spezieller Annahmen durch intensitätsmäßige Anpassung bei konvexen Verbrauchsfunktionen begründet werden. Letztere Begründung vermittelt jedoch ein zutreffenderes Bild von den in der Realität vorzufindenden Produktionsprozessen.

Beispiel:

Ein Aggregat mit der Verbrauchsfunktion

$$v_1(d) = 4d^2 - 12d + 20$$

wird intensitätsmäßig angepaßt (Betriebszeit $t = 10$ Stunden).

$v_1 =$ Verbrauch in Liter/Stück;
$d \ =$ Stück/Stunde;
$p_1 =$ Preis pro Liter $= 2{,}50$ DM/Liter.

Es ergibt sich folgende Stückkostenfunktion in Abhängigkeit von der Intensität d:

$$k(d) = 10d^2 - 30d + 50 \ .$$

Mit Hilfe der Beziehung

$$x = 10 \cdot d$$

läßt sich die Stückkostenfunktion in Abhängigkeit von der Ausbringungsmenge aufstellen

$$k(x) \ = \frac{10x^2}{100} - \frac{30x}{10} + 50$$

$$K(x) = k(x) \cdot x = \frac{x^3}{10} - 3x^2 + 50x \ .$$

3.3.3 Kostenverlauf bei Kombination von zeitlicher und intensitätsmäßiger Anpassung

Sind für ein Aggregat alle Verbrauchsfunktionen konvex, dann sind auch die variablen Stückkosten

$$k_v(d) = \sum_{n=1}^{n} h_i(d) \cdot p_i$$

konvex, und es existiert ein optimaler Leistungsgrad, für den die Stückkosten minimal sind. Soll nun im Rahmen der intensitätsmäßigen Anpassung eine Ausbringungsmenge x erstellt werden, die durch einen Leistungsgrad realisiert werden kann, der zwischen der minimalen und optimalen Intensität liegt, so ergibt sich der Nachteil, daß die Produktion mit höheren Stückkosten als bei optimaler Intensität erfolgt. In diesem Fall kann es wirtschaftlich sinnvoll sein, zeitliche und intensitätsmäßige Anpassung zu kombinieren. Der genannte Nachteil kann dadurch vermieden werden, daß das Aggregat mit seiner optimalen Intensität betrieben und die gewünschte Ausbringungsmenge durch zeitliche Anpassung realisiert wird. Die so maximal erreichbare Ausbringungsmenge ist

$$x = d_{opt} \cdot t_{max} \, .$$

Höhere Ausbringungsmengen können nur noch durch intensitätsmäßige Anpassung zwischen optimaler und maximaler Intensität hergestellt werden. Bei der beschriebenen Form der Anpassung ergibt sich der in Abb. 85 dargestellte Gesamtkostenverlauf.

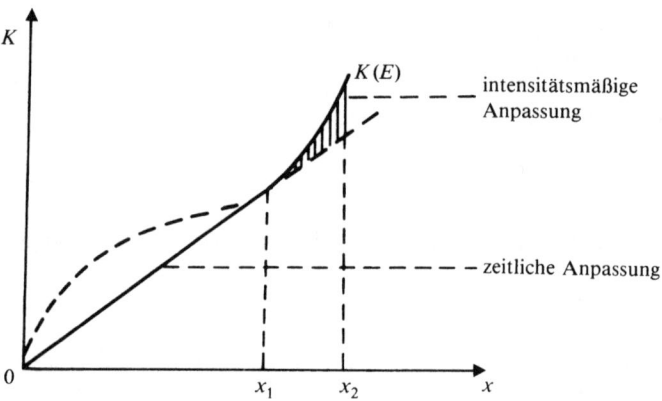

Abb. 85: Kostenkurve bei kombinierter Anpassung

Im Gegensatz zu rein intensitätsmäßiger Anpassung wird der ungünstige Verlauf der Gesamtkostenkurve zwischen 0 und $x_1 = d_{opt} \cdot t_{max}$ vermieden. In diesem Bereich weist die Gesamtkostenkurve wegen der rein zeitlichen Anpassung einen linearen Verlauf auf.

3.3.4 Kostenverlauf bei quantitativer Anpassung

Bei der Ableitung des Kostenverlaufes bei quantitativer Anpassung sind verschiedene Fälle zu unterscheiden.

Setzt sich der Potentialfaktorbestand aus Gruppen gleicher Aggregate zusammen, so bereitet die Auswahl eines bei einem Beschäftigungsrückgang auszuscheidenden Aggregates keine Probleme; in diesem Fall liegt eine reine quantitative Anpassung vor.

Besteht jedoch der Faktorbestand aus maschinellen Einrichtungen unterschiedlicher Wirtschaftlichkeit, so ist mit der quantitativen Anpassung ein Auswahlprozeß verbunden. In diesem Fall wird die Betriebsleitung zunächst die weniger wirtschaftlichen Maschinen stillegen. Eine quantitative Anpassung, die eine derartige Auswahlmöglichkeit zuläßt, wird in der Literatur als selektive Anpassung bezeichnet[15].

Bei reiner quantitativer Anpassung sind zwei Unterfälle zu unterscheiden. Im ersten Fall wird der Bestand an Potentialfaktoren unverändert beibehalten, lediglich die Zahl der eingesetzten Potentialfaktoren wird variiert. Bei Rückgang der Beschäftigung bedeutet dies eine Stillegung von Aggregaten, bei einer Beschäftigungsausdehnung werden bisher stillgelegte Aggregate wieder in Betrieb genommen. Im zweiten Fall wird der Bestand der eingesetzten Produktionsfaktoren verändert. Bei Rückgang der Beschäftigung werden also Aggregate verkauft oder verschrottet, bei Zunahme der Beschäftigung erfolgt hingegen die Anschaffung weiterer Potentialfaktoren. *Heinen* weist in diesem Zusammenhang darauf hin, daß in diesem Fall die Voraussetzung einer konstanten Betriebsgröße nicht mehr erfüllt ist und daher eine Betriebsgrößenvariation vorliegt[16]. Auch *Gutenberg* macht auf diese Gemeinsamkeiten aufmerksam, behandelt die Variation des Potentialfaktorbestandes aber dennoch im Rahmen der quantitativen Anpassung. Dem soll hier gefolgt werden[17].

3.3.4.1 Kostenverlauf im Falle quantitativer Anpassung bei unverändertem Potentialfaktorbestand

Erfolgt die **quantitative Anpassung bei unverändertem Potentialfaktorbestand** durch Variation der Anzahl der eingesetzten Potentialfaktoren, so läßt sich der Zusammenhang zwischen dem Gesamtkostenverlauf und der Ausbringungsmenge wie in Abb. 86 darstellen.

Dem Betrieb stehen drei gleichartige Aggregate zur Verfügung. Auf der Abszissenachse ist die Ausbringung x, auf der Ordinatenachse sind die Kosten K abgetragen. Die Menge, die von einem Aggregat produziert werden kann, beträgt m (ME). Die absolut fixen Kosten sind mit Q, die intervallfixen Kosten der Aggregate i mit $q_i(q_1 = q_2 = q_3)$ bezeichnet.

Ist der Betrieb vollbeschäftigt, so stellt er die Ausbringungsmenge $3\,m$ her. Legt der Betrieb infolge eines Beschäftigungsrückganges ein Aggregat still,

15 Vgl. *Gutenberg, E.*, a.a.O., S. 379 und 380.
16 Vgl. *Heinen, E.*: Betriebswirtschaftliche Kostenlehre, a.a.O., S. 506.
17 Zum Problem der quantitativen Anpassung, vgl. *Gutenberg, E.*, a.a.O., S. 379 ff.

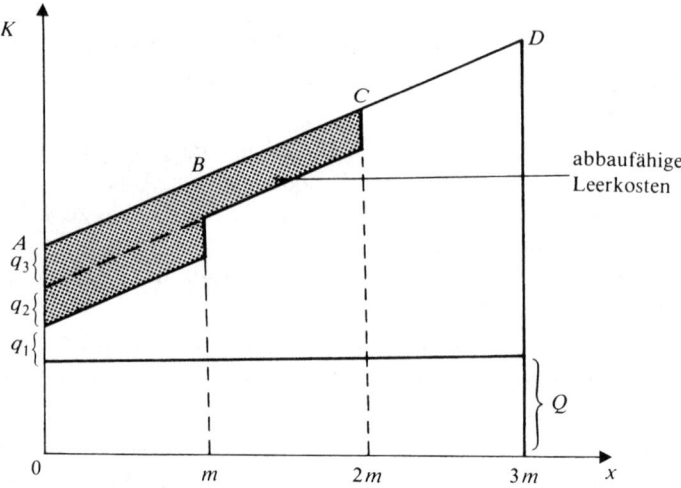

Abb. 86: *Kostenverlauf bei quantitativer Anpassung und unverändertem Poten-*
tialfaktorbestand

so geht die Produktion um m auf $2m$ zurück. Wird wegen eines weiteren Be-
schäftigungsrückganges ein zweites Aggregat stillgelegt, so können nur noch
m Ausbringungsmengeneinheiten produziert werden. Betrachtet man den
Fall, in dem alle Aggregate in Betrieb sind, so entstehen Gesamtkosten in
Höhe von D (GE). Diese Gesamtkosten setzen sich zusammen aus

– den absolut fixen Kosten Q
– den intervallfixen Kosten der drei Aggregate und
– den variablen Kosten K_v, die je Ausbringungseinheit k_v betragen
  $(K_v = 3m \cdot k_v)$.

Formal lassen sich die Gesamtkosten darstellen durch:

$$K(3m) = Q + 3q + 3m \cdot k_v.$$

Will der Betrieb bei rückläufiger Beschäftigung die volle Betriebsbereitschaft
beibehalten, so bedeutet dies einen Verzicht auf den Abbau der intervallfixen
Kosten der stillgelegten Anlagen. Geht beispielsweise die Beschäftigung auf
$2m$ zurück und soll die Betriebsbereitschaft weiterhin auf der Basis $3m$ gehalten werden, so sind die intervallfixen Kosten des Aggregates 3 abbaufä-
hige, aber nicht abgebaute Leerkosten. Wird wegen weiterem Beschäftigungsrückgang auch das zweite Aggregat außer Betrieb gesetzt, die Betriebsbereitschaft jedoch weiterhin auf der Basis $3m$ gehalten, so werden auch die
intervallfixen Kosten des Aggregates 2 zu nicht abgebauten Leerkosten. Die
Kosten betragen

in Punkt C: $K(2\,m) = Q + 3\,q + 2\,m \cdot k_v$
in Punkt B: $K(m)\ \ = Q + 3\,q + m \cdot k_v$ und
in Punkt A: $K(0)\ \ = Q + 3\,q$.

Die Kostenpunkte bei dieser Form der quantitativen Anpassung liegen also auf der Geraden $\overline{AD}$ (linearer Kostenverlauf). Es muß jedoch beachtet werden, daß bei rein quantitativer Anpassung nur die Ausbringungsmengen 0; m; $2\,m$ und $3\,m$ produziert werden können. Andere Ausbringungsmengen können nur durch eine Kombination mit der zeitlichen und/oder intensitätsmäßigen Anpassung realisiert werden. Es handelt sich daher eigentlich nur um eine diskrete Kostenfunktion.

3.3.4.2 Kostenverlauf im Falle quantitativer Anpassung durch Veränderung des Potentialfaktorbestandes

Die quantitative Anpassung erfolgt hier beim Rückgang der Beschäftigung durch Verkauf, Verschrottung oder Vermietung der nicht benötigten Aggregate. Bei steigender Beschäftigung werden zusätzliche, gleichartige Aggregate angeschafft. Der Zusammenhang zwischen den Kosten und der Ausbringungsmenge ist in Abb. 87 dargestellt. Dabei werden die unter Punkt 3.3.4.1 gemachten Annahmen hinsichtlich der Zahl der Potentialfaktoren und deren Kostenstruktur beibehalten.

Bei einer Ausbringungsmenge von $3\,m$ betragen die Kosten

$$K(3\,m) = Q + 3\,q + 3\,m \cdot k_v\,.$$

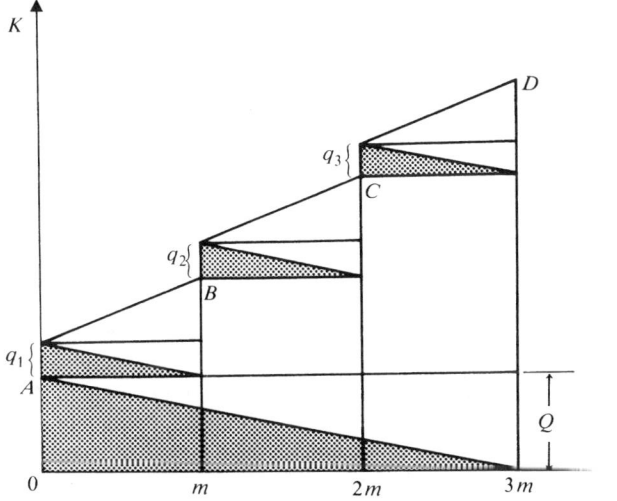

Abb. 87: Kostenverlauf bei quantitativer Anpassung durch Veränderung des Potentialfaktorbestandes

Verkauft der Betrieb bei rückläufiger Beschäftigung das dritte Aggregat, so werden außer den variablen Kosten $m \cdot k_v$ auch die intervallfixen Kosten q_3 der Anlage abgebaut. Die Gesamtkosten sinken nunmehr bei einer Ausbringungsmenge von $2\,m$ auf

$$K(2\,m) = Q + 2\,q + 2\,m \cdot k_v .$$

Setzt sich der Beschäftigungsrückgang fort, müssen weitere Aggregate verkauft werden, die Kosten sinken dann bei einer Ausbringungsmenge von m auf

$$K(m) = Q + q + m \cdot k_v$$

und bei 0 auf

$$K(0) = Q .$$

Unter Berücksichtigung der angeführten Einschränkungen ergibt sich wieder ein linearer Kostenverlauf, der durch die Punkte $A\,B\,C\,D$ bestimmt wird.

3.3.4.3 Kostenverlauf bei selektiver Anpassung

Im Falle einer selektiven Anpassung werden bei rückläufiger Beschäftigung zuerst die am wenigsten wirtschaftlich arbeitenden Potentialfaktoren aus dem Produktionsprozeß ausgeschieden. Entsprechend werden bei einer Beschäftigungsausdehnung zunächst die am wirtschaftlichsten arbeitenden Potentialfaktoren in den Produktionsprozeß eingegliedert. Die größere Wirtschaftlichkeit eines Aggregates drückt sich in der Regel in einer größeren Kapazität sowie höheren intervallfixen Kosten, jedoch geringeren variablen Kosten aus. Die Summe aus intervallfixen Kosten und variablen Kosten ist um so geringer, je höher die Wirtschaftlichkeit des Aggregates ist[18].

Die Gesamtkostenentwicklung bei selektiver Anpassung und Beibehaltung der Betriebsbereitschaft zeigt Abb. 88.

Wiederum verfügt der Betrieb über drei Aggregate, die sich jedoch durch die Wirtschaftlichkeit der Leistungserstellung unterscheiden. Für die Ausbringungen 0, m_1, m_2 und m_3 ergeben sich die Kostenpunkte A; B; C und D, die sich nicht mehr durch eine einzige Gerade verbinden lassen. Vielmehr nimmt die Steigung der Kurve abschnittsweise zu. Die abbaufähigen Leerkosten, die durch Stillegung einzelner Aggregate entstehen, werden durch die jeweilige Höhe der schattierten Flächen angezeigt. Ob die Leerkosten abgebaut werden oder nicht, hängt davon ab, ob der Betrieb die volle Betriebsbereitschaft aufrecht erhalten will oder nicht. Auf die Darstellung selektiver Anpassung bei verändertem Potentialfaktorbestand soll hier verzichtet werden.

---

18 Vgl. *Heinen, E.*: Betriebswirtschaftliche Kostenlehre, a.a.O., S. 510.

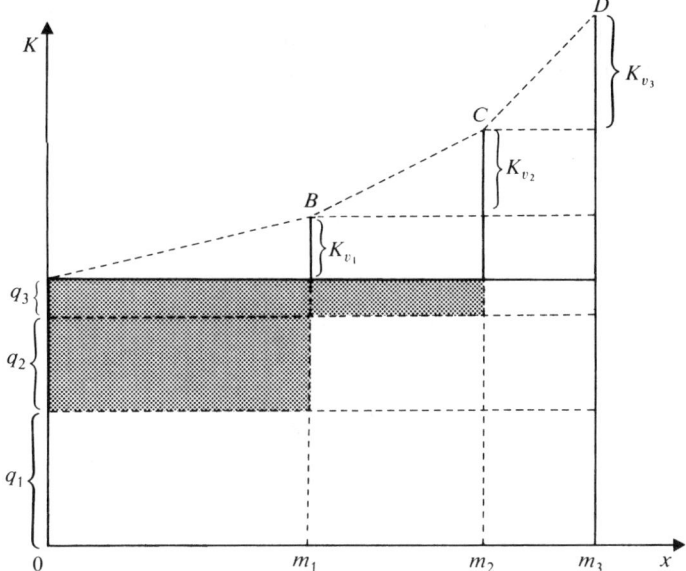

Abb. 88: Kostenverlauf bei selektiver Anpassung und unverändertem Potential-faktorbestand

4. Kostenverlauf bei Änderung der Betriebsgröße

Bisher wurden Möglichkeiten behandelt, wie sich ein Betrieb kurzfristig an eine veränderte Beschäftigungslage anpassen kann. Erweist es sich auf Grund einer anhaltend positiven Entwicklung der technischen und ökonomischen Bedingungen einer Unternehmung als notwendig, aus einem Zustand der Überbeschäftigung herauszukommen, so wird sich die Unternehmung durch eine Betriebsgrößenvariation anpassen, also Investitionen zum Zwecke der Betriebserweiterung vornehmen. Es sind zwei Formen der Betriebsgrößenvariation denkbar[19].

Erstens kann die Betriebsgröße durch Betriebsteile erweitert werden, die nur ein zusätzliches Vielfaches der bereits vorhandenen Anlagen darstellen. Diese als **multipel** bezeichnete Betriebsgrößenvariation setzt also ein konstantes Fertigungsverfahren voraus, qualitative Änderungen des Produktionsprozesses ergeben sich dabei nicht. Sie stimmt im wesentlichen mit der reinen quantitativen Anpassung überein[20]. Daher kann an dieser Stelle auf eine Darstellung der Auswirkung einer multiplen Betriebsgrößenvariation verzichtet werden.

---

19 Vgl. *Gutenberg, E.*, a.a.O., S. 423.
20 Vgl. *Gutenberg, E.*, a.a.O., S. 425.

Die in der Praxis häufig anzutreffende zweite Form der Betriebsgrößenerweiterung ist mit einem Wechsel der angewandten fertigungstechnischen Verfahren verbunden. Bei dieser **mutativ** genannten Betriebsgrößenvariation geht der Betrieb mit wachsender Betriebsgröße sukzessive zu immer kapitalintensiveren Verfahren über. Dies führt zu einer Abfolge von Gesamtkostenfunktionen, deren Fixkostenbeträge immer größer werden und bei denen sich der Anstieg der proportionalen Kosten immer mehr verringert.

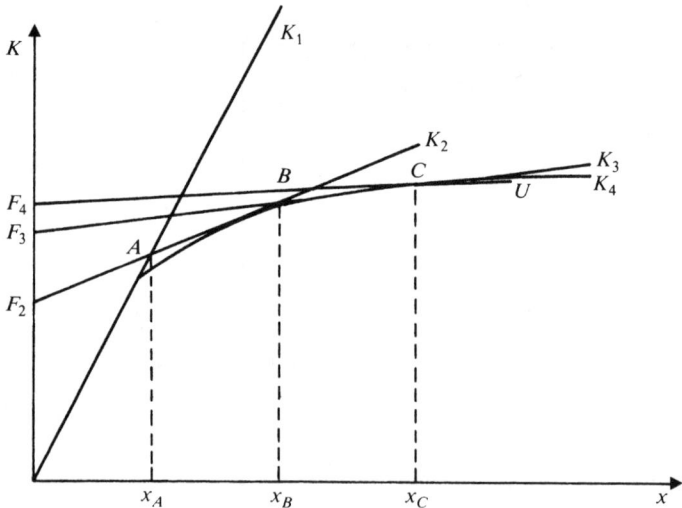

Abb. 89: Gesamtkostenverlauf bei Änderung der Betriebsgröße

Die Abb. 89 zeigt vier lineare Gesamtkostenkurven, von denen die Kurve K_1 keinen Fixkostenbestandteil aufweist. Diese Kurve reicht bis zu einer Kapazität bzw. Betriebsgröße von x_B Ausbringungsmengeneinheiten. Wird durch mutative Betriebsgrößenerweiterung der Betrieb vergrößert, so werden die Fertigungsverfahren in zunehmendem Maße mechanisiert, wodurch fixe Kosten entstehen, gleichzeitig jedoch der Anstieg der variablen Kosten abnimmt. So weist beispielsweise die Gesamtkostenkurve K_2 einen Fixkostenbestandteil in Höhe von F_2 auf, die proportionalen Kosten sind dagegen geringer als bei K_1. Die Kostenkurven K_1 und K_2 schneiden sich in Punkt A. Links von Punkt A führt die Kurve K_1 zu niedrigeren Gesamtkosten, während rechts von A die Kurve K_2 die niedrigeren Gesamtkosten aufweist. Hieraus folgt, daß erst ab einer bestimmten Betriebsgröße kapitalintensivere Fertigungsverfahren wirtschaftlicher sind als weniger kapitalintensive Verfahren.

Vergleicht man die Gesamtkostenkurven K_2 mit K_3 und K_3 mit K_4, so erkennt man, daß K_3 erst ab dem Punkt B und K_4 erst ab dem Punkt C zu niedrigeren

Gesamtkosten führt. Die Schnittpunkte der Gesamtkostenkurven liegen auf der sog. „Umhüllungskurve" U^{21}.

Zeichnet man die der Umhüllungskurve entsprechende Stückkostenkurve u, so erkennt man, daß diese mit wachsender Betriebsgröße immer weiter fällt (**Betriebsgrößendegression**). Unter der Voraussetzung einer entsprechend großen Absatzmenge arbeitet ein Betrieb also um so rentabler, je größer er ist.

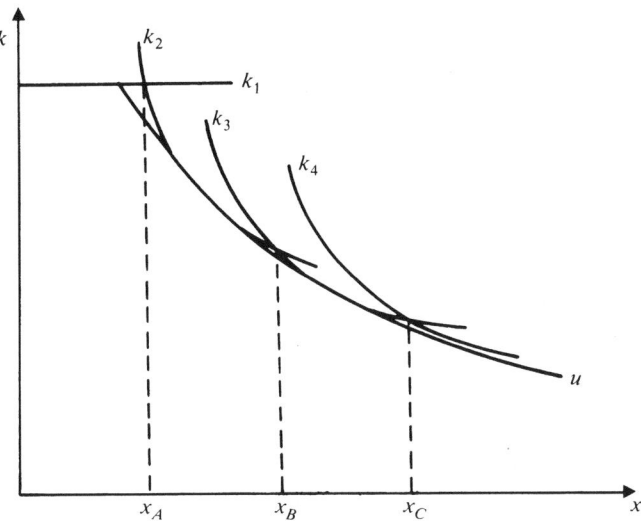

Abb. 90: Stückkostenverlauf bei Änderung der Betriebsgröße

21 Vgl. *Gutenberg, E.*, a.a.O., S. 433 und 434.

Vierter Teil
Anwendungen

1. Arbeitsbewertung und Lohnberechnung

Herr Maier hat eine Stelle als Personalchef in einem Maschinenbauunternehmen angetreten. Dort haben sich u. a. aufgrund fortschreitender Automatisierung des Fertigungsprozesses die Arbeitsanforderungen so stark verändert, daß die von seinem Vorgänger ermittelten Arbeitswerte für die verschiedenen Arbeitsplätze den tatsächlichen Bedingungen nicht mehr gerecht werden. Als eine seiner ersten Tätigkeiten führt Herr Maier deshalb eine Arbeitsplatzbewertung durch.

Grundlage der Bewertung ist das Genfer Schema mit den vier Anforderungsarten: geistige und körperliche Anforderungen, Verantwortung und Arbeitsplatzbedingungen, die im Verhältnis 4 : 2 : 3 : 1 gewichtet werden. Für jeden Arbeitsplatz läßt Herr Maier die Anforderungsgrade je Anforderungsart ermitteln. Diese können zwischen eins (sehr geringe Anforderungen) und sechs (äußerst starke Anforderungen) liegen.

Die Schätzungen für vier Arbeitsplatztypen (Gießerei, Montage, Hilfsarbeiten und Endkontrolle) sind in der folgenden Tabelle zusammengefaßt:

Arbeitsplatz-typ / Anforderungs-art	Gießerei	Montage	Hilfs-arbeiten	End-kontrolle
geistige Anforderungen	2	4	1	5
körperl. Anforderungen	5	3	4	2
Verantwortung	2	3	1	6
Arbeitsbedingungen	6	4	3	2

Der Arbeitswert eines Arbeitsplatztyps stellt die Summe der gewichteten Anforderungsgrade dar. Für jeden Arbeitsplatztyp sind also die geschätzten Anforderungsgrade mit dem Gewichtungsfaktor der jeweiligen Anforderungsart zu multiplizieren und die erhaltenen Werte zu addieren. Somit ergeben sich die folgenden Arbeitswerte:

Gießerei: $2 \cdot 0{,}4 + 5 \cdot 0{,}2 + 2 \cdot 0{,}3 + 6 \cdot 0{,}1 = \boxed{3{,}0}$

Montage: $4 \cdot 0{,}4 + 3 \cdot 0{,}2 + 3 \cdot 0{,}3 + 4 \cdot 0{,}1 = \boxed{3{,}5}$

Hilfsarbeiten: $1 \cdot 0{,}4 + 4 \cdot 0{,}2 + 1 \cdot 0{,}3 + 3 \cdot 0{,}1 = \boxed{1{,}8}$

Endkontrolle: $5 \cdot 0{,}4 + 2 \cdot 0{,}2 + 6 \cdot 0{,}3 + 2 \cdot 0{,}1 = \boxed{4{,}4}$

Diese Werte bilden die Grundlage für die Ermittlung eines anforderungsgerechten Lohnes.

Der Student Klaus Weber ist als Aushilfskraft in der Lohnabrechnung beschäftigt. Eine seiner Aufgaben ist es, die Stundenverdienste der gewerblichen Arbeitnehmer zu ermitteln. Der Montagearbeiter Karl Schmidt z. B. erhält einen tariflichen Mindestlohn von 8,– DM/Std. Bei Akkordarbeit gewährt der Betrieb einen Akkordzuschlag von 20 %. Die Vorgabezeit für die von Karl Schmidt ausgeübte Tätigkeit beträgt 12 Min./ME, sein Leistungsgrad 120 %.

Nach dem Zeitakkord ergibt sich der Stundenverdienst eines Arbeitnehmers als Produkt von Minutenfaktor, Vorgabezeit und Istleistung. Da nur die Vorgabezeit bekannt ist, muß Klaus Weber zunächst den Minutenfaktor und die Istleistung ermitteln. Der Minutenfaktor beträgt ein Sechzigstel des Grundlohnes, der sich aus tariflichem Mindestlohn und Akkordzuschlag zusammensetzt. Es gilt:

Grundlohn [DM/Std.] = tariflicher Mindestlohn [DM/Std.] + Akkordzuschlag [DM/Std.]
= tariflicher Mindestlohn [DM/Std.] +
 (tariflicher Mindestlohn [DM/Std.] · Akkordzuschlag in %)
= 8,– DM/Std. + (8,– DM/Std. · 0,2)
= 8,– DM/Std. + 1,60 DM/Std.
= <u>9,60 DM/Std.</u>

$$\textbf{Minutenfaktor [DM/Min.]} = \frac{\text{Grundlohn [DM/Std.]}}{60 \,[\text{Min./Std.}]} = \frac{9{,}60 \text{ DM/Std.}}{60 \text{ Min./Std.}} = \underline{\underline{0{,}16 \text{ DM/Min.}}}$$

Die Istleistung stellt das Produkt von Normalleistung und Leistungsgrad dar. Die Normalleistung läßt sich aus der Vorgabezeit ermitteln. Es gilt:

$$\textbf{Normalleistung [ME/Std.]} = \frac{60 \,[\text{Min./Std.}]}{\text{Vorgabezeit [Min./ME]}} = \frac{60 \text{ Min./Std.}}{12 \text{ Min./ME}} = \underline{\underline{5 \text{ ME/Std.}}}$$

Istleistung [ME/Std.] = Normalleistung [ME/Std.] · Leistungsgrad
= 5 ME/Std. · 1,2
= <u>6 ME/Std.</u>

Nunmehr läßt sich der Stundenverdienst des Montagearbeiters Karl Schmidt wie folgt ermitteln:

Stundenverdienst [DM/Std.] = Minutenfaktor [DM/Min.] · Vorgabezeit [Min./ME]
· Istleistung [ME/Std.]

= 0,16 DM · 12 Min./ME · 6 ME/Std.

= 11,52 DM/Std.

2. Verfahrensvergleich

Ein Abbruchunternehmen plant die Beschaffung eines Radladers für das Aufladen des anfallenden Bauschutts auf LKW. Zur Auswahl stehen die drei Radladertypen FA 545, FA 645 und FA 945 des Baumaschinenherstellers Baumag mbH. Um entscheiden zu können, welcher der drei Radlader den Bedingungen des Betriebes am besten entspricht, sollen durch einen Kostenvergleich die kritischen Ausbringungsmengen (= Kubikmeter Bauschutt pro Monat) festgestellt werden. Die monatlichen Kosten eines Radladers setzen sich aus Fixkosten (Abschreibungen, Zinsen, Fahrerlohn etc.) und variablen Kosten (Reparaturkosten, Treibstoff- und Schmiermittelkosten, Reifenkosten etc.) zusammen. Der Vertreter der Baumag hat während eines Verkaufsgesprächs folgende Kostenfunktionen genannt:

FA 545: $K_1 = 2.000 + 0,40x$

FA 645: $K_2 = 3.500 + 0,20x$

FA 945: $K_3 = 5.500 + 0,12x$

$K \triangleq$ DM/Monat

$x \triangleq$ m^3/Monat

Bei einer kritischen Ausbringungsmenge sind die Kosten zweier Verfahren, d.h. in diesem Fall zweier Radlader gleich hoch; es sind also jeweils zwei Kostenfunktionen gleichzusetzen, um alle kritischen Ausbringungsmengen zu ermitteln.

a)
$$K_1 = K_2$$
$$2.000 + 0,40x = 3.500 + 0,20x$$
$$0,20x = 1.500$$
$$x_1 = \underline{7.500}$$

Bei Mengen unter 7.500 m^3/Monat arbeitet der Radlader FA 545 kostengünstiger, bei größeren Mengen ist der Typ FA 645 vorzuziehen[1].

b)
$$K_1 = K_3$$
$$2.000 + 0,40x = 5.500 + 0,12x$$
$$0,28x = 3.500$$
$$x_2 = \underline{12.500}$$

---

1 Wegen der geringeren Fixkosten müssen die Gesamtkosten des Radladers FA 545 zunächst niedriger sein als die des FA 645.

Bei $x < 12.500$ sind die Kosten des Typs FA 545 geringer als die des Typs FA 945, bei $x > 12.500$ ist es umgekehrt.

c)
$$K_2 = K_3$$
$$3.500 + 0,20x = 5.500 + 0,12x$$
$$0,08x = 2.000$$
$$x_3 = \underline{\underline{25.000}}$$

Bei $x < 25.000$ ist der FA 645 der kostengünstigere Radlader, bei $x > 25.000$ der FA 945.

Eine Gegenüberstellung der drei Kostenvergleiche zeigt, daß die kritische Ausbringungsmenge x_2 für die Beurteilung der Eignung der drei Radladertypen ohne Bedeutung ist, da bei dieser Menge der Typ FA 645 kostengünstiger ist als FA 545 **und** FA 945. Liegt also die erwartete Bauschuttmenge unter 7.500 m³/Monat, entspricht der Radlader FA 545 am besten den Anforderungen des Betriebes, bei Mengen zwischen 7.500 und 25.000 m³/Monat der Radlader FA 645 und bei Mengen über 25.000 m³/Monat stellt der Radlader FA 945 das wirtschaftlichste Modell dar. Abb. 91 veranschaulicht diesen Sachverhalt.

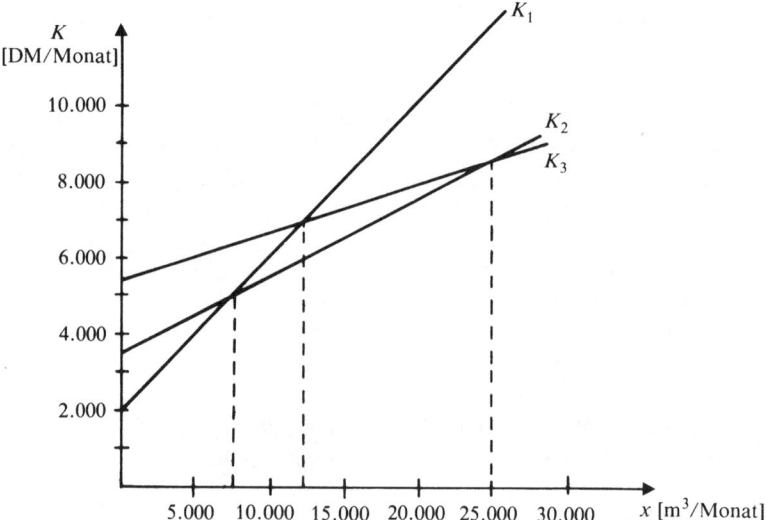

Abb. 91: Wirtschaftlichkeitsvergleich der Radladertypen FA 545, FA 645 und FA 945

3. Grundmodell zur Ermittlung der optimalen Bestellmenge

3.1 Bestellmengenplanung

Ein Betrieb hat einen Jahresbedarf von 30 000 kg eines bestimmten Rohstoffes. Dieser Rohstoff wird kontinuierlich und in gleichen Raten dem Werkstofflager entnommen und im Produktionsprozeß eingesetzt. Bei jeder Beschaffung dieses Rohstoffes entstehen 100,– DM an bestellmengenfixen Kosten. Die Lagerkosten betragen 0,40 DM pro kg und Monat, die Zinskosten 10% p. a. Als Einstandspreis sind unabhängig von der Bestellmenge 12,– DM/kg zu entrichten. Der Betrieb hat sich als Ziel seiner Bestellpolitik die Minimierung der Beschaffungs-, Lager- und Zinskosten gesetzt.

Zur Ermittlung der Bestellmenge x_{opt}, bei der dieses Ziel erreicht wird, sind zunächst die Beschaffungs-, Lager- und Zinskostenfunktionen zu bestimmen.

a) Beschaffungskosten

Die Beschaffungskosten pro kg des Rohstoffes (k_B) setzen sich aus dem Einstandspreis und den anteiligen bestellmengenfixen Kosten zusammen. Da der Einstandspreis wegen seiner Konstanz keinen Einfluß auf die Bestellmenge ausübt, kann er hier vernachlässigt werden, so daß sich folgende für die Entscheidung über die Bestellmenge relevante Stückkostenfunktion ergibt:

$$k_B = \frac{100}{x} \, .$$

b) Lagerkosten

Der durchschnittliche Lagerbestand beträgt wegen des kontinuierlichen und in gleichen Raten erfolgenden Lagerabgangs:

$$\frac{x}{2} \, \text{kg} \, .$$

Daraus ergeben sich monatliche Lagerkosten von:

$$\frac{x}{2} \cdot 0{,}40$$

und pro Jahr:

$$\frac{x}{2} \cdot 0{,}40 \cdot 12 \, .$$

Bei einem Jahresbedarf von 30 000 kg folgt daraus als Stücklagerkostenfunktion (k_L):

$$k_L = \frac{\dfrac{x}{2} \cdot 0,40 \cdot 12}{30\,000} = 0,00008\,x\,.$$

c) Zinskosten

Der durchschnittliche Lagerbestand von $\dfrac{x}{2}$ kg hat bei einem Einstandspreis von 12,– DM/kg einen Wert von:

$$\frac{x}{2} \cdot 12\,.$$

Daraus folgen jährliche Zinskosten (Zinssatz: 10 % p.a.) von:

$$\frac{x}{2} \cdot 12 \cdot \frac{10}{100}$$

und die Stückzinskostenfunktion (k_Z):

$$k_Z = \frac{\dfrac{x}{2} \cdot 12 \cdot \dfrac{10}{100}}{30\,000} = 0,00002\,x\,.$$

Damit ergibt sich eine Gesamtstückkostenfunktion:

$$k = k_B + k_L + k_Z = \frac{100}{x} + 0,00008\,x + 0,00002\,x$$

$$= \frac{100}{x} + 0,0001\,x\,.$$

Nach Ableitung der Gesamtstückkostenfunktion und Nullsetzen der Ableitung erhält man als Ergebnis die optimale Bestellmenge.

$$k' = \frac{\mathrm{d}k}{\mathrm{d}x} = -\frac{100}{x^2} + 0,0001 \overset{!}{=} 0$$

$$\frac{100}{x^2} = 0,0001$$

$$x^2 = \frac{100}{0,0001} = 1.000.000$$

$$x_{\text{opt}} = \underline{\underline{1.000}}\,.$$

Die Beschaffungs-, Lager- und Zinskosten werden minimiert, wenn der Betrieb seinen Jahresbedarf von 30 000 kg durch 30 Bestellungen à 1000 kg deckt. Eine Bestellung muß in diesem Falle alle 12 Tage (ein Jahr = 360 Tage) erfolgen.

3.2 Optimale Bestellhäufigkeit

Die **optimale Bestellhäufigkeit**, d.h. die Anzahl der Bestellungen in einer Planungsperiode, die zu minimalen Beschaffungs-, Lager- und Zinskosten führt, läßt sich auch ohne vorherige Ableitung der optimalen Bestellmenge ermitteln.

Zu diesem Zweck ist die Gesamtstückkostenfunktion $k(x)$ in die Funktion $k(n)$ zu überführen. Die Funktion $k(n)$ gibt den Zusammenhang zwischen den Stückkosten und der Bestellhäufigkeit wieder. Die Stückkostenfunktion $k(x)$ lautet in allgemeiner Form[2]:

$$k = \frac{F}{x} + \frac{x \cdot w_0 \cdot (p+l)}{2 \cdot 100 \cdot M} \; .$$

Wie oft ein Werkstoff in einer Planungsperiode bestellt werden muß, hängt bei gegebenem Gesamtbedarf von der jeweiligen Bestellmenge ab. Es gilt:

$$n = \frac{M}{x} \quad \text{bzw. nach } x \text{ aufgelöst:} \quad x = \frac{M}{n} \; .$$

Die Funktion $k(x)$ läßt sich nun in $k(n)$ überführen, indem die Variable x durch $\frac{M}{n}$ ersetzt wird:

$$k = \frac{F}{\frac{M}{n}} + \frac{\frac{M}{n} \cdot w_0 \cdot (p+l)}{2 \cdot 100 \cdot M}$$

$$= \frac{F \cdot n}{M} + \frac{w_0 \cdot (p+l)}{n \cdot 2 \cdot 100} \; .$$

Nach Ableitung der Funktion $k(n)$ und Nullsetzen der Ableitung erhält man die optimale Bestellhäufigkeit.

$$k' = \frac{dk}{dn} = \frac{F}{M} - \frac{w_0 \cdot (p+l)}{200 \cdot n^2} \overset{!}{=} 0$$

$$\frac{F}{M} = \frac{w_0 \cdot (p+l)}{200 \cdot n^2}$$

---

2 Siehe dazu Abschnitt 4.3.3.2.2 des ersten Teils.

$$n^2 = \frac{M \cdot w_0 \cdot (p + l)}{200 \cdot F}$$

$$n_{opt} = \sqrt{\frac{M \cdot w_0 \cdot (p + l)}{200 \cdot F}}$$

Zum gleichen Ergebnis führt das Einsetzen der Formel für die optimale Bestellmenge in die Gleichung:

$$n_{opt} = \frac{M}{x_{opt}} \,.$$

$$n_{opt} = \frac{M}{\sqrt{\dfrac{200 \cdot M \cdot F}{w_0 \cdot (p + l)}}}$$

$$n_{opt} = \sqrt{\frac{M^2}{\dfrac{200 \cdot M \cdot F}{w_0 \cdot (p + l)}}}$$

$$n_{opt} = \sqrt{\frac{M \cdot w_0 \cdot (p + l)}{200 \cdot F}}$$

4. Optimale Losgröße

Gegeben sei die Prämissenstruktur des klassischen Modells zur Bestimmung der optimalen Losgröße.

Entwickeln Sie eine Formel zur Bestimmung der optimalen Lagerdauer!

Lösungsansatz:

$$x_{opt} = \sqrt{\frac{200 \cdot M \cdot F}{w_0 \cdot (l + p)}}$$

Es gelten folgende Beziehungen:

$$n_{opt} = \frac{M}{x_{opt}} \Rightarrow x_{opt} = \frac{M}{n_{opt}}$$

$$t_{opt} = \frac{360}{n_{opt}} \Rightarrow n_{opt} = \frac{360}{t_{opt}}$$

$$x_{\text{opt}} = \frac{M}{\dfrac{360}{t}} = \frac{M \cdot t}{360}$$

Daraus resultiert folgende Gleichung:

$$\frac{M \cdot t}{360} = \sqrt{\frac{200 \cdot M \cdot F}{w_0 \cdot (l + p)}}$$

Durch Auflösung der Gleichung nach t erhält man folgende Lösung:

$$t_{\text{opt}} = \sqrt{\frac{200 \cdot F}{w_0 \cdot (l + p) \cdot M}} \cdot 360$$

5. Operative Programmplanung

5.1 Lineare Optimierung

Ein Unternehmen der Elektroindustrie produziert Kühlschränke und Gefriertruhen. Dabei müssen die beiden Erzeugnisse die drei aufeinanderfolgenden Produktionsstufen A, B und C durchlaufen, deren monatliche Kapazität sowie die Produktionskoeffizienten folgender Tabelle zu entnehmen sind:

Prod.-stufen \ Produkte	Kühlschränke	Gefriertruhen	Kapazität [Std./Monat]
	Bearbeitungszeit [Std./Stck.]		
A	2,5	5	1200
B	4	2	1200
C	1	4	800

Die variablen Kosten je Fertigungsstunde betragen:

Stufe A: 20,– DM/Std.
Stufe B: 30,– DM/Std.
Stufe C: 40,– DM/Std.

Die sonstigen variablen Kosten belaufen sich auf 50,– DM je Kühlschrank und 70,– DM je Gefriertruhe. Das Unternehmen verkauft seine Erzeugnisse zu 300,– DM je Kühlschrank und 430,– DM je Gefriertruhe. Gesucht ist das Produktionsprogramm mit dem maximalen Deckungsbeitrag.

Um die Zielfunktion aufstellen zu können, sind zunächst die variablen Stückkosten und die Stückdeckungsbeiträge der beiden Erzeugnisse zu ermitteln. Die variablen Stückkosten setzen sich aus den anteiligen variablen Kosten einer jeden Produktionsstufe und den sonstigen variablen Kosten zusammen. Der Anteil einer Fertigungsstufe an den variablen Stückkosten eines Erzeugnisses ergibt sich als Produkt des Produktionskoeffizienten und der variablen Kosten pro Fertigungsstunde. Ein Kühlschrank weist z.B. in der Produktionsstufe A eine Bearbeitungszeit von 2,5 Std./Stck. auf; die variablen Stückkosten dieser Stufe betragen dann 2,5 Std./Stck. · 20,– DM/Std. = 50,– DM/Stck.

Daraus folgt:

Produkt	Kühlschränke	Gefriertruhen
	[DM/Stck.]	[DM/Stck.]
Absatzpreis	300, –	430, –
– variable Stück-kosten der		
Stufe A	2,5 · 20 = 50, –	5 · 20 = 100, –
Stufe B	4 · 30 = 120, –	2 · 30 = 60, –
Stufe C	1 · 40 = 40, –	4 · 40 = 160, –
– sonstige variable Kosten	50, –	70, –
= Deckungsbeitrag	40, –	40, –

Bezeichnet man die Produktionsmenge der Kühlschränke mit x_1 und die der Gefriertruhen mit x_2, lautet die Zielfunktion des Optimierungsproblems:

$$DB = 40x_1 + 40x_2 \rightarrow Max!$$

Kapazitätsbeschränkungen und Nichtnegativitätsbedingungen lassen sich durch die Ungleichungen (1) bis (4) wiedergeben:

(1) $2,5x_1 + 5x_2 \leq 1200$
(2) $4x_1 + 2x_2 \leq 1200$
(3) $x_1 + 4x_2 \leq 800$
(4) $x_{1/2} \geq 0$

Die graphische Lösung zeigt Abb. 92. Der Lösungsraum wird durch die Geraden (1) bis (3) und die Achsen des Koordinatenkreuzes begrenzt; (Z) stellt eine Isodeckungsbeitragslinie mit dem Deckungsbeitrag von 20.000,– DM dar. Da diese Isodeckungsbeitragslinie außerhalb des Lösungsraums liegt, ist sie in Richtung des Ursprungs zu verschieben, bis sie den Lösungsraum in einem Eckpunkt tangiert. Dieser Eckpunkt ist der Schnittpunkt der Restriktionsgeraden (1) und (2). Die zugehörigen Produktionsmengen $x_1 = 240$ ME und $x_2 = 120$ ME bilden das optimale Produktionsprogramm; der unter den gegebenen Produktionsbedingungen maximal erzielbare Deckungsbeitrag beträgt 14.400,– DM.

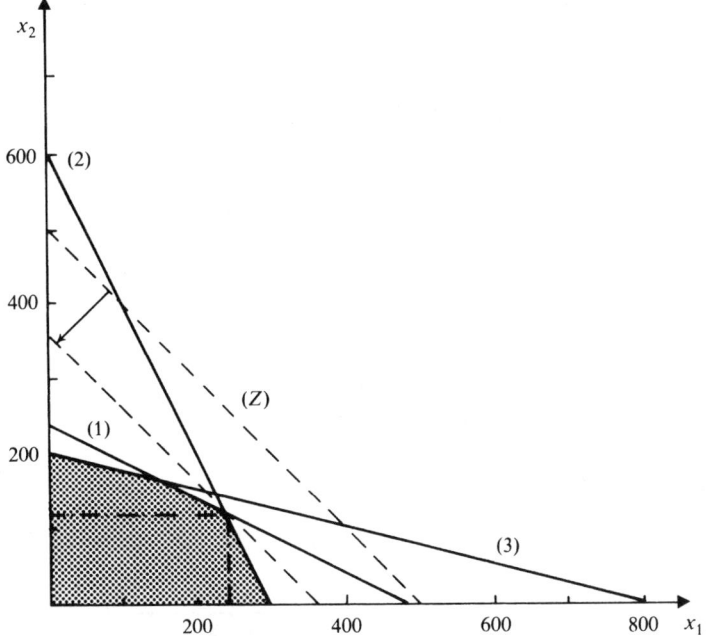

Abb. 92: Graphische Ermittlung des optimalen Produktionsprogramms

Die Koordinaten des durch die graphische Lösung ermittelten Eckpunktes lassen sich auch analytisch bestimmen. Aus den Restriktionen (1) und (2) werden die Gleichungen der entsprechenden Geraden hergeleitet. Sie lauten:

(1)* $\quad x_2 = 240 - \dfrac{1}{2} x_1$

(2)* $\quad x_2 = 600 - 2 x_1$.

Im Schnittpunkt der beiden Geraden stimmen die Werte von x_1 überein, ebenso die Werte von x_2. Somit gilt:

$$240 - \frac{1}{2} x_1 = 600 - 2 x_1$$

$$\frac{3}{2} x_1 = 360$$

$$x_1 = \underline{\underline{240}}$$

Durch Einsetzen in (2)* erhält man:

$$x_2 = 600 - 2 \cdot 240 = \underline{\underline{120}}.$$

5.2 Engpaßbezogene Deckungsbeitragsrechnung mit mehreren Engpässen

Ein Unternehmen produziert zwei Erzeugnisse A und B in einem einstufigen Fertigungsprozeß. Zur Fertigung werden die Materialarten M_1 und M_2 benötigt. Zur Herstellung einer Produkteinheit des Produktes A werden je 4,5 kg von M_1 und M_2 benötigt. Für B sind 3 kg/ME von M_1 und 6 kg/ME von M_2 erforderlich. In der Planungsperiode stehen 330 kg von M_2 und 300 kg von M_1 zur Verfügung. Von Produkt B lassen sich max. 40 ME/Periode absetzen.

Die Kosten betragen 20 DM/kg für M_1 und 30 DM/kg für M_2. Sonstige variable Kosten fallen in Höhe von 5 DM/ME für Produkt A und 7 DM/ME für Produkt B an; die Erlöse betragen 275 DM/ME für Produkt A und 337 DM/ME für Produkt B.

Bestimmen Sie das deckungsbeitragsmaximale Produktionsprogramm mit Hilfe der engpaßbezogenen Deckungsbeitragsrechnung.

Lösungsweg:

Produkt: Materialarten:	M_1	M_2	Dimension:
A	4,5	4,5	kg/ME
B	3	6	kg/ME
Materialkapazität	300	330	kg/Periode

Zunächst werden für die Produkte A und B die Stück-Deckungsbeiträge berechnet:

	Produkt A	Produkt B
Erlöse pro ME:	275,-	337,-
variable Stückkosten:	$4,5 \cdot 20 = 90$ $+ 4,5 \cdot 30 = 135$ $+ \qquad\quad 5$ 230,-	$3 \cdot 20 = 60$ $+ 6 \cdot 30 = 180$ $+ \qquad\quad 7$ 247,-
Stück-Deckungsbeitrag:	45,-	90,-

Kapazitätsüberprüfung:

Die Materialarten stehen bei der Fertigung der Erzeugnisse nur begrenzt zur Verfügung. Jedoch besteht für Produkt A lt. Aufgabenstellung keine Absatzrestriktion. Bei der Fertigung kommt es somit zu Engpässen bei den Materialarten M_1 und M_2.

Berechnung des engpaßbezogenen (relativen) Deckungsbeitrags

Der relative Deckungsbeitrag bezogen auf den Engpaßfaktor M_1 beträgt:

– für Produkt A: $\dfrac{45 \text{ DM/ME}}{4,5 \text{ kg/ME}} = 10 \text{ DM/kg}$

– für Produkt B: $\dfrac{90 \text{ DM/ME}}{3 \text{ kg/ME}} = 30 \text{ DM/kg}$

Bezogen auf den Engpaß M_1 wird das Produkt B mit erster Priorität in das Produktionsprogramm aufgenommen.

Analog wird für den zweiten Engpaß M_2 verfahren:

– Produkt A: $\dfrac{45 \text{ DM/ME}}{4,5 \text{ kg/ME}} = 10 \text{ DM/kg}$

– Produkt B: $\dfrac{90 \text{ DM/ME}}{6 \text{ kg/ME}} = 15 \text{ DM/kg}$

Auch unter Berücksichtigung des Engpaßfaktors M_2 führt die relative Deckungsbeitragsrechnung zu dem Ergebnis, daß das Produkt B präferiert werden soll. Nur in Fällen der Übereinstimmung der Rangfolge für die Aufnahme in das Produktionsprogramm für jeden vorliegenden Engpaß ist es möglich, das Planungsproblem mit Hilfe der engpaßbezogenen Deckungsbeitragsrechnung zu lösen. Ergeben sich widersprüchliche Rangfolgen, müssen andere Lösungsverfahren (z. B. Simplexalgorithmus) herangezogen werden.

Entsprechend der festgestellten Rangfolge wird mit höchster Priorität Produkt B in das Produktionsprogramm aufgenommen, wenn möglich mit der maximal absetzbaren Stückzahl.

Kapazitätsinanspruchnahme:

– von M_1:   40 ME/Periode · 3 kg/ME = 120 kg/Periode
           Restkapazität: 180 kg/Periode
           (300 kg/Periode – 120 kg/Periode)

– M_2:   40 ME/Periode · 6 kg/ME = 240 kg/Periode
           Restkapazität: 90 kg/Periode
           (330 kg/Periode – 240 kg/Periode)

Die Restkapazitäten werden zur Produktion von Produkt A verwandt. Es können noch hergestellt werden:

– mit M_1: $\dfrac{180 \text{ kg/Periode}}{4,5 \text{ kg/ME}} = 40 \text{ ME/Periode}$

– mit M_2: $\dfrac{90 \text{ kg/Periode}}{4,5 \text{ kg/ME}} = 20$ ME/Periode

Da für jede Einheit von Produkt A sowohl M_1 **und** M_2 benötigt werden, können maximal 20 ME/Periode hergestellt werden.

Das optimale Produktionsprogramm ergibt 20 ME/Periode von Produkt A und 40 ME/Periode von Produkt B.

6. Reihenfolgeplanung

Gegeben ist ein zweistufiger Mehrproduktbetrieb. Sämtliche Produktsorten müssen zuerst die Stufe I, danach die Stufe II durchlaufen. Die Bearbeitungszeiten der Sorten betragen:

Sorte	Fertigungsstufen	
	I	II
A	4	18
B	14	13
C	1	6
D	6	4
E	18	11
F	2	5
G	9	1
H	3	2

Ermitteln Sie die Bearbeitungsreihenfolge mit Hilfe des Johnson-Algorithmus sowie mit Hilfe der KOZ-Regel und die dazugehörigen Durchlaufzeiten.

Lösung:

Bearbeitungsreihenfolge mit Hilfe des Johnson-Algorithmus

Rangfolge	Sorte	Fertigungsstufen	
		I	II
1	C	1	6
2	F	2	5
3	A	4	18
4	B	14	13
5	E	18	11
6	D	6	4
7	H	3	2
8	G	9	1

Die Durchlaufzeiten der einzelnen Aufträge sowie die minimale Gesamtdurchlaufzeit errechnen sich nach folgender Formel:

$$T_i = \max \left(T_{i-1}; \sum_{k=1}^{i} t_{I_k} \right) + t_{II_i}$$

Legende:

T_i = Gesamtdurchlaufzeit bis zum Auftrag mit dem Rangindex i
i = Laufindex der Rangfolge der Aufträge
k = Laufindex der Bearbeitungszeiten der Aufträge in Stufe I
T_c = $1 + 6 = 7$
T_F = $\max (7,3) + 5 = 12$
T_A = $\max (12,7) + 8 = 30$
T_B = $\max (30,21) + 13 = 43$
T_E = $\max (43,34) + 11 = 54$
T_D = $\max (54,45) + 4 = 58$
T_H = $\max (58,48) + 2 = 60$
T_G = $\max (60,57) + 1 = 61$

Die mit Hilfe des Johnson-Algorithmus ermittelte minimale Gesamtdurchlaufzeit beträgt 61 Zeiteinheiten.

Bearbeitungsreihenfolge mit Hilfe der KOZ-Regel:

I		II	
C	1	C	6
F	2	H	2
H	3	F	5
A	4	A	18
D	6	G	1
G	9	D	4
B	14	B	13
E	18	E	11

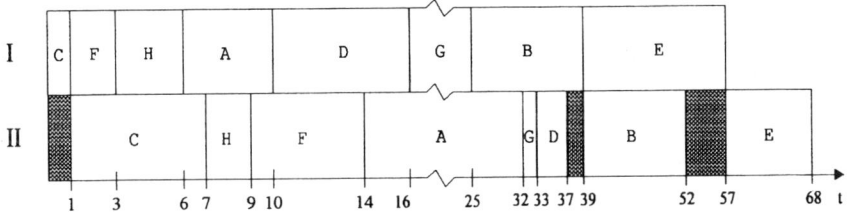

Berechnung der minimalen Gesamtdurchlaufzeit auf Basis der oben ermittelten optimalen Reihenfolge:

T_C = 1 + 6 = 7
T_H = max (7,6) + 2 = 9
T_F = max (9,3) + 5 = 14
T_A = max (14,10) + 18 = 32
T_G = max (32,25) + 1 = 33
T_D = max (33,16) + 4 = 37
T_B = max (37,39) + 13 = 52
T_E = max (52,57) + 11 = 68

Die mit Hilfe der KOZ-Regel ermittelte minimale Gesamtdurchlaufzeit beträgt 68 Zeiteinheiten.

7. Produktionsfunktion vom Typ A

7.1 Ermittlung der vier Phasen einer ertragsgesetzlichen Produktionsfunktion

Gegeben ist die Produktionsfunktion

$$x = 6\,v_1 + 6\,v_1^2 - v_1^3\,.$$

Gesucht sind die Intervalle der Einsatzmengen des Produktionsfaktors v_1, denen jeweils eine Phase des *Gutenberg*'schen Vier-Phasen-Schemas zugeordnet werden kann.

Phase 1:

Die erste Phase der Ertragsentwicklung wird durch den Wendepunkt der Gesamtertragsfunktion und das Maximum der Grenzertragsfunktion abgeschlossen. Die zweite Ableitung der Gesamtertragsfunktion besitzt an dieser Stelle den Wert null ($x'' = 0$). Es gilt:

$$x' = \frac{dx}{dv_1} = 6 + 12\,v_1 - 3\,v_1^2$$

$$x'' = \frac{d^2x}{dv_1^2} = 12 - 6\,v_1 \stackrel{!}{=} 0$$

$$6\,v_1 = 12$$

$$v_1 = \underline{\underline{2}}$$

Phase 1 der gegebenen Produktionsfunktion umfaßt das Faktoreinsatzmengeninintervall $0 \leqq v_1 \leqq 2$; der zugehörige maximale Grenzertrag hat den Wert $x' = 18$.

Phase 2:

Am Ende der zweiten Phase der Ertragsentwicklung erreicht der Durchschnittsertrag (e) sein Maximum. Die erste Ableitung weist an dieser Stelle den Wert Null auf ($e' = 0$). Es gilt:

$$e = \frac{x}{v_1} = 6 + 6\,v_1 - v_1^2$$

$$e' = \frac{de}{dv_1} = 6 - 2\,v_1 \overset{!}{=} 0$$

$$2\,v_1 = 6$$

$$v_1 = \underline{\underline{3}}$$

Phase 2 umfaßt das Faktoreinsatzmengenintervall $2 < v_1 \leqq 3$; der maximale Durchschnittsertrag besitzt den Wert $e = 15$. Da die Durchschnittsertragskurve in ihrem Maximum die Grenzertragskurve schneidet, kann die Faktoreinsatzmenge, bei der die zweite Phase beendet ist, auch bestimmt werden, indem man den Schnittpunkt der beiden Kurven ermittelt ($x' = e$).

Phase 3:

Am Ende der dritten Phase liegt das Maximum des Gesamtertrags. An dieser Stelle besitzt der Grenzertrag den Wert null ($x' = 0$). Es gilt:

$$x' = 6 + 12\,v_1 - 3\,v_1^2 \overset{!}{=} 0$$

$$v_1^2 - 4\,v_1 - 2 = 0$$

$$v_{1\,1/2} = 2 \pm \sqrt{4 + 2}$$

$$v_{11} \approx \underline{\underline{4{,}45}}$$

$$[v_{12} \approx -2{,}25]$$

Phase 3 umfaßt das Faktoreinsatzmengenintervall $3 < v_1 \leqq 4{,}45$; der maximal mögliche Gesamtertrag beträgt 57,4 ME.

Phase 4:

Die vierte Phase der Ertragsentwicklung umfaßt alle Faktoreinsatzmengen $v_1 > 4{,}45$. In dieser Phase sinkt der Gesamtertrag bei zunehmendem Einsatz des Faktors v_1.

7.2 Minimalkostenkombination

Aus der Produktionsfunktion $x = 0,75\, v_1^{1/2} \cdot v_2^{1/2}$ und der Kostengleichung $K = 2,5\, v_1 + 10\, v_2$ ist die Minimalkostenkombination für einen Ertrag von $x = 54$ zu ermitteln.

Die Minimalkostenkombination muß den Bedingungen

$$\frac{dv_2}{dv_1} = -\frac{p_1}{p_2} \qquad \text{bzw.} \qquad \frac{\dfrac{\partial x}{\partial v_1}}{\dfrac{\partial x}{\partial v_2}} = \frac{p_1}{p_2}$$

genügen. Ihre Ermittlung kann also alternativ wie folgt durchgeführt werden:

a) $\dfrac{dv_2}{dv_1} = -\dfrac{p_1}{p_2}$.

Die Preise der beiden Produktionsfaktoren können der Kostengleichung entnommen werden; es ergibt sich ein Preisverhältnis

$$-\frac{p_1}{p_2} = -\frac{2,5}{10} = -\frac{1}{4} \; .$$

Die Grenzrate der Substitution von v_2 durch v_1 erhält man durch Ableitung der Ertragsfunktion $54 = 0,75\, v_1^{1/2} \cdot v_2^{1/2}$. Zunächst wird diese Funktion nach v_2 aufgelöst:

$$54 = 0,75\, v_1^{1/2} \cdot v_2^{1/2}$$

$$v_2^{1/2} = \frac{54}{0,75 v_1^{1/2}} = \frac{54}{0,75}\, v_1^{-1/2} = 72 v_1^{-1/2}$$

$$v_2 = (72\, v_1^{-1/2})^2 = 5184\, v_1^{-1}$$

und dann nach v_1 abgeleitet[3]:

$$\frac{dv_2}{dv_1} = -5184\, v_1^{-2} \, .$$

Für die Minimalkostenkombination gilt:

$$-5184\, v_1^{-2} = -\frac{1}{4}$$

---

3 Die Ableitung einer Funktion $y = a x^n$ ist gegeben durch $\dfrac{dy}{dx} = n a x^{n-1}$.

$$v_1^{-2} = \frac{1}{20\,736}$$

$$v_1^2 = 20\,736$$

$$v_1 = +\sqrt{20\,736} = \underline{\underline{144}}$$

$$v_2 = 5184 \cdot 144^{-1} = \frac{5184}{144}$$

$$v_2 = \underline{\underline{36}}$$

Der Ertrag von $x = 54$ wird bei einer Kombination von $144\,v_1$ und $36\,v_2$ mit minimalen Kosten von

$$K = 2{,}5 \cdot 144 + 10 \cdot 36 = 720$$

erzielt.

b) $\dfrac{\dfrac{\partial x}{\partial v_1}}{\dfrac{\partial x}{\partial v_2}} = \dfrac{p_1}{p_2}$

Die Grenzproduktivitäten von v_1 und v_2 erhält man durch partielle Ableitung der gegebenen Produktionsfunktion $x = f(v_1; v_2)$[4].

$$\frac{\partial x}{\partial v_1} = \frac{1}{2} \cdot 0{,}75\,v_1^{-1/2} \cdot v_2^{1/2}$$

$$\frac{\partial x}{\partial v_2} = \frac{1}{2} \cdot 0{,}75\,v_1^{1/2} \cdot v_2^{-1/2}$$

Für die Minimalkostenkombination gilt:

$$\frac{\dfrac{1}{2} \cdot 0{,}75\,v_1^{-1/2} \cdot v_2^{1/2}}{\dfrac{1}{2} \cdot 0{,}75\,v_1^{1/2} \cdot v_2^{-1/2}} = \frac{1}{4}$$

$$\frac{v_1^{-1/2} \cdot v_2^{1/2}}{v_1^{1/2} \cdot v_2^{-1/2}} = \frac{1}{4}$$

---

4 Bei partieller Ableitung nach einer der Variablen v_1 oder v_2 wird die andere Variable als Konstante betrachtet.

$$v_1^{-1} \cdot v_2 = \frac{1}{4}$$

$$v_2 = \frac{1}{4}\, v_1 .$$

Durch Einsetzen in die Ertragsfunktion erhält man:

$$54 = 0{,}75\, v_1^{1/2} \cdot \left(\frac{1}{4}\, v_1\right)^{1/2}$$

$$54 = 0{,}75\, v_1^{1/2} \cdot \frac{1}{2}\, v_1^{1/2}$$

$$54 = \frac{3}{8}\, v_1$$

$$v_1 = \frac{8}{3} \cdot 54 = \underline{\underline{144}}$$

$$v_2 = \frac{1}{2} \cdot 144 = \underline{\underline{36}}$$

7.3 Homogenität

Überprüfen Sie folgende Funktionen auf Homogenität und ermitteln Sie gegebenenfalls den Homogenitätsgrad.

a) $f(x) = x^2 + x$ b) $f(\underline{x}) = (ax_1^{-p} + (1-a)x_2^{-p})^{-1/p}$

c) $f(\underline{x}) = x_1^a \cdot x_2^b$

Vorgehensweise an einem Beispiel:

Es gilt:

Eine Funktion $f(\underline{x})$ heißt homogen vom Grade r wenn gilt:

$$f(l\underline{x}) = \lambda^r \cdot f(\underline{x})$$

Im folgenden Beispiel soll die Homogenität von folgender Funktion nachgewiesen werden:

$$f(\underline{x}) = a\,(x_1)^{0.5} + \sqrt{x_2}$$

1. Schritt:

Es werden zunächst alle x_i durch den Term λ_{χ_i} ersetzt

$$f(\lambda \underline{x}) = a\,(\lambda x_1)^{0.5} + \sqrt{(\lambda x_2)}$$

2. Schritt:

Es wird nun versucht, das λ aus der Gesamtfunktion wieder herauszulösen.

$$f(\lambda \underline{x}) = a \cdot \lambda^{0.5} x_1^{0.5} + \lambda^{0.5} x_2^{0.5}$$

$$= \lambda^{0.5} \cdot (a x_1^{0.5} + x_2^{0.5})$$

Die Funktion $f(\underline{x}) = a(x_1^{0.5}) + \sqrt{x_2}$ ist homogen vom Grade 0.5.

Lösungsweg:

a) $f(x) \quad = x^2 + x$

$\quad f(\lambda x) = (\lambda x)^2 + \lambda x = \lambda^2 x^2 + \lambda x = \lambda \cdot (\lambda x + x)$

$\qquad\qquad$ nicht homogen

b) $f(\underline{x}) \quad = (a x_1^{-p} + (1 - a) x_2^{-p})^{-1/p}$

$\quad f(\lambda \underline{x}) = (a (\lambda x_1)^{-p} + (1 - a)(\lambda x_2)^{-p})^{-1/p}$

$\qquad\quad = (a \cdot \lambda^{-p} \cdot x_1^{-p} + (1 - a) \cdot \lambda^{-p} \cdot x_2^{-p})^{-1/p}$

$\qquad\quad = ((\lambda^{-p}) \cdot (a x_1^{-p} + (1 - a) x_2^{-p}))^{-1/p}$

$\qquad\quad = (\lambda^{-p})^{-1/p} \cdot (a x_1^{-p} + (1 - a) x_2^{-p})^{-1/p}$

$\qquad\quad = \lambda^1 \cdot (a x_1^{-p} + (1 - a) x_2^{-p})^{-1/p}$

$\qquad\qquad$ homogen vom Grade 1

c) $f(\underline{x}) \quad = x_1^a \cdot x_2^b$

$\quad f(\lambda \underline{x}) = (\lambda x_1)^a \cdot (\lambda x_2)^b = \lambda^a x_1^a \cdot \lambda^b x_2^b$

$\qquad\quad = \lambda^{a+b} (x_1^a \cdot x_2^b)$

$\qquad\qquad$ homogen vom Grade a + b

8. Produktionsfunktion vom Typ B

Zum Betrieb einer Maschine werden zwei Einsatzfaktoren benötigt, für die die folgenden Funktionen den Verbrauch (ME/Stck.) in Abhängigkeit von der Intensität (Stck./Std.) anzeigen:

$$v_1 = 2 d^2 - 16 d + 40$$

$$v_2 = 2{,}5 d^2 - 28 d + 80$$

Die Preise der beiden Einsatzfaktoren sind $p_1 = 3{,}-$ DM/ME und $p_2 = 4{,}-$ DM/ME.

a) Wieviel Mengeneinheiten des Faktors v_1 werden täglich verbraucht, wenn die Maschine mit optimaler Intensität läuft und aufgrund der geplanten Produktionsmenge täglich acht Stunden in Betrieb ist?

b) Wieviel Mengeneinheiten des Faktors v_1 werden bei gleicher täglicher Produktionsmenge am Tage verbraucht, wenn der Betrieb wegen Beschaffungsschwierigkeiten den Verbrauch von v_1 minimieren will?

Lösung:

a) Gesucht ist der Tagesverbrauch von v_1 bei optimaler Intensität der Maschine.

Erster Lösungsschritt: Ermittlung der optimalen Intensität.

Optimal ist die Intensität, bei der die Summe der mit den Preisen bewerteten Verbrauchsmengen je Leistungseinheit (= Stückkosten) minimal ist.

$$k = p_1 \cdot v_1 + p_2 \cdot v_2 \to \text{Min!}$$

Durch Einsetzen der gegebenen Verbrauchsfunktionen und Preise erhält man:

$$
\begin{aligned}
k &= 3\,(2\,d^2 - 16\,d + 40) + 4\,(2,5\,d^2 - 28\,d + 80) \\
&= 6\,d^2 - 48\,d + 120 + 10\,d^2 - 112\,d + 320 \\
&= 16\,d^2 - 160\,d + 440 \to \text{Min!}
\end{aligned}
$$

Bedingungen für ein Minimum:

$$\alpha)\quad k' = \frac{dk}{dd} \overset{!}{=} 0$$

$$\beta)\quad k''(d_{\text{opt}}) > 0$$

Die Ableitung der Stückkostenfunktion ergibt:

$$k' = 32\,d - 160 \quad \text{und} \quad k'' = 32$$

$$32\,d - 160 \overset{!}{=} 0$$

$$d_{\text{opt}} = \frac{160}{32} = \underline{5 \text{ Stck./Std.}}$$

$k'' > 0$; also arbeitet die Maschine bei einer Intensität von 5 Stck./Std. mit minimalen Stückkosten.

Zweiter Lösungsschritt: Ermittlung des Tagesverbrauchs (V_1^{tot})

Es gilt:

$$V_1^{tot} \quad\quad = v_1\,(d_{opt}) \quad\quad \cdot d_{opt} \quad\quad\quad \cdot t$$

Tagesverbrauch	= Verbrauch pro Stück bei opt. Intensität	· Produktion pro Stunde bei opt. Intensität	· Produktionszeit pro Tag
[ME/Tag]	= [ME/Stck.]	· [Stck./Std.]	· [Std./Tag]

bzw. nach Einsetzen:

$$V_1^{tot} = (2 \cdot 5^2 - 16 \cdot 5 + 40) \cdot 5 \cdot 8$$
$$= 10 \cdot 40 = \underline{400\ [\text{ME/Tag}]}$$

b) Wegen der Schwierigkeiten, den Faktor v_1 zu beschaffen, ist das Ziel nicht mehr, die Tagesproduktion mit minimalen Kosten zu erzeugen, sondern mit minimalem Verbrauch an v_1. Die Intensität der Maschine, mit der sich dieses Ziel erreichen läßt, wird zunächst durch Ableitung der Verbrauchsfunktion $v_1 = f(d)$ und Nullsetzen der Ableitung ermittelt.

$$v_1' = 4d - 16 \overset{!}{=} 0 \quad\quad v_1'' = 4 > 0$$
$$4d = 16$$
$$d = \underline{4\ \text{Stck./Std.}}$$

Bei einer Intensität von 4 Stck./Std. wird der Verbrauch von v_1 minimiert. Es ergibt sich bei gleichbleibender Tagesproduktion ein Tagesverbrauch von:

$$V_1^{tot} = (2 \cdot 4^2 - 16 \cdot 4 + 40) \cdot 4 \cdot 10$$
$$= 8 \cdot 40 = \underline{320\ \text{ME/Tag}}$$

Die gegenüber a) höhere Betriebszeit $t = 10$ Std./Tag ist notwendig, um bei verminderter Intensität ($d = 4$ statt $d_{opt} = 5$) die gleiche Tagesproduktion erzielen zu können.

9. Aktivitätsanalyse

Einer Unternehmung stehen zur Herstellung ihrer Erzeugnisse zwei linear-limitationale Prozesse zur Verfügung. Die beiden Prozesse lassen sich formal wie folgt darstellen:

Prozeß I $x = \min\left(\frac{1}{2}r_1; \frac{1}{2}r_2\right)$

und

Prozeß II $x = \min\left(\frac{1}{3}r_1; \frac{2}{3}r_2\right)$

x = Ausbringungsmengen des Erzeugnisses, r_1 = Einsatzmengen von Faktor 1, r_2 = Einsatzmengen von Faktor 2.

a) Zeichnen Sie die beiden Produktionsprozesse und die dazugehörigen Ertragsisoquanten für $x = 10$, $x = 20$, $x = 30$ und $x = 40$ in ein $r_1 - r_2$-Diagramm.

b) Wie lautet die Gleichung der Ertragsisoquante mit dem Ertragsniveau 30?

c) Welche Prozeßkombination muß die Unternehmung wählen, wenn sie 100 ME von Faktor 1 und 70 ME von Faktor 2 zur Verfügung hat und ihren Output maximieren möchte? (Graphische Lösung)

d) Welchen Produktionsprozeß wählt die Unternehmung, wenn Faktor 1 einen Preis von 3,– GE/ME und Faktor 2 einen Preis von 1,– GE/ME hat?

Lösung:

a)

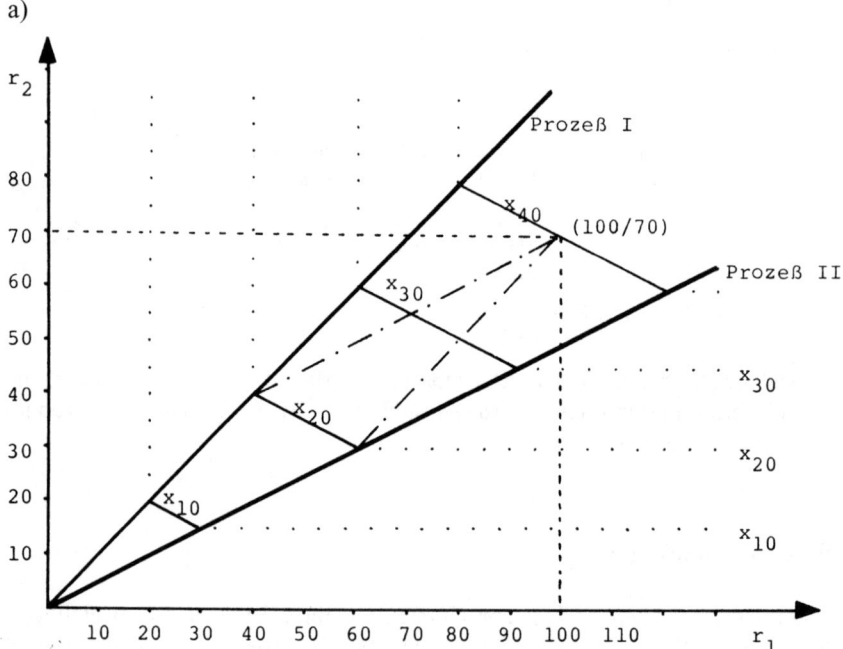

Abb. 93: Produktionsprozesse und dazugehörige Erfolgsisoquanten

b) $r_2 = 90 - \dfrac{1}{2} r_1$

c) Die Unternehmung stellt 20 Outputeinheiten mit Prozeß I her. Sie benötigt dazu 40 ME von Faktor 1 und 40 ME von Faktor 2. Die restlichen 60 ME von Faktor 1 und 30 ME von Faktor 2 setzt sie im Prozeß II ein und erhält nochmals 20 Outputeinheiten. Der maximale Output ist 40 Outputeinheiten.

d) Die Isokostenlinie hat die Steigung -3. Die Unternehmung würde unter Beachtung des Wirtschaftlichkeitsprinzips nur nach dem Prozeß I produzieren.

10. Optimale Anpassung an Beschäftigungsschwankungen

10.1 Ertragsgesetzliche Anpassung

Gegeben sind die Produktionsfunktion $x = \dfrac{1}{2} v_1^{2/3} \cdot v_2^{1/3}$ und die Faktorpreise $p_1 = 4,- \text{ DM/ME}$ und $p_2 = 16,- \text{ DM/ME}$. Gesucht ist die Kostenfunktion $K = f(x)$ bei

a) partieller Faktorvariation von v_2 und konstantem $v_1 = 8$;

b) totaler Faktorvariation unter Beachtung der Minimalkostenkombination.

Lösung:

a) Ausgangspunkt der Lösung ist die Kostenfunktion $K = p_1 \cdot v_1 + p_2 \cdot v_2 = 4 v_1 + 16 v_2$. Da vom Faktor v_1 unabhängig vom Ertragsniveau konstant 8 ME eingesetzt werden, ergeben sich Fixkosten von $4,- \text{ DM/ME} \cdot 8 \text{ ME} = 32,- \text{ DM}$. Der Faktor v_2 variiert mit der Veränderung des Ertragsniveaus. Die funktionale Beziehung zwischen dem Ertrag x und v_2 läßt sich durch Einsetzen von $v_1 = 8$ in die gegebene Produktionsfunktion ermitteln:

$$x = \frac{1}{2} \cdot 8^{2/3} \cdot v_2^{1/3}$$

$$x = \frac{1}{2} \cdot 4 \cdot v_2^{1/3}$$

$$x = 2 v_2^{1/3}$$

Diese Funktion wird nach v_2 aufgelöst:

$$v_2^{1/3} = \frac{x}{2}$$

$$v_2 = \left(\frac{x}{2}\right)^3$$

$$v_2 = \frac{x^3}{8}$$

Die variablen Kosten betragen somit $16,- \text{ DM/ME} \cdot \dfrac{x^3}{8} \text{ ME} = 2x^3 \text{ DM}$;

die gesuchte Kostenfunktion bei partieller Faktorvariation lautet:

$$K = f(x) = \underline{\underline{32 + 2x^3}}$$

b) Ausgangspunkt ist wieder $K = f(v_1; v_2)$. Bei totaler Faktorvariation ändern sich die Einsatzmengen sowohl von v_2 als auch von v_1 mit der Höhe des Ertrages. Es ist die Beziehung zwischen v_2 bzw. v_1 und dem Ertrag x unter Beachtung der Minimalkostenkombination zu bestimmen. Diese muß der Bedingung:

$$\frac{\dfrac{\partial x}{\partial v_1}}{\dfrac{\partial x}{\partial v_2}} = \frac{p_1}{p_2}$$

genügen. Durch partielle Ableitung der Produktionsfunktion nach v_1 bzw. v_2 erhält man die Grenzproduktivitäten der beiden Faktoren:

$$\frac{\partial x}{\partial v_1} = \frac{1}{2} \cdot \frac{2}{3} v_1^{-1/3} \cdot v_2^{1/3} \quad \text{und}$$

$$\frac{\partial x}{\partial v_2} = \frac{1}{2} \cdot \frac{1}{3} v_1^{2/3} \cdot v_2^{-2/3}$$

Daraus folgt:

$$\frac{\dfrac{1}{2} \cdot \dfrac{2}{3} v_1^{-1/3} \cdot v_2^{1/3}}{\dfrac{1}{2} \cdot \dfrac{1}{3} v_1^{2/3} \cdot v_2^{-2/3}} = \frac{4}{16} = \frac{1}{4}$$

$$\frac{2v_1^{-1/3} \cdot v_2^{1/3}}{v_1^{2/3} \cdot v_2^{-2/3}} = \frac{1}{4}$$

$$2v_1^{-1} \cdot v_2 = \frac{1}{4}$$

$$v_2 = \frac{1}{8} v_1$$

Durch Einsetzen in die Produktionsfunktion erhält man:

$$x = \frac{1}{2} v_1^{1/3} \cdot \left(\frac{1}{8} v_1 \right)^{1/3}$$

$$x = \frac{1}{2} v_1^{2/3} \cdot \frac{1}{2} v_1^{1/3} = \frac{1}{4} v_1$$

$$v_1 = 4x$$

$$v_2 = \frac{1}{8} v_1 = \frac{1}{8} \cdot 4x = \frac{1}{2} x \,.$$

Durch Einsetzen in $K = f(v_1; v_2)$ erhält man die gesuchte Kostenfunktion $K = f(x)$ bei totaler Faktorvariation und Beachtung der Minimalkostenkombination:

$$K = 4 \cdot 4x + 16 \cdot \frac{1}{2} x = 16x + 8x = \underline{\underline{24x}}$$

10.2 Kombinierte Anpassung bei zwei funktionsgleichen, aber kostenverschiedenen Maschinen

Ein Betrieb verfügt über zwei funktionsgleiche, aber kostenverschiedene Maschinen A und B. Die Betriebszeit t dieser Maschinen kann zwischen null und zehn Stunden pro Tag variiert werden ($0 \leqq t_{A/B} \leqq 10$), ihre Intensität d zwischen null und zehn Stück pro Stunde ($0 \leqq d_{A/B} \leqq 10$). Für jede bei gegebener Betriebsgröße mögliche Beschäftigung x, also für Ausbringungsmengen zwischen null und 200 Stück pro Tag ($0 \leqq x \leqq 200$) ist der **optimale Maschineneinsatz** zu bestimmen, wobei die folgenden Funktionen den Verbrauch der Einsatzfaktoren (ME/Stck.) in Abhängigkeit von der Intensität d (Stck./Std.) angeben. Die Faktorpreise betragen $p_1 = 4,-$ DM/ME und $p_2 = 7,-$ DM/ME.

Faktor \ Maschine	A	B
1	$v_{1_A} = \frac{1}{4} d_A^2 - 2{,}5\, d_A + 21$	$v_{1_B} = \frac{1}{2} d_B^2 - 5\, d_B + 17$
2	$v_{2_A} = \frac{1}{7} d_A^2 - 2\, d_A + 12$	$v_{2_B} = \frac{2}{7} d_B^2 - 4\, d_B + 16$

Lösung:

Der Betrieb setzt seine Maschinen dann optimal ein, wenn er sich an eine Änderung der Beschäftigung so anpaßt, daß er bei jeder realisierten Beschäftigung x mit den jeweils niedrigsten Kosten produziert. Bei der Entscheidung über den optimalen Maschineneinsatz sind nur die variablen Kosten zu berücksichtigen, da die Fixkosten bei gegebener Betriebsgröße – gleichgültig wie man die Ausbringungsmenge auf die Maschinen verteilt – unverändert bleiben, durch eine solche Entscheidung also nicht beeinflußt werden.

Für die Produktion nur einer Mengeneinheit pro Tag wird der Betrieb die kostengünstigere Maschine einsetzen, das ist die Maschine, deren minimale Stückkosten (= Stückkosten bei optimalem Leistungsgrad) niedriger sind. Diese Maschine läuft dann bei optimalem Leistungsgrad gerade solange, wie für die Herstellung einer Produktmengeneinheit erforderlich. Steigt die Beschäftigung, verhält sich der Betrieb optimal, wenn er die kostengünstigere Maschine zunächst bei optimalem Leistungsgrad zeitlich anpaßt, bis die maximale Betriebszeit von 10 Std./Tag erreicht ist. Um diese Maschine zu bestimmen, sind – ausgehend von den gegebenen Verbrauchsfunktionen und Faktorpreisen – die Stückkostenfunktionen, der optimale Leistungsgrad und die minimalen Stückkosten der beiden zur Verfügung stehenden Maschinen A und B zu ermitteln.

<table>
<tr><td align="center">**Maschine A**</td><td align="center">**Maschine B**</td></tr>
</table>

a) Stückkostenfunktion [DM/Stck.]

$$k_A = v_{1_A} \cdot p_1 + v_{2_A} \cdot p_2 \qquad\qquad k_B = v_{1_B} \cdot p_1 + v_{2_B} \cdot p_2$$

$$= \left(\frac{1}{4} d_A^2 - 2{,}5\, d_A + 21\right) \cdot 4 \qquad = \left(\frac{1}{2} d_B^2 - 5\, d_B + 17\right) \cdot 4$$

$$+ \left(\frac{1}{7} d_A^2 - 2\, d_A + 12\right) \cdot 7 \qquad + \left(\frac{2}{7} d_B^2 - 4\, d_B + 16\right) \cdot 7$$

$$= d_A^2 - 10\, d_A + 84 \qquad\qquad \doteq 2\, d_B^2 - 20\, d_B + 68$$

$$+ d_A^2 - 14\, d_A + 84 \qquad\qquad + 2\, d_B^2 - 28\, d_B + 112$$

$$\boxed{k_A = 2\, d_A^2 - 24\, d_A + 168} \qquad \boxed{k_B = 4\, d_B^2 - 48\, d_B + 180}$$

b) optimaler Leistungsgrad [Stck./Std.]

Bedingungen:

$$k_A' \overset{!}{=} 0; \quad k_A''(d_{A_{\text{opt}}}) \overset{!}{>} 0 \qquad\qquad k_B' \overset{!}{=} 0; \quad k_B''(d_{B_{\text{opt}}}) \overset{!}{>} 0$$

$$k_A' = \frac{\mathrm{d}k_A}{\mathrm{d}d_A} = 4\,d_A - 24 \overset{!}{=} 0 \qquad\qquad k_B' = \frac{\mathrm{d}k_B}{\mathrm{d}d_B} = 8\,d_B - 48 \overset{!}{=} 0$$

$$d_{A_{\text{opt}}} = \underline{\underline{6}} \qquad\qquad\qquad\qquad\qquad d_{B_{\text{opt}}} = \underline{\underline{6}}$$

$$k_A'' = 4 \;\rightarrow\; k_A''(6) > 0 \qquad\qquad\qquad k_B'' = 8 \;\rightarrow\; k_B''(6) > 0$$

c) minimale Stückkosten [DM/Stck.]

$$k_{A_{\text{min}}} = 2 \cdot 6^2 - 24 \cdot 6 + 168 \qquad\qquad k_{B_{\text{min}}} = 4 \cdot 6^2 - 48 \cdot 6 + 180$$

$$\qquad = 72 - 144 + 168 = \underline{\underline{96}} \qquad\qquad\quad = 144 - 288 + 180 = \underline{\underline{36}}$$

Maschine B ist kostengünstiger; sie allein wird zunächst bei optimalem Leistungsgrad ($d_{B_{\text{opt}}}$ = 6 Stck./Std.) eingesetzt und zeitlich zwischen null und zehn Stunden angepaßt. Es gilt somit für die erste Anpassungsphase:

Phase 1:	Maschine B	$d_{B_{\text{opt}}} = 6$	$0 \leqq t_B \leqq 10$	$0 \leqq x \leqq 60$

Beispiele:

Sollen 15 Stck./Tag produziert werden, wird die Maschine B 2,5 Std./Tag mit optimaler Intensität eingesetzt. Es fallen variable Kosten in Höhe von 15 Stck./Tag · 36,– DM/Stck. = 540,– DM/Tag an. Bei einer Ausbringung von 27 Stck./Tag ist die Maschine B bei optimaler Intensität 4,5 Std. täglich im Einsatz bei Kosten von 27 Stck./Tag · 36,– DM/Stck. = 972,– DM/Tag.

Eine weitere zeitliche Anpassung von Maschine B ist nicht möglich. Steigt die Beschäftigung über 60 Stck./Tag hinaus, so kann sich der Betrieb daran entweder anpassen, indem er die Intensität der Maschine B erhöht oder indem er die Maschine A zusätzlich einsetzt (quantitative Anpassung) und zeitlich oder intensitätsmäßig anpaßt. Das optimale Verhalten ergibt sich aus einem Vergleich des mit diesen Alternativen verbundenen Kostenzuwachses oder aus einem Vergleich der Gesamtkosten bei einer Produktionsmenge > 60 Stck./Tag. Zur Veranschaulichung sind in Abb. 94 die Grenz- und Stückkosten der beiden Maschinen dargestellt.

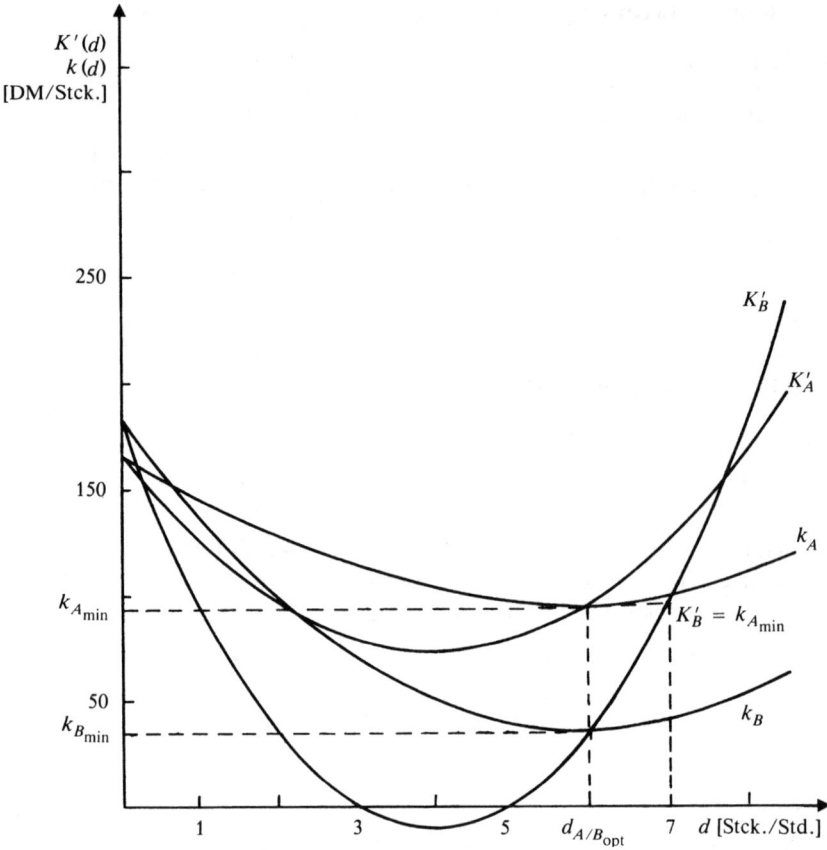

Abb. 94: Grenz- und Stückkosten der Maschinen A und B

Kostenvergleich:

Alternative 1:

Es wird weiterhin nur die kostengünstigere Maschine (hier: Maschine B) eingesetzt und bei steigender Beschäftigung intensitätsmäßig angepaßt. Die Kosten jeder zusätzlich produzierten Einheit werden durch die Grenzkosten der Maschine B angegeben.

Alternative 2:

Die Anpassung an die steigende Beschäftigung erfolgt durch zusätzlichen Einsatz der kosten**un**günstigeren Maschine (hier: Maschine A), die bei optimaler Intensität zeitlich angepaßt wird. Für jede zusätzlich produzierte Mengeneinheit erhöhen sich dann die Kosten um die minimalen Stückkosten dieser Maschine A.

Schlußfolgerung:

In der ersten Anpassungsphase wird die Maschine B mit optimaler Intensität betrieben. Bei dieser Intensität liegen die Grenzkosten der Maschine B unter den minimalen Stückkosten von A. Solange dies auch bei steigender Intensität gilt, ist die Alternative 1 vorzuziehen. In der zweiten Anpassungsphase wird also die kostengünstigere Maschine B intensitätsmäßig angepaßt, bis ihre Grenzkosten gleich den minimalen Stückkosten der Maschine A sind, d.h.

$$K_B' = k_{A_{\min}} \qquad \text{(siehe auch Abb. 94).}$$

Die Grenzkostenfunktion erhält man, indem man durch Multiplikation der Stückkosten k_B [DM/Stck.] mit dem Leistungsgrad d_B [Stck./Std.] die Gesamtkosten K_B [DM/Std.] ermittelt und diese nach d_B ableitet.

$$k_B = 4 d_B^2 - 48 d_B + 180$$

$$K_B = k_B \cdot d_B = 4 d_B^3 - 48 d_B^2 + 180 d_B$$

$$K_B' = \frac{\mathrm{d}K_B}{\mathrm{d}d_B} = 12 d_B^2 - 96 d_B + 180$$

Der Leistungsgrad, bis zu dem die Maschine B in der zweiten Anpassungsphase intensitätsmäßig angepaßt wird, ist dann wie folgt zu bestimmen:

$$K_B' = k_{A_{\min}}$$

$$12 d_B^2 - 96 d_B + 180 = 96$$

$$12 d_B^2 - 96 d_B + 84 = 0$$

$$d_B^2 - 8 d_B + 7 = 0$$

$$d_{B_{1/2}} = 4 \pm \sqrt{16 - 7}$$

$$d_{B_{1/2}} = 4 \pm \sqrt{9} = 4 \pm 3$$

$$d_{B_1} = 7 \qquad [d_{B_2} = 1]$$

In der zweiten Anpassungsphase wird die Maschine B bis zu einer Intensität von $d_B = 7$ Stck./Std. intensitätsmäßig angepaßt. In dieser Phase gilt:

Phase 2:	Maschine B	$6 < d_B \leqq 7$	$t_B = 10$	$60 < x \leqq 70$

Steigt die Beschäftigung weiter, wird die kostenungünstigere Maschine A zusätzlich eingesetzt und zeitlich bei optimaler Intensität bis zur maximalen Betriebszeit angepaßt (Alternative 2). Daraus folgt:

Phase 3:	Maschine B	$d_B = 7$	$t_B = 10$	$\left.\begin{array}{c}\\\\\end{array}\right\}$ $70 < x \leqq 130$
	Maschine A	$d_{A_{\text{opt}}} = 6$	$0 < t_A \leqq 10$	

Beispiel für den Kostenvergleich:

a) Maximale Produktion in Phase 1: 60 Stck./Tag

$\rightarrow K(60) = 60$ Stck./Tag $\cdot$ 36,– DM/Stck. = $\underline{\underline{2.160,– \text{ DM/Tag}}}$

Die Produktion wird auf 61 Stck./Tag gesteigert.

Alternative 1: intensitätsmäßige Anpassung

$\rightarrow K(61) = 61$ Stck./Tag $\cdot k_B(6,1)$ [DM/Stck.]

$= 61$ Stck./Tag $\cdot$ 36,04 DM/Stck.

$= \underline{\underline{2.198,44 \text{ DM/Tag}}}$

Alternative 2: zusätzlicher Einsatz von A

$\rightarrow K(61) = 60$ Stck./Tag $\cdot k_B(6)$ [DM/Stck.]

$+ 1$ Stck./Tag $\cdot k_A(6)$ [DM/Stck.]

$= 60$ Stck./Tag $\cdot$ 36,– DM/Stck.

$+ 1$ Stck./Tag $\cdot$ 96,– DM/Stck.

$= \underline{\underline{2.256,– \text{ DM/Tag}}}$

b) Maximale Produktion in Phase 2: 70 Stck./Tag

$\rightarrow K(70) = 70$ Stck./Tag $\cdot k_B(7)$ [DM/Stck.]

$= 70$ Stck./Tag $\cdot$ 40 DM/Stck.

$= \underline{\underline{2.800,– \text{ DM/Tag}}}$

Die Produktion wird auf 71 Stck./Tag gesteigert.

Alternative 1: intensitätsmäßige Anpassung

$\rightarrow K(71) = 71$ Stck./Tag $\cdot k_B(7,1)$ [DM/Stck.]

$= 71$ Stck./Tag $\cdot$ 40,84 DM/Stck.

$= \underline{\underline{2.899,64 \text{ DM/Tag}}}$

Alternative 2: zusätzlicher Einsatz von A

$\rightarrow K(71) = 70$ Stck./Tag $\cdot k_B(7)$ [DM/Stck.]

$+ 1$ Stck./Tag $\cdot k_A(6)$ [DM/Stck.]

$= 70$ Stck./Tag $\cdot$ 40,– DM/Stck.

$+ 1$ Stck./Tag $\cdot$ 96,– DM/Stck.

$= \underline{\underline{2.896,– \text{ DM/Tag}}}$

Zur Veranschaulichung des optimalen Anpassungsverhaltens in den Phasen 1 bis 3 sind in Abb. 95 für die beiden Maschinen die Entwicklung der Gesamtkosten [DM/Tag] bei zeitlicher und intensitätsmäßiger Anpassung und der Gesamtkostenverlauf in der dritten Anpassungsphase (Einsatz beider Maschinen; Produktionsmenge > 70 Stck./Tag) dargestellt. Es wird deutlich, daß bis zu einer Produktionsmenge von 60 Stck./Std. die zeitliche Anpassung der Maschine B bei optimaler Intensität zu den niedrigsten Gesamtkosten führt (K_B^z). Auch im Bereich zwischen 60 und 70 Stck./Tag ist es für den Betrieb von Vorteil, nur die Maschine B einzusetzen und intensitätsmäßig anzupassen (K_B^i). Würde schon ab 60 Stck./Tag die Maschine A zusätzlich in Betrieb genommen, würden – auch bei optimalem Einsatz der Ma-

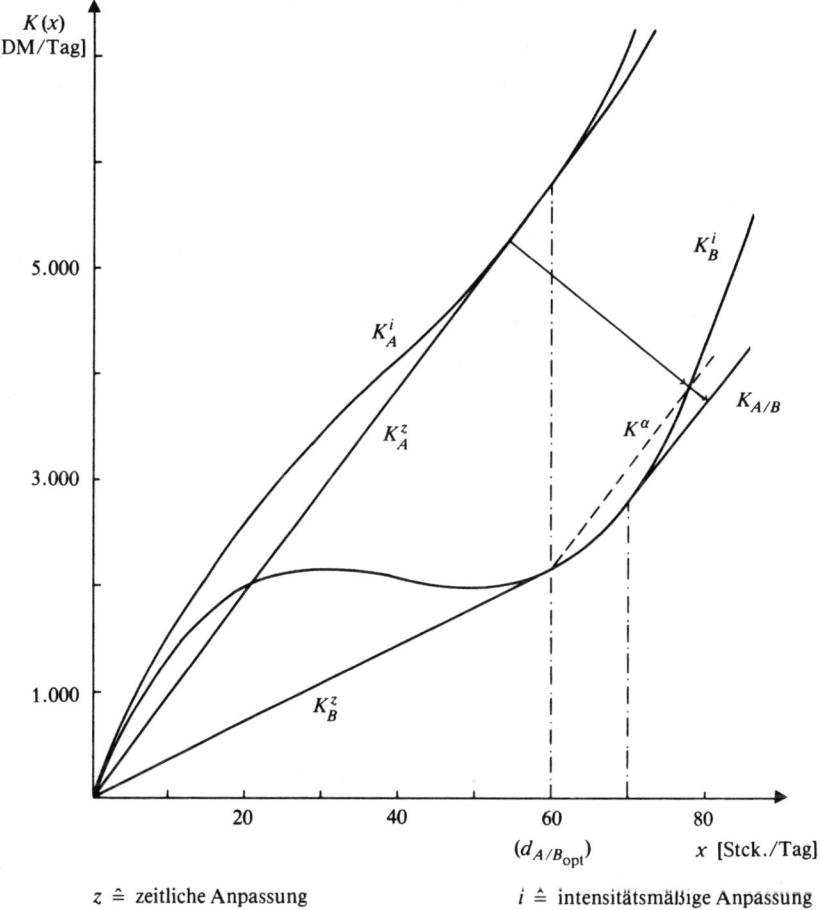

z $\hat{=}$ zeitliche Anpassung   i $\hat{=}$ intensitätsmäßige Anpassung

Abb. 95: *Kostenverläufe bei zeitlicher, intensitätsmäßiger und kombinierter Anpassung*

schine A, d.h. zeitlicher Anpassung bei $d_{A_{opt}}$ – höhere Gesamtkosten entstehen (K^{α}), als sie bei intensitätsmäßiger Anpassung der Maschine B anfallen. Erst ab Produktionsmengen von mehr als 70 Stck./Tag ist der zusätzliche Einsatz der Maschine A vorteilhafter als die weitere intensitätsmäßige Anpassung von B ($K_{A/B} < K_B^i$).

Beispiele für den optimalen Maschineneinsatz in den Phasen 2 und 3:

Produktion (x)	Verteilung		
65	Maschine B: 65 Stck.	$d_B = 6{,}5$	$t_B = 10$
82	Maschine B: 70 Stck. Maschine A: 12 Stck.	$d_B = 7$ $d_A = 6$	$t_B = 10$ $t_A = 2$
100	Maschine B: 70 Stck. Maschine A: 30 Stck.	$d_B = 7$ $d_A = 6$	$t_B = 10$ $t_A = 5$

Kann auch die kostengünstigere Maschine A nicht mehr weiter zeitlich angepaßt werden, ist eine nochmalige Erhöhung der Produktionsmengen über eine intensitätsmäßige Anpassung beider Maschinen möglich. Will der Betrieb seine Kosten minimieren, muß diese Anpassung nach der Regel gleicher Grenzkosten erfolgen ($K_A' = K_B'$). Die Ausbringungsmenge ist demnach so auf beide Maschinen zu verteilen, daß ihre Grenzkosten gleich hoch sind.

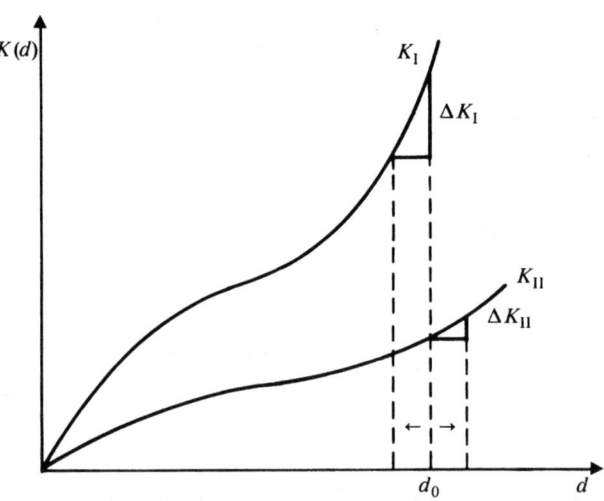

Abb. 96: Kostenmäßige Konsequenzen einer Produktionsverlagerung bei $K_I' \neq K_{II}'$

Begründung:

Um die Richtigkeit dieser Regel aufzuzeigen, soll zunächst ein Fall betrachtet werden, bei dem zwei Maschinen mit ungleichen Grenzkosten arbeiten. Ein solcher Fall ist in Abb. 96 dargestellt; es sei angenommen, daß beide Maschinen mit der gleichen Intensität d_0 arbeiten. Die gesamte Ausbringung pro Stunde beträgt dann $2 \cdot d_0$ Stück. Diese Menge ließe sich auch erzeugen, wenn Maschine I mit der Intensität $d_0 - 1$ und Maschine II mit der Intensität $d_0 + 1$ liefe. Die Kosten verringerten sich in diesem Fall bei Maschine I um ΔK_I, während bei Maschine II eine Kostenerhöhung um ΔK_{II} einträte. Wegen $\Delta K_I > \Delta K_{II}$ verringerten sich die Gesamtkosten. Es lohnte sich für den Betrieb also, die Produktion von Maschine I auf Maschine II zu verlagern, und zwar solange, bis $\Delta K_I = \Delta K_{II}$ bzw. bei einer marginalen Betrachtung $dK_I = dK_{II}$ ($K_I' = K_{II}'$) gilt.

Diese intensitätsmäßige Anpassung beider Maschinen nach der Regel gleicher Grenzkosten kann solange durchgeführt werden, bis eine der Maschinen ihre Intensitätsgrenze erreicht hat. Welche Maschine dies ist, läßt sich durch einen Vergleich der Grenzkosten bei maximaler Intensität ermitteln.

$$d_{B_{max}} = 10$$

$$K_B'(10) = 12 \cdot 10^2 - 96 \cdot 10 + 180 = \underline{\underline{420}}$$

$$K_A' = \frac{dK_A}{dd_A}$$

$$K_A = k_A \cdot d_A = 2d_A^3 - 24d_A^2 + 168d_A$$

$$K_A' = 6d_A^2 - 48d_A + 168$$

$$d_{A_{max}} = 10$$

$$K_A'(10) = 6 \cdot 10^2 - 48 \cdot 10 + 168 = \underline{\underline{288}}$$

Erfolgt in der vierten Anpassungsphase die intensitätsmäßige Anpassung nach der Regel gleicher Grenzkosten, so erreicht Maschine A zuerst die Intensitätsgrenze von 10. Maschine B läuft dann mit einer Intensität, die Grenzkosten von 288 entspricht, d.h.:

$$K_B'(d_B) = 288$$

$$12d_B^2 - 96d_B + 180 = 288$$

$$12d_B^2 - 96d_B - 108 = 0$$

$$d_B^2 - 8d_B - 9 = 0$$

$$d_{B_{1/2}} = 4 \pm \sqrt{16 + 9}$$

$$d_{B_{1/2}} = 4 \pm \sqrt{25} = 4 \pm 5$$

$$d_{B_1} = 9 \quad [d_{B_2} = -1]$$

Daraus folgt für die vierte Anpassungsphase:

Phase 4:	Maschine B	$7 < d_B \leqq 9$	$t_B = 10$	$\Big\}$ $130 < x \leqq 190$
	Maschine A	$6 < d_A \leqq 10$	$t_A = 10$	

Bei weiterer Steigerung der Beschäftigung kann sich der Betrieb nur noch durch Erhöhung der Intensität der Maschine B bis zur maximalen Intensität $d_{B_{max}} = 10$ Stck./Std. anpassen. Es gilt:

Phase 5:	Maschine B	$9 < d_B \leqq 10$	$t_B = 10$	$\Big\}$ $190 < x \leqq 200$
	Maschine A	$d_A = 10$	$t_A = 10$	

Damit ist die Kapazitätsgrenze des Betriebes erreicht. Soll die Produktion weiter gesteigert werden, müssen zusätzliche Betriebsmittel beschafft und eingesetzt werden.

Beispiele für den optimalen Maschineneinsatz in den Phasen 4 und 5:

a) $x = 150$ Stck./Tag $\to$ Phase 4; die Produktionsmenge ist so auf die beiden Maschinen zu verteilen (I.), daß die Grenzkosten gleich hoch sind (II.).

I. $150 = d_B \cdot 10 + d_A \cdot 10 \quad \to \quad 15 = d_B + d_A \quad \to \quad d_A = 15 - d_B$

II. $K'_A(d_A) = K'_B(d_B) \quad \to \quad K'_A(15 - d_B) = K'_B(d_B)$

$$6(15 - d_B)^2 - 48(15 - d_B) + 168 = 12 d_B^2 - 96 d_B + 180$$

$$(15 - d_B)^2 - 8(15 - d_B) = 2 d_B^2 - 16 d_B + 2$$

$$225 - 30 d_B + d_B^2 - 120 + 8 d_B = 2 d_B^2 - 16 d_B + 2$$

$$d_B^2 + 6 d_B - 103 = 0$$

$$d_{B_{1/2}} = -3 \pm \sqrt{9 + 103} = -3 \pm \sqrt{112} = -3 \pm \approx 10{,}58$$

$$d_{B_1} \approx \underline{7{,}58} \quad [d_{B_2} \approx -13{,}58]$$

$$d_A = 15 - 7{,}58 = \underline{7{,}42}$$

Auf der Maschine B werden 76 Stck./Tag, auf der Maschine A 74 Stck./Tag produziert ($t_{B/A} = 10$).

b) $x = 195$ Stck./Tag $\rightarrow$ Phase 5

    Maschine B: 95 Stck./Tag bei $d_B = 9,5$ und $t_B = 10$;

    Maschine A: 100 Stck./Tag bei $d_A = 10$ und $t_A = 10$.

Abb. 97 gibt eine Übersicht zur optimalen Anpassung bei zwei funktionsgleichen, aber kostenverschiedenen Maschinen.

Kostenmäßige Konsequenzen [5]:

Gesucht: $K = f(x)$

Phase 1: zeitliche Anpassung von Maschine B

$$K = k_B(6) \cdot x = \underline{36x} \qquad \text{für } 0 \leqq x \leqq 60$$

Phase 2: intensitätsmäßige Anpassung von Maschine B

$$K = k_B \cdot x = (4 d_B^2 - 48 d_B + 180) \cdot x$$

Wegen $x = d \cdot t$ und $t_B = 10$, also $d = 0,1\,x$ gilt:

$$K = (4 (0,1 x)^2 - 48 \cdot 0,1 x + 180) \cdot x$$
$$= \underline{0,04 x^3 - 4,8 x^2 + 180 x} \qquad \text{für} \qquad 60 < x \leq 70$$

Phase 3: Einsatz beider Maschinen; zeitliche Anpassung von Maschine A bei unverändert 70 auf Maschine B produzierten Mengeneinheiten

$$K = k_B(7) \cdot 70 + k_A(6) \cdot (x - 70)$$
$$= 40 \cdot 70 + 96 (x - 70)$$
$$= 96 x - 56 \cdot 70 = \underline{96 x - 3920} \qquad \text{für} \qquad 70 < x \leq 130$$

Für die weiteren Phasen soll der Kostenverlauf wegen der rechentechnischen Probleme nicht näher bestimmt werden. Die Kosten steigen jedoch bei $x > 130$ mit wachsender Ausbringung progressiv an.

---

5 Zur graphischen Darstellung des Kostenverlaufs in den ersten drei Anpassungsphasen vgl. Abb. 91, S. 180.

Anpassungs-phase	eingesetzte Maschinen	Anpassungsform	Intensität d [Stck./Std.]	Betriebszeit t [Std./Tag]	Tagesproduktion x [Stck./Tag]
1	B	**zeitlich** bei opt. Intensität	$d_{B_{opt}} = 6$	$0 \leqq t_B \leqq 10$	$0 \leqq x \leqq 60$
2	B	**intensitätsmäßig** bei max. Betriebszeit	$6 < d_B \leqq 7$	$t_B = 10$	$60 < x \leqq 70$
3	B A	– **zeitlich** bei opt. Intensität (+ quantitativ)	$d_B = 7$ $d_{A_{opt}} = 6$	$t_B = 10$ $0 < t_A \leqq 10$	$70 < x \leqq 130$
4	B A	**intensitätsmäßig** bei max. Betriebszeit und $K'_A = K'_B$	$7 < d_B \leqq 9$ $6 < d_B \leqq 10$	$t_B = 10$ $t_A = 10$	$130 < x \leqq 190$
5	B A	**intensitätsmäßig** bei max. Betriebszeit –	$9 < d_B \leqq 10$ $d_A = 10$	$t_B = 10$ $t_A = 10$	$190 < x \leqq 200$

Abb. 97: Optimale Anpassung bei zwei funktionsgleichen, aber kostenverschiedenen Maschinen

Fünfter Teil
Kontrollfragen und Aufgaben

1. Grundlagen der Produktion

1.1 Menschliche Arbeit als Produktionsfaktor

Kontrollfragen:

1. Geben Sie einen systematischen Überblick über die Faktoren, welche die Arbeitsergiebigkeit beeinflussen.

2. Welche Möglichkeiten hat ein Unternehmer, Leistungsfähigkeit und Leistungsbereitschaft und damit die Arbeitsergiebigkeit positiv zu beeinflussen?

3. Inwieweit läßt sich Maslows Theorie für eine solche Beeinflussung nutzen?

4. Nehmen Sie Stellung zu der Forderung nach Lohngerechtigkeit.

5. Im Hinblick auf welche Faktoren sollte eine relative Lohngerechtigkeit angestrebt werden?

6. Mit welchen Instrumenten versucht die Unternehmung, ein gerechtes Lohnsystem zu entwickeln?

7. Worin besteht die Aufgabe der Arbeitsbewertung?

8. Welche Verfahren der Arbeitsbewertung können unterschieden werden?

9. Beschreiben Sie die Vorgehensweise der analytischen Arbeitsbewertung.

10. Versuchen Sie einen Anforderungskatalog für einen

    a) in der Fertigung

    b) in der Verwaltung

    tätigen Arbeitnehmer zu entwerfen.

11. Worin besteht die Aufgabe der Leistungsbewertung?

12. Welche Dimensionen telekooperativer Arbeitsformen lassen sich unterscheiden?

13. Welche Vorteile hat Telearbeit für Unternehmen?

14. Was versteht man unter Telemanagement?

15. Nennen Sie Beispiele aus dem Produktspektrum der Teleleistungen.

16. Welche Lohnformen kennen Sie?

17. Charakterisieren Sie den Zeitlohn.

18. Unter welchen Bedingungen stellt der Zeitlohn die angemessene Lohnform dar?

19. Was versteht man unter dem Akkordlohn?

20. Welche Möglichkeiten zur Akkordlohnermittlung gibt es?

21. Definieren Sie die Begriffe

   a) Normalleistung,

   b) Leistungsgrad,

   c) Vorgabezeit,

   d) Minutenfaktor,

   e) Geldsatz,

   f) Grundlohn,

   g) Mindestlohn,

   h) Akkordzuschlag,

   i) Verrechnete Minuten.

22. Unter welchen Bedingungen sollte der Akkordlohn angewendet werden?

23. Welcher Zusammenhang besteht bei Zeitlohn und Akkordlohn zwischen

   a) dem Stundenlohn [DM/Std.] und der Leistung [ME/Std.];

   b) den Lohnstückkosten [DM/ME] und der Leistung [ME/Std.]?

   Stellen Sie diese Zusammenhänge graphisch dar.

24. Worin liegen die Gründe für die Entwicklung des Prämienlohns?

25. Nennen Sie Beispiele für die Anwendung des Prämienlohns.

26. Aus welchen Komponenten setzt sich der effektive Stundenlohn beim Prämienlohnsystem zusammen?

Aufgaben:

1. Ergänzen Sie die folgende Tabelle:

   Stundenlohn: 15,– DM/Std.
   Leistungsgrad: 125%
   Grundlohn:
   Normalleistung: 10 Stück/Std.
   Vorgabezeit:
   Minutenfaktor:
   Geldsatz:
   Verrechnete Minuten:

2. Für einen Arbeitsgang in der Fertigung eines Betriebes beträgt die Vorgabezeit 5 Minuten je Mengeneinheit. Bei einer Anzahl von 10 oder weniger Mengeneinheiten pro Stunde wird ein tariflicher Mindestlohn von 12,– DM/Std. gezahlt.

   a) Wieviel verdient ein Arbeiter in der Stunde bei einem Leistungsgrad von 125%?

   b) Wie hoch ist der Akkordzuschlag (in %) in diesem Betrieb?

Die Ergebnisse der Aufgaben finden Sie auf S. 244.

1.2 Betriebsmittel

Kontrollfragen:

1. Wodurch lassen sich Betriebsmittel charakterisieren?

2. Welche für die betriebliche Leistungserstellung benötigten Güter zählen zu den Betriebsmitteln?

3. Welche Eigenschaften eines Betriebsmittels sind Grundvoraussetzung einer hohen Ergiebigkeit?

4. Unter welchen Bedingungen gilt ein Betriebsmittel als für einen bestimmten Betrieb geeignet?

5. Auf welche Weise beeinflußt der technische Fortschritt die Ergiebigkeit von Betriebsmitteln?

6. Warum ist der Ersatz technisch veralterter Betriebsmittel nicht in jedem Fall zweckmäßig?

7. Inwieweit ist die Ergiebigkeit von Betriebsmitteln auch von den Verhältnissen auf dem Absatzmarkt einer Unternehmung abhängig?

8. Zeigen Sie anhand von Beispielen die verschiedenen Ursachen für die Abnutzung eines Betriebsmittels auf.

9. Auf welche Weise kann ein Betrieb den technischen Leistungsstand und damit die Ergiebigkeit eines Betriebsmittels beeinflussen?

10. Wie läßt sich die quantitative Kapazität erfassen?
Nennen sie Beispiele.

11. Was versteht man unter der maximalen, minimalen und optimalen Kapazität eines Betriebsmittels?

12. Erläutern Sie den Begriff der qualitativen Kapazität.

13. Wie läßt sich die qualitative Kapazität erfassen?

14. Welcher Zusammenhang besteht zwischen der Kapazität und der Ergiebigkeit eines Betriebsmittels?

15. Inwieweit beeinflußt die Abstimmung der quantitativen und qualitativen Kapazitäten des gesamten Betriebsmittelbestandes die Ergiebigkeit?

16. Welche Bedeutung besitzt die fertigungstechnische Elastizität eines Betriebsmittels für dessen Eignung?

17. Welche Kriterien sind zur Beurteilung der Elastizität eines Betriebsmittels heranzuziehen?

18. Was versteht man unter der verfahrenstechnischen Entsprechung eines Betriebsmittels?

19. Wie läßt sich das verfahrenstechnische Optimum eines Betriebes bestimmen?

20. Wie ist die kritische Ausbringungsmenge definiert?

21. Welche Bedeutung hat die Operationslinie eines Betriebes für dessen Verhalten bei Beschäftigungsänderungen?

22. Welche Arten von Instandhaltungsstrategien lassen sich unterscheiden?

23. Nennen und beurteilen Sie die Prioritätsregeln der Instandhaltung im Hinblick auf ihre Leistungsfähigkeit.

Aufgaben:

3. Gegeben sind drei Verfahren mit folgenden Kostenfunktionen:

   A: $K_A = 10 + 4x$

   B: $K_B = 20 + 2x$

   C: $K_C = 40 + x$

   a) Bestimmen Sie die kritischen Ausbringungsmengen.

   b) Legen Sie die Operationslinie des Betriebes bei Variation der Produktmenge fest.

4. In einem Unternehmen soll über die Anmietung eines Kopiergerätes entschieden werden. Die Copywell AG hat Angebote für ihre drei Modelle »CW 1000«, »CW 2000« und »CW 2000 Superprint« unterbreitet. Danach fallen für die drei Geräte folgende Kosten an:

	CW 1000	CW 2000	CW 2000 S
Kopierkosten:	0,13 DM/Kopie	0,10 DM/Kopie	0,09 DM/Kopie
Papierkosten:	0,02 DM/Blatt	0,02 DM/Blatt	0,02 DM/Blatt
Mietkosten:	500,– DM	800,– DM	1.000,– DM

Für welches der drei Geräte soll sich das Unternehmen entscheiden, wenn die Kopiermenge zwischen 16 000 und 19 000 Kopien pro Monat schwankt?

5. Ein Unternehmen hat folgende Kostenfunktionen gegeben:

$$K_I = 1000 + \frac{1}{5}x \quad \text{für} \quad 0 \le x \le 10\,000$$

$$K_{II} = 1750 + \frac{1}{10}x \quad \text{für} \quad 0 \le x \le 15\,000$$

$$K_{III} = 2750 + \frac{3}{50}x \quad \text{für} \quad 0 \le x \le 20\,000$$

Ermitteln Sie die kritischen Ausbringungsmengen und die Operationslinie des Unternehmens.

6. In einem Unternehmen soll über die Anmietung einer Produktionsanlage entschieden werden. Dem Unternehmen liegen Angebote über drei Anlagen vor, die Sie beurteilen sollen. Für die unterschiedlichen Anlagen fallen folgende Kosten an:

Anlage	Mietkosten (DM/Monat)	Wartungskosten (DM/Vierteljahr)	Energiekosten (DM/ME)	Personalkosten (DM/Monat)	Materialkosten (DM/ME)
I.	20 000	15 000	6	5000	9
II.	10 000	21 000	17	500	23
III.	800	1 500	23	1200	89

Für die Anlagen gelten folgende Restriktionen:

Anlage I: $0 \le x \le 5000 \ \vee \ 8500 \le x$ $x = [\text{ME/Jahr}]$

Anlage II: $0 \le x \le 7500$

Anlage III: $0 \le x$

Berücksichtigen Sie bei der Lösung der folgenden Teilaufgaben lediglich die angegebenen Kostenarten.

a) Stellen Sie die Jahreskostenfunktionen für die einzelnen Anlagen auf.

b) Ermitteln Sie auf Basis ihrer Ergebnisse unter a) die kritischen Produktionsmengen und bestimmen Sie die Operationslinie graphisch und mathematisch.

c) Ihre erwartete jährliche Produktionsmenge sei 17000 [ME/Jahr] und die Kapazitatsgrenze der Anlage I betrage 10000 [ME/Jahr]. Welche Anlage(n) mieten Sie unter diesen Prämissen an?

Die Ergebnisse der Aufgaben finden Sie auf S. 244/245.

1.3 Werkstoffe

Kontrollfragen:

1. Was versteht man unter dem Produktionsfaktor Werkstoffe?

2. Welche Werkstoffarten lassen sich unterscheiden? Nennen Sie Beispiele.

3. Stellen Sie im Schaubild die Ergiebigkeitskomponenten des Werkstoffeinsatzes dar.

4. Stellen Sie anhand von Beispielen dar, wie Standardisierung, Formgebung sowie chemische und physikalische Eigenschaften eines Werkstoffes seine Ergiebigkeit beeinflussen.

5. Was versteht man unter Materialverlusten und welche Arten kann man unterscheiden?

6. Welche Möglichkeiten gibt es, um Unwirtschaftlichkeiten aufgrund von Materialverlusten zu vermeiden bzw. zu verringern?

7. Nennen und beschreiben Sie unterschiedliche Arten des Recycling.

8. Wodurch unterscheiden sich „end-of-the-pipe-technologies" von „clean technologies" im Rahmen des Umweltschutzes?

9. Warum ist es für eine Unternehmung besonders wichtig, gerade die Ausschußquote so gering wie möglich zu halten?

10. Durch welche Maßnahmen kann ein Unternehmen die Ergiebigkeit der Werkstoffe erhöhen?

11. Beschreiben Sie die Aufgaben der Materialwirtschaft.

12. Welche alternativen Prinzipien der Materialbereitstellung stehen zur Verfügung?

13. Nennen Sie die Vor- und Nachteile der einzelnen Bereitstellungsprinzipien.

14. Diskutieren Sie die wichtigsten Bausteine der JIT-Anlieferung.

15. Warum ist die Realisierung der JIT-Anlieferung häufig mit Verkehrsproblemen verbunden?

16. Erläutern Sie den Zusammenhang zwischen Fertigungsprogramm und Bereitstellungsprinzip.

17. Was ist unter dem Meldebestand eines Werkstoffes zu verstehen?

18. Wie wird der Meldebestand bei kontinuierlicher Lagerentnahme ermittelt?

19. Welche Materialbedarfsarten können bei der Ermittlung nach Ursprung und Erzeugnisebene differenziert werden?

20. Grenzen Sie Brutto- und Nettobedarf voneinander ab.

21. Welche Methoden der Materialbedarfsplanung lassen sich unterscheiden und für welche Güterarten sind diese besonders geeignet?

22. Welches sind die Unterschiede bei der Bedarfsermittlung nach Fertigungs- und Dispositionsstufenverfahren?

23. Erläutern Sie die Bedeutung des Glättungsfaktors α bei der Exponentiellen Glättung 1. Ordnung.

24. Vor welchem kostenmäßigen Dilemma steht die Materialwirtschaft bei der Bestimmung der Bestellmenge eines Werkstoffes?

25. Wie ist die optimale Bestellmenge definiert?

26. Welche Kostenarten sind bei der Bestellmengenoptimierung zu berücksichtigen?

27. Auf welchen Annahmen basiert das Grundmodell zur Ermittlung der optimalen Bestellmenge?

28. Veranschaulichen Sie graphisch die Annahme eines kontinuierlichen Lagerabgangs.

29. Warum kommt der Annahme eines stetigen und in gleichen Raten erfolgenden Lagerabgangs für die Ermittlung der optimalen Bestellmenge eine besondere Bedeutung zu?

30. Leiten Sie die optimale Bestellmenge graphisch und analytisch ab.

31. Kritisieren Sie das Modell der optimalen Bestellmenge und zeigen Sie Möglichkeiten zu seiner Erweiterung auf.

Aufgaben:

7. Ein Unternehmen strebt für die Rohstoffbeschaffung eine optimale Bestellpolitik an. Von einem Rohstoff A ist bekannt, daß er kontinuierlich und in gleichen Raten vom Rohstofflager entnommen wird und in die Produktion eingeht. Der jährliche Verbrauch beträgt 750 Tonnen (ein Jahr = 360 Tage). Bei jeder Bestellung entstehen bestellmengenfixe Kosten in Höhe von 60,– DM. **Pro Tag und Tonne** fallen Lagerkosten in Höhe von 0,10 DM an. Ermitteln Sie die optimale Bestellmenge, die optimale Bestellhäufigkeit und die optimale Lagerdauer.

8. Ein Betrieb hat einen Jahresbedarf von 12 000 kg eines bestimmten Rohstoffes. Dieser Rohstoff geht kontinuierlich und in gleichen Raten in die Produktion ein. Bei seiner Beschaffung entstehen 300 Geldeinheiten bestellmengenfixe Kosten, die Lagerkosten betragen 0,02 Geldeinheiten **pro Tag und kg**. Bestimmen sie die Funktion der Stückkosten in Abhängigkeit von der Lagerdauer zwischen den Bestellungen und leiten Sie daraus die optimale Lagerdauer her.

9. Die Firma ReZi möchte ihre Bestellpolitik für das Rohstofflager optimieren. Eine Analyse der relevanten Kostenstrukturen ergab folgende **Stückkostenverläufe** in Abhängigkeit von der Bestellmenge.

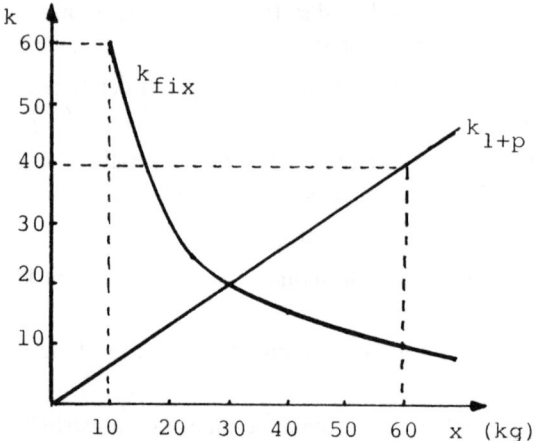

k_{fix} = bestellmengenfixe Kosten/kg
k_{1+p} = Lagerhaltungskosten/kg

a) Skizzieren Sie in der Abbildung den Verlauf der Gesamtstückkostenkurve ($k_g = k_{\text{fix}} + k_{1+p}$) und lesen Sie die optimale Bestellmenge ab.

b) Wie hoch ist der von der Firma ReZi angesetzte Kapitalkostensatz p (Jahreszinssatz), wenn die *Lagerkosten* mit 0,5 GE pro Kilogramm und Tag angegeben sind und der gesamte Jahresbedarf des Rohstoffes auf 285 kg geschätzt ist? Der Einstandspreis pro Kilo Rohstoff ist 2000 GE/kg (Jahr = 360 Tage).

10. Ein Unternehmen möchte die Materialbedarfs- und Bestellmengenplanung für das Einzelteil E_2 für die kommende Periode (1 Jahr) durchführen. E_2 wird im Unternehmen zur Erzeugung der Produkte P_1 und P_2 benötigt und geht kontinuierlich und in gleichen Raten in die Produktion ein. Die Endprodukte P_1 und P_2 werden direkt abgesetzt. Die Produkte werden nach der Erzeugnisstruktur des nachfolgend dargestellten Gozintographen gefertigt:

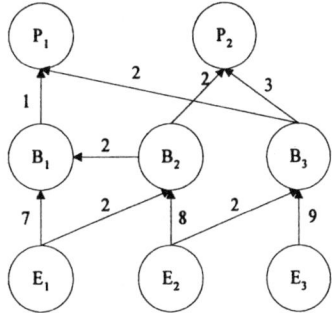

Der Primärbedarf an P_1 und P_2 beträgt in der Planperiode 5.700 bzw. 3.000 Einheiten. Die fixen Kosten der Bestellung des Einzelteils E_2 werden in der kommenden Periode mit 2.500,– DM und der Lager- und Zinskostensatz wird mit 5% geplant. Der Beschaffungspreis von E_2 ist abhängig von der nachgefragten Menge: Bei einer Bestellmenge von 0 bis einschließlich 10.999 Einheiten E_2 beträgt der Preis je Einheit 180,– DM. Ab einer Bestellmenge von 11.000 Einheiten wird ein Preisnachlaß von 10% gewährt.

a) Bestimmen Sie zunächst die jeweiligen Bedarfsmengen an Baugruppen (B) und Einzelteilen (E) mit Hilfe eines linearen Gleichungssystems.

b) Führen Sie auf Grundlage ihrer Bedarfsplanung aus a) für das Einzelteil E_2 die Berechnung der optimalen Bestellmenge durch. Lassen Sie Auswirkungen der optimalen Bestellmenge auf die Bestellhäufigkeit bei ihren Berechnungen unberücksichtigt!

Diese Ergebnisse der Aufgaben finden Sie auf S. 246.

1.4 Information

Kontrollfragen:

1. Erläutern Sie die Ergiebigkeitsfaktoren des Produktionsfaktors Information.

2. Was bedeutet die Forderung nach bedarfsgerechten Informationen?

3. Für welche Managementebene sind verdichtete Informationen besonders wichtig?

4. Wie läßt sich der Informationsbedarf eines Entscheidungsträgers bestimmen?

5. Wie lassen sich rechnergestützte Informationssysteme im Hinblick auf betriebswirtschaftliche Anwendungssysteme klassifizieren?

6. Nach welcher Vorgehensweise ist beim Aufbau eines rechnergestützten Informationssystems zu verfahren?

1.5 Fertigung

Kontrollfragen:

1. Wie lassen sich die Fertigungsverfahren nach der Art des ihnen zugrundeliegenden Produktionsprogramms systematisieren?

2. Welche Typen von Fertigungsverfahren ergeben sich, wenn man diese nach der Art der technischen Prozesse untergliedert?

3. Kennzeichnen Sie die Fertigungsverfahren nach dem Kriterium der organisatorischen Gestaltung des Fertigungsablaufes.

4. Arbeiten Sie die Vor- und Nachteile der Fließ- und der Werkstattfertigung heraus.

5. Nennen Sie die Vor- und Nachteile der Gruppenfertigung. Beschreiben Sie das Konzept der Fertigungsinsel.

6. Diskutieren Sie ausgewählte Fertigungstechniken und Arbeitsorganisationen in der Fertigung unter dem Gesichtspunkt der Humanisierung der Arbeit.

7. Was versteht man unter strategischer, taktischer und operativer Fertigungsprogrammplanung?

8. Erläutern Sie den Zusammenhang zwischen den verschiedenen Planungsebenen (siehe Frage 7) anhand eines Beispiels.

9. Nennen und erläutern Sie Instrumente der Fertigungsprogrammplanung im Hinblick auf die verschiedenen Stufen.

10. Was wird unter dem Losgrößenproblem verstanden?

11. Welche Annahmen werden beim Modell der optimalen Losgröße getroffen? Welche dieser Annahmen halten Sie für besonders restriktiv?

12. Welche Bedeutung besitzt der Deckungsbeitrag für die operative Programmplanung?

13. Inwieweit kann die Berücksichtigung von Fixkosten im Rahmen der operativen Fertigungsprogrammplanung zu Fehlentscheidungen führen?

14. Nach welchem Kriterium erfolgt die Auswahl der Erzeugnisse bei freien Kapazitäten?

15. Wie wird das optimale Fertigungsprogramm in der operativen Programmplanung bei Vorliegen eines einzigen Kapazitätsengpasses bestimmt?

16. Beschreiben Sie die einzelnen Schritte zur Festlegung des optimalen Fertigungsprogramms, wenn mehrere Engpässe vorliegen.

17. Nach welchen Zielsetzungen wird versucht, das Reihenfolge- bzw. Maschinenbelegungsproblem zu lösen?

18. Was versteht man unter dem „Dilemma der Ablaufplanung"?

19. Erklären Sie die Vorgehensweise beim Johnson-Algorithmus.

20. Wie lauten die wichtigsten Prioritätsregeln der Reihenfolgeplanung? Beurteilen Sie diese Regeln im Hinblick auf die Erreichung der Ziele der Reihenfolgeplanung.

21. Welche CAx-Verfahren gehören zur CIM-Konzeption? Nennen und beschreiben Sie die einzelnen CIM-Komponenten.

22. CIM + CAO = CAI. Erläutern Sie diese Beziehung.

23. Aus welchen Hierarchieebenen setzt sich ein PPS-System allgemein zusammen?

24. Beschreiben Sie die Inhalte der Produktionsprogrammplanung.

25. Erläutern Sie die Aufgaben der Materialbedarfsplanung im Rahmen des PPS-Systems.

26. Welche Arbeitsschritte erfolgen im Rahmen der Produktionssteuerung?

27. Nehmen Sie kritisch Stellung zum Einsatz von PPS-Systemen.

28. Was ist unter Lean Production zu verstehen?

29. Welche Bausteine sind für Lean Production kennzeichnend?

30. Diskutieren Sie die Übertragbarkeit der Lean Production auf westeuropäische Unternehmen.

31. Welche Vorteile lassen sich durch die Teilnahme an einem Unternehmensnetzwerk realisieren, wo liegen die möglichen Risiken?

32. Wodurch unterscheiden sich horizontale und vertikale Unternehmensnetzwerke?

33. Worin liegen die Potentiale des organisationalen Lernens in Unternehmensnetzwerken?

34. Beschreiben Sie die Rolle der Informations- und Kommunikationssysteme für die Steuerung und Koordination der Prozesse in Produktionsnetzwerken.

Aufgaben:

11. In einem Fertigwarenlager nimmt der Bestand einer Produktionssorte kontinuierlich und in gleichen Raten ab. Der Abgang pro Jahr betrage *M* Stück. Bei der Umstellung der Produktionsanlagen auf diese Sorte fallen losfixe Kosten in Höhe von a Geldeinheiten an, die Kosten der Lagerung betragen b Geldeinheiten **pro Stück und Jahr**. Die entscheidungsrelevanten Gesamtkosten sind zu minimieren. Welches ist die unter diesen Umständen optimale Losgröße?

12. Eine Süßwarenfabrik fertigt mehrere Schokoladensorten, u. a. die Sorte „Zartbitter" mit einem Gesamtabsatz von 120 000 Tafeln im Jahr (ein Jahr = 360 Tage). Der Absatz erfolgt kontinuierlich und in gleichen Raten. Bei jeder Umstellung der Produktionsanlagen auf die Sorte „Zartbitter" entstehen Kosten von 270,– DM. Die Lagerkosten **je Tag und Tafel** betragen 0,005 DM. Ermitteln Sie die optimale Auflagenhäufigkeit.

13. Ein Unternehmen kann auf einer Fertigungsanlage, die pro Periode 2000 Stunden genutzt werden kann, die Produkte x_1, x_2 und x_3 herstellen, die zu den Marktpreisen $p_1 = 21$,– DM, $p_2 = 17$,– DM und $p_3 = 12$,– DM unbegrenzt abgesetzt werden können. Die Fixkosten der Anlage sind 4.000,– DM pro Periode, die variablen Kosten sind bei Produkt 1: 13,– DM/Stck., bei Produkt 2: 10,– DM/Stck. und bei Produkt 3: 8,– DM/Stck. Die Produktionszeit pro Stück auf der Anlage beträgt:

Produkt 1: 2 Stunden/Stück;
Produkt 2: 1 Stunde/Stück;
Produkt 3: 1/2 Stunde/Stück.

Welches Produkt ist das gewinngünstigste und wird daher auf der Anlage produziert?

14. Ein Unternehmen stellt das Silberbesteck „Spaten" in drei Ausführungen mit unterschiedlichem Silbergehalt (Silberanteil am Gesamtgewicht) her. Für die operative Produktionsprogrammplanung stehen folgende Daten zur Verfügung:

Ausführung	Silbergehalt	Var. Kosten pro Besteck	Absatzpreis pro Besteck	Maximale Absatzmenge
Spaten 0,2	20%	60, –	80, –	1000
Spaten 0,4	40%	90, –	120, –	1000
Spaten 0,5	50%	135, –	175, –	1000

Bestimmen Sie das gewinngünstigste Produktionsprogramm, wenn dem Unternehmen maximal 180 kg Silber zur Verfügung stehen und jedes Besteck ein Gesamtgewicht von 200 g hat.

15. Eine Unternehmung stellt zwei Produkte 1 und 2 mit den Deckungsbeiträgen von 200,– DM je Mengeneinheit des Produktes 1 und von 500,– DM je Mengeneinheit des Produktes 2 her. Die beiden Produkte werden auf zwei Maschinen A und B hergestellt mit einer Kapazität von

200 Stunden pro Monat (Maschine A) und 300 Stunden pro Monat (Maschine B). Die Produktionskoeffizienten sind der nachstehenden Tabelle zu entnehmen:

Maschinen \ Produkte	1	2	Kapazität in Std./Monat
A	2	2	200
B	4	2	300

Von Produkt 2 können, wie die Marktforschung ermittelt hat, maximal 70 Mengeneinheiten abgesetzt werden.

Bestimmen Sie das Produktionsprogramm mit dem größten Deckungsbeitrag aller Produkte (graphische Lösung und analytische Bestimmung des durch die graphische Lösung ermittelten Eckpunktes).

16. Eine Unternehmung produziert auf einer Maschine, die aus technischen Gründen mindestens 210 Stunden pro Monat ausgelastet sein muß, zwei Produkte 1 und 2 mit Produktionszeiten von 1,5 Stunden (Produkt 1) und 7 Stunden (Produkt 2) je Produktmengeneinheit. Für Produkt 1 besteht ein Liefervertrag über 30 ME pro Monat. Die Unternehmung will, um ihre Marktposition behaupten zu können, einen Mindestumsatz von 24.000,– DM erzielen. Die Absatzpreise betragen 400,– DM/ME (Produkt 1) und 200,– DM/ME (Produkt 2).

Bestimmen Sie das kostenminimale Produktionsprogramm der Unternehmung bei variablen Stückkosten von 300,– DM (Produkt 1) und 50,– DM (Produkt 2) (graphische Lösung mit analytischer Bestimmung des Eckpunktes).

17. Eine Unternehmung stellt zwei Produkte 1 und 2 her. Mit Produkt 1 wird bei einem Absatzpreis von 180,– DM ein Deckungsbeitrag von 20,– DM je Mengeneinheit erzielt, mit Produkt 2 bei einem Absatzpreis von 90,– DM ein Deckungsbeitrag von 80,– DM je Mengeneinheit. Für die Herstellung der beiden Produkte werden drei Rohstoffe A, B, C benötigt, von denen maximal 450 t (Rohstoff A), 360 t (Rohstoff B) und 240 t (Rohstoff C) je Monat beschafft werden können. Die Produktionskoeffizienten sind der nachstehenden Tabelle zu entnehmen:

Rohstoffe \ Erzeugnisse	1	2	Max. verfügbare Menge [t/Monat]
A	3	5	450
B	4	3	360
C	3	1	240

Von Produkt 2 können maximal 75 Mengeneinheiten abgesetzt werden.

Da die Unternehmung ihre Marktposition verbessern will, wird neben dem Ziel „Maximierung des Deckungsbeitrages" auch das Ziel „Umsatzmaximierung" verfolgt. Die beiden Ziele werden im Verhältnis 7 : 3 bewertet.

Bestimmen Sie das Produktionsprogramm, das der Unternehmung maximalen Nutzen bringt (graphische Lösung und analytische Bestimmung des ermittelten Eckpunktes).

18. Die in einer Gutsverwaltung tätigen Produktionsprogrammplaner J. und M. stehen vor folgender Aufgabe:

Es sind 40 ha mit Weizen und Rüben zu bebauen. Für den Weizenanbau eignen sich jedoch höchstens 30 ha. Der Arbeitsaufwand betrage für den Weizen 0,3 Tage/ha, für den Rübenanbau 0,8 Tage/ha. Es stehen 3 Arbeiter zu je 8 Arbeitstagen zur Verfügung.

Der Ertrag pro Hektar Rüben wird in diesem Jahr auf 20 000 kg geschätzt. Der Absatzpreis für die unbegrenzt absetzbaren Rüben betrage 50,– DM/t. Die variablen Kosten für den Rübenanbau (Saatkosten etc.) belaufen sich auf 200,– DM/ha. Für Weizen wird wie im Vorjahr mit einem Hektar-Nettogewinn von 400,– DM/ha gerechnet. Die Pachtkosten (fixe Kosten) betragen für die **gesamte** Anbaufläche 8.000,– DM.

Unterstützen Sie die beiden Produktionsprogrammplanungsspezialisten bei der Suche nach dem gewinnmaximalen Anbauprogramm (graphische Lösung und analytische Bestimmung des durch die graphische Lösung ermittelten Eckpunktes).

19. Ein Unternehmen produziert zwei Erzeugnisse 1 und 2 in den Abteilungen A und B. Die folgende Tabelle gibt die Produktionskoeffizienten und die Kapazität der Abteilungen wieder.

Abtlg. \ Erzeugnis	1	2	Kapazität [Std./Monat]
A	3	3	240
B	1,5	3	150

Von Erzeugnis 2 lassen sich maximal 40 ME im Monat absetzen.

Die Kosten in den Fertigungsabteilungen betragen 50,– DM/Std. (Abteilung A) und 80,– DM/Std. (Abteilung B); sonstige variable Kosten fallen an in Höhe von 130,– DM/ME (Erzeugnis 1) und 60,– DM/ME (Erzeugnis 2).

Bestimmen Sie das deckungsbeitragsmaximale Produktionsprogramm bei Absatzpreisen von 430,– DM/ME (Erzeugnis 1) und 500,– DM/ME (Erzeugnis 2) (graphische Lösung).

20. Folgende Daten stehen zur Planung des Produktionsprogramms für die nächste Periode zur Verfügung:

Produkt	Absatz-menge (ME/Per.)	Absatz-preis (GE/ME)	variable Kosten (GE/Per.)	Kapazitäts-bedingung in F1 (ZE/ME)	Kapazitäts-bedingung in F2 (ZE/ME)	Fixkosten pro Periode (GE/Per.)
A	24 000	84	864 000	4	7,5	300 000
B	36 000	64	1 728 000	0,8	1	600 000
C	28 800	101	1 756 800	2,5	5	500 000
D	15 000	54	900 000	3	2	800 000

F 1 = Fertigungsstelle 1
F 2 = Fertigungsstelle 2

Die vorhandene Fertigungskapazität beträgt in

– F 1: 190 000 (ZE/Periode)
– F 2: 330 000 (ZE/Periode)

Gehen Sie bei ihren Betrachtungen von gegebenen kurzfristig **nicht** abbaubaren Kapazitäten aus. Berechnen Sie das gewinnoptimale Produktionsprogramm mit Hilfe der Simplex-Methode und ermitteln Sie den entsprechenden Periodenerfolg.

21. In einem zweistufigen Mehrproduktbetrieb müssen die Sorten A bis F zuerst die Fertigungsstufe I und danach die Fertigungsstufe II durchlaufen. Es sind folgende Bearbeitungszeiten der Sorten in den Stufen I und II gegeben (in ZE):

Sorte	Fertigungsstufen	
	I	II
A	3	6
B	5	1
C	2	7
D	4	1
E	6	4
F	7	2

Vergleichen Sie den Johnson-Algorithmus mit der KOZ-Regel anhand des Kriteriums Gesamtdurchlaufzeit!

Die Ergebnisse der Aufgaben finden Sie auf S. 246.

2. Produktionstheoretische Grundlagen

2.1 Produktionsfunktion, Faktorbeziehungen und begriffliches Instrumentarium

Kontrollfragen:

1. Welcher Zusammenhang wird durch eine Produktionsfunktion beschrieben?

2. Wie läßt sich dieser Zusammenhang mathematisch darstellen?

3. Welche Arten von Beziehungen zwischen den Produktionsfaktoren können unterschieden werden?

4. Wie lassen sich die verschiedenen Arten von Faktorbeziehungen graphisch veranschaulichen?

5. Geben Sie Beispiele für Produktionsprozesse mit peripher substituierbaren und limitationalen Produktionsfaktoren.

6. Worin unterscheiden sich linear- und nichtlinear-limitationale Produktionsfunktionen?

7. Kennzeichnen Sie die folgenden Produktionsfunktionen nach der Art der Faktorbeziehungen, die ihnen zugrunde liegt.

   a) $x = \frac{1}{4} v_1 \cdot v_2$

   b) $x = v_1 + \frac{1}{2} v_2$

   c) $x = 5 v_1 \cdot v_2 + 2 v_1^2 \cdot v_2^2 - 0,1\, v_1^3 \cdot v_2^3; \quad v_1 = \text{konstant} = 2$

   d) $x = \frac{1}{2} v_1; \quad v_1 = 2 v_2, v_1 = 4 v_3$

8. Definieren Sie die Begriffe:
   a) Grenzproduktivität,
   b) Grenzertrag,
   c) Durchschnittsertrag,
   d) Produktionskoeffizient
   und stellen Sie diese Begriffe mathematisch dar.

9. Die Grenz**produktivitäten** eines Produktionsfaktors bei alternativen Einsatzmengen werden durch die erste Ableitung der Produktionsfunktion dargestellt. Unter welcher Voraussetzung ist es berechtigt, die erste Ableitung als Grenz**ertrags**funktion zu bezeichnen – wie in der Literatur üblich?

10. Welche Beziehung besteht zwischen Produktionskoeffizient und Durchschnittsertrag?

2.2 Produktionsfunktion vom Typ A

Kontrollfragen:

2.2.1 Partielle Faktorvariation

1. Welchen historischen Ursprung hat die Produktionsfunktion vom Typ A?

2. Nennen Sie die wesentlichen Merkmale dieser Produktionsfunktion.

3. Was verstehen Sie unter partieller und totaler Faktorvariation?

4. In welchen Ausprägungen tritt das Ertragsgesetz auf?

5. Beschreiben Sie die Produktionsfunktion, die im allgemeinen als Ertragsgesetz bezeichnet wird.

6. Wie läßt sich der Verlauf einer ertragsgesetzlichen Produktionsfunktion begründen?

7. Welche Bedeutung hat die Einsatzmenge des konstanten Faktors für den Verlauf der Gesamtertragskurve?

8. Bei welcher Einsatzmenge erreicht der variable Faktor seine höchste Produktivität?

9. Leiten Sie graphisch aus einer ertragsgesetzlichen Gesamtertragskurve
   a) die Grenzertragskurve,
   b) die Durchschnittsertragskurve
   ab.

10. Wo liegt das Maximum der Grenzertragskurve?

11. Zeigen Sie graphisch und analytisch, daß die Grenzertragskurve die Durchschnittsertragskurve in deren Maximum schneidet.

12. Warum schneidet die Grenzertragskurve die Abszisse bei der Einsatzmenge des variablen Faktors, bei der die Gesamtertragskurve ihr Maximum erreicht?

13. Wie lassen sich die Maxima von Gesamt-, Grenz- und Durchschnittsertragskurve analytisch bestimmen?

14. Welchem Zweck dient das Vier-Phasen-Schema?

15. Charakterisieren Sie die vier Phasen dieses Schemas.

16. Welche Annahmen liegen dem Ertragsgesetz zugrunde?

17. Diskutieren Sie diese Annahmen im Hinblick auf die Bedeutung des Ertragsgesetzes für die Beschreibung industrieller Produktionsprozesse.

2.2.2 Totale Faktorvariation

1. Welche Möglichkeiten bestehen für die graphische Darstellung einer substitutionalen Produktionsfunktion vom Typ $x = f(v_1; v_2)$ bei totaler Faktorvariation?

2. Welcher Zusammenhang besteht zwischen einem Ertragsgebirge und Ertragskurven bei partieller Faktorvariation?

3. Definieren Sie den Begriff der Ertragsisoquante!

4. Wie lassen sich Ertragsisoquanten aus einem Ertragsgebirge herleiten?

5. Warum können sich Ertragsisoquanten nicht schneiden?

6. Warum sind Ertragsisoquanten normalerweise linksgekrümmt?

7. Wodurch wird bei einer Darstellung der Ertragsfunktion mittels Isoquanten ein unterschiedliches Ertragsniveau ausgedrückt?

8. Was besagt der Begriff der Niveaugrenzproduktivität?

9. Wie ist eine homogene (inhomogene) Produktionsfunktion definiert?

10. Welche Arten von homogenen Produktionsfunktionen lassen sich unterscheiden?

11. Wie läßt sich der Homogenitätsgrad einer Produktionsfunktion bestimmen?

12. Was versteht man unter
    a) der Durchschnittsrate der Substitution,
    b) der Grenzrate der Substitution?

13. Welcher Zusammenhang besteht zwischen der Grenzrate der Substitution und den Grenzproduktivitäten der Produktionsfaktoren?

2.2.3 Minimalkostenkombination

1. Welche Fragestellung liegt dem Begriff der Minimalkostenkombination zugrunde?

2. Welche Punkte einer Ertragsisoquanten begrenzen den Bereich wirtschaftlich sinnvoller Faktorkombinationen?

3. Welche zusätzlichen Informationen werden neben der Produktionsfunktion benötigt, um die günstigste der möglichen Faktorkombinationen zu ermitteln, mit denen sich ein bestimmtes Ertragsniveau erzielen läßt?

4. Was ist unter einer Isokostenlinie zu verstehen?

5. Warum besitzt die Isokostenlinie eine negative Steigung?

6. Wie läßt sich mit Hilfe der Isokostenlinie die Minimalkostenkombination bestimmen?

7. Welchen Bedingungen muß die Minimalkostenkombination genügen?

8. Zeigen Sie graphisch, wie sich bei unveränderter Kostenobergrenze
   a) die Preissenkung (-steigerung) nur eines Produktionsfaktors,
   b) eine prozentual gleiche Preissenkung (-steigerung) beider Produktionsfaktoren

   auf die Minimalkostenkombination auswirkt.

9. Zeigen Sie ebenfalls graphisch die Konsequenzen einer Änderung des für die Produktion zur Verfügung stehenden Budgets (= Obergrenze der Gesamtkosten).

Aufgaben:

22. Wo liegen bei folgender Produktionsfunktion die vier *Gutenberg*'schen Produktionsphasen, wenn gilt $v_1 = \text{konstant} = 2$:

$$x = 3\,v_1^2 v_2^2 - 0{,}2\,v_1^3 v_2^3\,?$$

23. Für die Herstellung eines Gutes gilt die folgende Produktionsfunktion:

$$x = \frac{4}{5}\,v^2 - \frac{2}{15}\,v^3.$$

   a) Bestimmen Sie das Maximum des Grenzertrages.
   b) Bestimmen Sie die Intervalle steigender bzw. sinkender Produktivität.
   c) Bei welcher Faktoreinsatzmenge liegt das Maximum des Gesamtertrags?

24. Ein Produktionsprozeß sei durch folgendes Ertragsgebirge beschrieben:

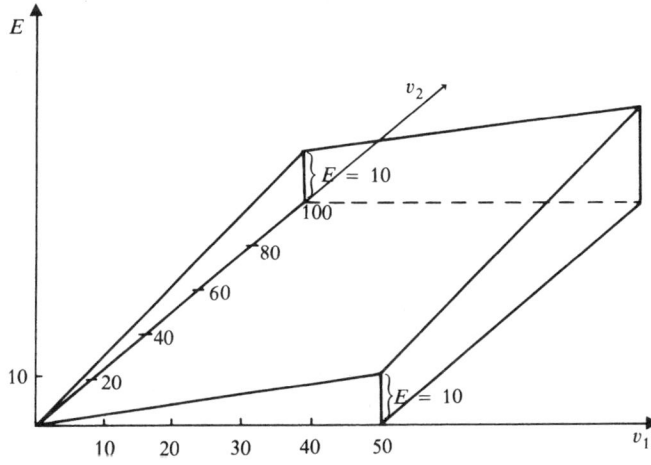

   a) Tragen Sie die zu diesem Ertragsgebirge gehörenden Isoquanten für die Ertragsniveaus 10 ME, 8 ME, 6 ME, 4 ME und 2 ME in ein zweidimensionales Schaubild ein.

    b) Um welche Art der Faktorsubstitution handelt es sich?

    c) Wie heißt die Produktionsfunktion, die jeden Punkt des Ertragsgebirges bestimmt? $(E = f(v_1; v_2))$

25. Bestimmen Sie den Homogenitätsgrad der folgenden Produktionsfunktionen:

    a) $x = \dfrac{1}{4} v_1 \cdot v_2$

    b) $x = \sqrt{100 v_1 \cdot v_2}$

    c) $x = \dfrac{v_1 \cdot v_2^2}{\dfrac{1}{4} v_2}$

    d) $x = \dfrac{3}{8} v_1^2 \cdot v_2^2 - \dfrac{4}{15} v_1^3 \cdot v_2^3$

    e) $x = 0{,}75\, v_1^{1/6} \cdot v_2^{1/4}$

26. Für die Produktionsfunktion $x = 2\, v_1 \cdot v_2$ gilt die folgende Substitutionsrate:

$$\frac{\mathrm{d}v_2}{\mathrm{d}v_1} = -0{,}5$$

Bestimmen Sie die zu dieser Substitutionsrate zugehörigen Einsatzmengen von v_1 und v_2 für $x = 9$.

27. Kennzeichnen Sie für die abgebildete Ertragsisoquante den Bereich wirtschaftlich sinnvoller Faktorkombinationen.

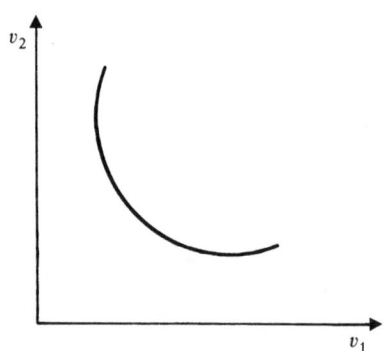

28. Gegeben sind die Produktionsfunktionen

$$x = 2\, v_1^{1/3} \cdot v_2^{2/3}$$

und die Faktorpreise $p_1 = 4{,}-$ DM/ME und $p_2 = 8{,}-$ DM/ME.

Bestimmen Sie den maximal möglichen Ertrag, wenn die Gesamtkosten 960,– DM betragen.

29. Der Produktionsprozeß einer Unternehmung ist formal durch folgende Produktionsfunktion gegeben:

$$x = v_1^{1/2} \cdot v_2^{1/2}$$

Das letztjährige Kostenbudget von 48 GE wurde bei den Faktorpreisen $p_1 = 4$ GE/FE und $p_2 = 1$ GE/FE vollständig benötigt. Da inzwischen der Preis des Faktors 2 gestiegen ist (p_1 = konstant), setzt die Unternehmung in diesem Jahr ein höheres Kostenbudget von 96 GE fest.

Bis zu welchem maximalen Preis des Faktors 2 kann die Unternehmung einkaufen, um die letztjährige Ausbringungsmenge x halten zu können? (Optimalverhalten vorausgesetzt!)

Die Ergebnisse der Aufgaben finden Sie auf S. 247/248.

2.3 Produktionsfunktion vom Typ B

Kontrollfragen:

1. Welche Gründe führten zur Entwicklung der Produktionsfunktion vom Typ B?

2. In welchen wesentlichen Punkten unterscheiden sich die Produktionsfunktionen vom Typ A und B?

3. Beschreiben Sie den mittelbaren Zusammenhang zwischen Ausbringung und Faktoreinsatz, wie er durch die Produktionsfunktion vom Typ B wiedergegeben wird.

4. Welchen Einfluß hat die Z-Situation eines Aggregates auf seinen Faktorverbrauch?

5. Wie ist die technische (ökonomische) Verbrauchsfunktion definiert?

6. Nennen Sie Beispiele für technische (ökonomische) Verbrauchsfunktionen.

7. Wie läßt sich der Gesamtverbrauch eines Faktors (V_i^{tot}) während der Einsatzzeit t eines Aggregates ermitteln?

8. Was versteht man unter dem optimalen Leistungsgrad einer Maschine?

9. Wie wird der optimale Leistungsgrad bestimmt?

10. Welche Kritik läßt sich an der Produktionsfunktion vom Typ B üben?

Aufgaben:

30. Eine Maschine kann mit unterschiedlichen Intensitätsgraden arbeiten, die zwischen $2 \leqq d \leqq 4$ liegen. Dabei hat d die Dimension Stück pro Minute. Für den Betrieb der Maschine werden zwei Verbrauchsfaktoren eingesetzt, deren Verzehrmengen pro Stunde in Abhängigkeit von der Intensität sich durch folgende Verbrauchsfunktionen wiedergeben lassen:

$$v_1 = 2400\,d - 24\,d^2 + 6\,d^3$$

$$v_2 = 1800\,d - 12\,d^2 + 3\,d^3$$

Bestimmen Sie den optimalen Leistungsgrad der Maschine bei Faktorpreisen von $p_1 = 8{,}-$ DM/ME und $p_2 = 3{,}-$ DM/ME.

31. Die Verzehrmengen einer Maschine an Öl und Kühlmittel lassen sich durch folgende technische Verbrauchsfunktionen wiedergeben:

$$\tilde{v}_1 = \frac{1}{5}\tilde{d}^2 - 2\,\tilde{d} + 12 \quad \triangleq \quad \text{Ölverbrauch} \ \text{[Liter/100 Umdrehungen]}$$

$$\tilde{v}_2 = \frac{1}{2}\tilde{d}^2 - 4\,\tilde{d} + 14 \quad \triangleq \quad \text{Kühlmittelverbrauch} \ \text{[Liter/100 Umdrehungen]}$$

Die möglichen Intensitätsgrade der Maschine liegen zwischen $1 \leqq \tilde{d} \leqq 10$. Der Preis für einen Liter Öl sei 2,– DM, für einen Liter Kühlmittel 4,– DM.

a) Bestimmen Sie die minimalen spezifischen Verzehrmengen von $\tilde{v}_1$ und $\tilde{v}_2$.

b) Wie hoch ist der Tagesverbrauch (8 Stunden) der Maschine an Öl, wenn diese mit optimaler Intensität betrieben wird?

32. Bäckermeister R. M. verwendet für die Herstellung seiner berühmten Weihnachtsstollen ein Rezept, das u. a. folgende Zutaten pro Stollen (x) vorsieht: 1 kg Mehl (r_1); 100 g Hefe (r_2); 200 g Zucker (r_3); 400 g Butter (r_4); 500 g Rosinen (r_5) und 100 g Orangeat (r_6).

a) Wie lautet die Produktionsfunktion, wenn die Faktoreinsatzmengen $r_1; \dots; r_n$ in Kilogramm dimensioniert sind?

b) Die Zutaten Butter und Hefe stehen nur in begrenzter Menge zur Verfügung: Butter maximal 20 kg, Hefe maximal 4 kg. Welcher der beiden Faktoren limitiert die Stollenproduktion?

33. Einem Unternehmen stehen zur Herstellung eines Erzeugnisses zwei Produktionsprozesse zur Verfügung. Die beiden Prozesse lassen sich durch folgende linear-limitationale Produktionsfunktionen beschreiben:

Prozeß I: $x = \min\left(\frac{1}{5}r_1; \frac{1}{2}r_2\right)$

Prozeß II: $x = \min\left(\frac{1}{2}r_1; \frac{1}{5}r_2\right)$

x = Ausbringungsmenge des Erzeugnisses, r_1 = Einsatzmenge Faktor 1, r_2 = Einsatzmenge Faktor 2.

a) Zeichnen Sie die beiden Produktionsprozesse in ein r_1-r_2-Diagramm bis zu einem Ausbringungsniveau von jeweils $x = 15$ ME.

b) Zeichnen Sie die Ertragsisoquanten für die Ertragsniveaus $x = 5$, $x = 10$ und $x = 15$ ein.

c) Wie lautet die Gleichung der Ertragsisoquante für $x = 10$, die sich im Substitutionsgebiet zwischen den beiden Prozessen befindet?

d) Wie muß das Unternehmen die beiden Prozesse kombinieren, wenn es unter Beachtung des Wirtschaftlichkeitsprinzips produzieren will und von Faktor 2: 45 ME, von Faktor 1: 60 ME zur Verfügung hat? (Graphische Lösung)

Die Ergebnisse der Aufgaben finden Sie auf S. 248/249.

3. Kostentheoretische Grundlagen

Kontrollfragen:

3.1 Betriebswirtschaftlicher Kostenbegriff/Kosteneinflußgrößen

1. Durch welche Begriffselemente kann der Kostenbegriff charakterisiert werden?

2. Worin unterscheiden sich der wertmäßige (zweckorientierte) und der pagatorische (ausgabenorientierte) Kostenbegriff?

3. Worin liegt der Vorteil des wertmäßigen Kostenbegriffs?

4. Wodurch wird das Mengengerüst der Kosten bestimmt?

5. Erläutern Sie den Begriff der Leistungsbezogenheit anhand von Beispielen.

6. Welche Funktion besitzt die Bewertung des leistungsbezogenen Güterverbrauchs?

7. Zeigen Sie anhand von Beispielen mögliche Wertansätze im Rahmen des wertmäßigen Kostenbegriffs auf.

8. Von welchen Faktoren ist die Höhe des Produktionskostenniveaus grundsätzlich abhängig?

9. Aufgrund welcher Einflüsse ändern sich die Einsatzmengen der Produktionsfaktoren?

10. Erläutern Sie an einem Beispiel die Bedeutung der Faktorqualität für die Kostenhöhe.

11. In welcher Weise beeinflußt eine Änderung des Fertigungsprogramms die Kosten?

12. Stellen Sie unmittelbare und mittelbare Wirkungen einer Änderung der Faktorpreise auf die Kosten dar.

13. Was versteht man unter den externen Effekten und wie beeinflussen sie das Kostenniveau?

3.2 Beschäftigungsgrad als zentrale Kosteneinflußgröße

1. Welche Kostenarten unterscheidet man nach der Art ihrer Abhängigkeit vom Beschäftigungsgrad?

2. Zeigen Sie an einem Beispiel, welche Bedeutung die Aufteilung der Gesamtkosten in fixe und variable Kosten für unternehmerische Entscheidungen besitzt.

3. Welche Beziehung besteht zwischen den Begriffen Fixkosten, Nutzkosten und Leerkosten?

4. Welche Ursachen führen zum Entstehen von fixen Kosten?

5. Was versteht man unter intervallfixen Kosten?

6. Nennen Sie Beispiele für intervallfixe Kosten.

7. Warum ist im Hinblick auf die fixen Kosten eine möglichst hohe Kapazitätsauslastung von Bedeutung?

8. Welche Arten variabler Kosten können unterschieden werden?

9. Was versteht man unter dem Reagibilitätsgrad von Kosten?

10. Welchen Wert weist der Reagibilitätsgrad fixer Kosten sowie der verschiedenen Arten variabler Kosten auf?

11. Stellen Sie den Verlauf von Gesamt- und Stückkosten für die einzelnen Arten variabler Kosten graphisch dar.

12. Nennen Sie Beispiele für proportionale Kosten.

13. Inwieweit gehören Akkordlöhne zu den proportionalen Kosten?

14. Wie verändert sich die Relation fixer zu variablen Kosten bei technischem Fortschritt?

15. Zeigen Sie Möglichkeiten einer Umwandlung fixer in variable Kosten auf.

16. Erläutern Sie an einem Beispiel die Wirkung kompensatorischer Effekte von unterschiedlichen Kostenverläufen.

3.3 Formen der Anpassung an Beschäftigungsschwankungen und ihre kostenmäßigen Konsequenzen

1. Geben Sie einen Überblick über die fertigungstechnischen Möglichkeiten einer Unternehmung, sich an Beschäftigungsschwankungen anzupassen.

2. Wie erfolgt die Anpassung bei einer substitutionalen Produktionsfunktion und partieller Faktorvariation?

3. Leiten Sie graphisch aus dem Ertragsgesetz die Kostenfunktion ab.

4. Beschreiben Sie den Verlauf der ertragsgesetzlichen Kostenfunktion.

5. Warum beginnt die Kostenfunktion – anders als das Ertragsgesetz – nicht im Ursprung des Koordinatenkreuzes?

6. Definieren Sie die Begriffe
   a) Grenzkosten,
   b) Durchschnittskosten.

7. Wie sind diese Begriffe mathematisch definiert?

8. Leiten Sie graphisch aus der ertragsgesetzlichen Kostenfunktion die Grenzkosten sowie die variablen und totalen Durchschnittskosten ab.

9. Wie werden graphisch und analytisch die Minima der Grenzkosten-, der variablen und der totalen Durchschnittskostenfunktion bestimmt?

10. Warum nähert sich mit wachsender Beschäftigung die Kurve der totalen Durchschnittskosten der der variablen Durchschnittskosten?

11. Warum sinken die totalen Durchschnittskosten trotz steigender variabler Durchschnittskosten zunächst noch weiter, bis sie im Schnittpunkt mit der Grenzkostenkurve ihr Minimum erreichen?

12. Beschreiben Sie den Zusammenhang von Gesamtkosten, Grenzkosten, variablen und totalen Durchschnittskosten mit Hilfe des Vier-Phasen-Schemas.

13. Welches ist das optimale Anpassungsverhalten bei substitutionaler Produktionsfunktion und totaler Faktorvariation?

14. Stellen Sie diese Form der Anpassung für den Fall graphisch dar, daß die Unternehmung die Minimalkostenkombination realisiert.

15. Wie nennt man die Verbindungslinie kostenminimaler Faktorkombinationen, entlang der sich die Unternehmung an Beschäftigungsschwankungen anpaßt?

16. Was versteht man unter zeitlicher (intensitätsmäßiger, quantitativer) Anpassung?

17. Nennen Sie die Schritte, die notwendig sind, um aus den Verbrauchsfunktionen die Kostenfunktion $K = f(x)$ ($x \triangleq$ Produktion/Tag) herzuleiten.

18. Welchen Verlauf hat die Kostenfunktion $K = f(x)$ bei zeitlicher Anpassung?

19. Welche Grenzkosten (variable, totale Durchschnittskosten) ergeben sich aus diesem Verlauf der Gesamtkostenfunktion?

20. Warum läßt sich zu den kostenmäßigen Konsequenzen intensitätsmäßiger Anpassung keine generelle Aussage treffen?

21. Was ist an der folgenden Behauptung falsch: „Für den Fall konvexer Verbrauchsfunktionen ergibt sich bei intensitätsmäßiger Anpassung ein *s*-förmiger Kurvenverlauf, wobei die optimale Intensität durch den Wendepunkt der Gesamtkostenkurve bestimmt wird"?

22. Kann man von einem umgekehrt *s*-förmigen Gesamtkostenverlauf eindeutig auf einen bestimmten Typ von Produktionsfunktion schließen?

23. Welche Formen quantitativer Anpassung unterscheidet man?

24. Stellen Sie graphisch die kostenmäßigen Konsequenzen reiner quantitativer Anpassung dar für den Fall, daß
    a) der Betrieb sich quantitativ durch Stillegung bzw. Wiederinbetriebnahme von Aggregaten,
    b) durch den Verkauf bzw. Kauf von Aggregaten
    anpaßt.

25. Wie verhält sich eine Unternehmung bei selektiver Anpassung?

26. Welcher Kostenverlauf ergibt sich bei dieser Anpassungsform?

27. Ein Unternehmen verfügt über eine Maschine, für die ein optimaler Leistungsgrad bestimmt werden kann. Wie paßt sich dieses Unternehmen optimal an eine veränderte Beschäftigung an?

28. Beschreiben Sie das optimale Anpassungsverhalten eines Unternehmens für den Fall, daß zur Produktion eines Gutes zwei (mehrere) funktionsgleiche, aber kostenverschiedene Maschinen zur Verfügung stehen.

29. Worin unterscheiden sich multiple und mutative Betriebsgrößenvariation?

30. Wodurch läßt sich die Veränderung im Verhältnis fixer zu variablen Kosten bei mutativer Betriebsgrößenvariation erklären?

31. Warum sind kapitalintensivere Fertigungsverfahren erst ab einer bestimmten Betriebsgröße wirtschaftlicher als weniger kapitalintensive?

Aufgaben:

34. Ein Produktionsprozeß sei durch folgende Kostenfunktion beschrieben:

$$K = \frac{1}{10}x^3 - 3x^2 + 50x + 400$$

Berechnen Sie die Grenzkostenfunktion, die Funktion der variablen Durchschnittskosten und die Funktion der totalen Durchschnittskosten und die Minima dieser Funktionen[1].

---

[1] Bei der Ermittlung der minimalen totalen Durchschnittskosten ist die entstehende Gleichung 3. Grades durch sinnvolles Probieren zu lösen.

35. Zeichnen Sie zu der abgebildeten Gesamtkostenkurve die Grenzkostenkurve sowie die Kurven der variablen und totalen Durchschnittskosten.

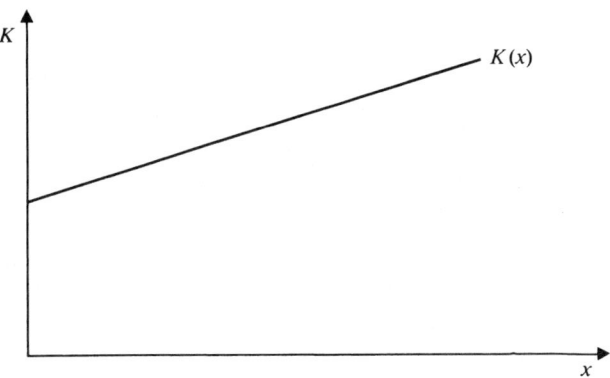

36. Gegeben ist die Produktionsfunktion

$$x = 2v_1^{1/4} \cdot v_2^{3/4}$$

a) Ermitteln Sie die Expansionslinie bei Preisen von $p_1 = 1$ und $p_2 = 48$.
b) Ermitteln Sie die Kostenfunktion $K = f(x)$ bei totaler Faktorvariation unter Beachtung der Minimalkostenkombination.

37. Der Produktionsprozeß einer Unternehmung läßt sich formal durch folgende Produktionsfunktion darstellen:

$$x = r_1^{1/2} \cdot r_2^{1/2}.$$

Die Faktorpreise der beiden Produktionsfaktoren sind:

$p_1 = 1$ (GE/FE) und $p_2 = 4$ (GE/FE).

Die Unternehmung möchte aufgrund steigender Nachfrage ihre Produktion ausdehnen, kann jedoch wegen Beschaffungsschwierigkeiten von Faktor 1 maximal 16 Faktoreinheiten beschaffen.

Wie entwickeln sich die Kosten in Abhängigkeit von der Ausbringungsmenge $x[K = f(x)]$, wenn die Unternehmung, die soweit wie möglich das Wirtschaftlichkeitsprinzip verfolgt, ihre Ausbringungsmenge von 0 gegen unendlich steigert?

38. Die Stückkosten eines Aggregates weisen in Abhängigkeit von der Intensität d (ME/ZE) folgenden Verlauf auf:

$$k(d) = 5d^2 - 60d + 200.$$

Zeigen Sie, daß das Minimum der Grenzkosten bei intensitätsmäßiger Anpassung bei einer niedrigeren Ausbringungsmenge $x = d \cdot t$ liegt als das Minimum der Stückkosten (t = konst. = 10 Std.).

39. Für ein Aggregat gelten die folgenden Verbrauchsfunktionen

$$v_1 = 2\,d^2 - 16\,d + 40 \qquad v_{1/2} \triangleq \text{ME/Stck.}$$

$$v_2 = 2{,}5\,d^2 - 28\,d + 80 \qquad d \quad \triangleq \text{Stck./Std.}$$

mit Faktorpreisen von $p_1 = 3{,}-$ DM/ME und $p_2 = 4{,}-$ DM/ME. Ermitteln Sie die Kostenfunktion $K = f(x)$ ($x \triangleq$ Stück/Tag)

a) wenn sich das Unternehmen bei optimaler Intensität zeitlich anpaßt;
b) wenn sich das Unternehmen bei maximaler Betriebszeit von $t = 10$ Std./Tag intensitätsmäßig anpaßt.

40. Ein Betrieb verfügt über zwei funktionsgleiche, aber kostenverschiedene Aggregate, deren Kostenfunktionen wie folgt dargestellt werden können:

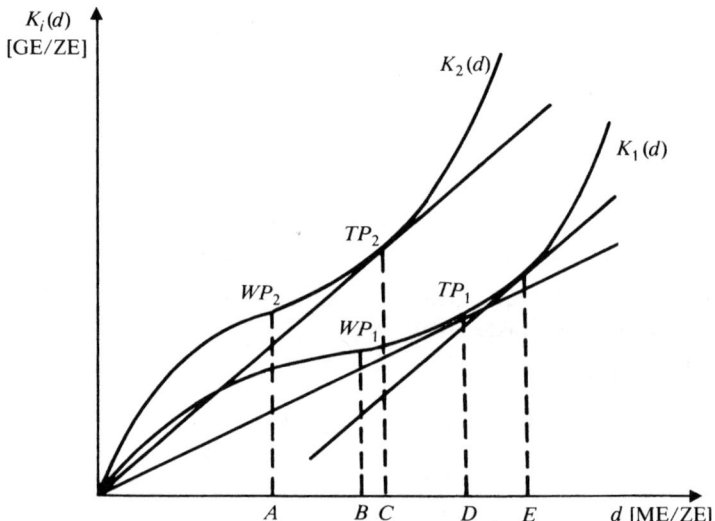

$K_i(d)$ [GE/ZE]; d[ME/ZE]; $i = 1, 2$ (Aggregatkennziffer)

Beide Aggregate können sowohl zeitlich bis $t_{i_{max}}$ als auch intensitätsmäßig bis $d_{i_{max}}$ und quantitativ angepaßt werden.

a) Welches der beiden Aggregate wird zuerst im Produktionsprozeß eingesetzt, und mit welcher Intensität läuft dieses Aggregat? (Geben Sie die Intensität mit Hilfe der im Schaubild verwendeten Buchstaben an.)
b) Bis zu welcher Intensität wird das zuerst eingesetzte Aggregat unter Optimalbedingungen angepaßt, wenn der Output weiter erhöht werden soll?
c) Mit welcher Intensität läuft bei zeitlicher Anpassung das Aggregat, das als zweites eingesetzt wird?

Begründen Sie ihre Antworten.

41. In einem Betrieb stehen für die Herstellung eines Produktes zwei funktionsgleiche, aber kostenverschiedene Anlagen zur Verfügung, die zeitlich zwischen null und acht Stunden pro Tag angepaßt werden können. Die folgenden Funktionen geben die Kosten je Stunde (DM/Stunde) in Abhängigkeit vom Leistungsgrad d (ME/Stunde) an:

$$K_1 = d_1^3 - 6\,d_1^2 + 36\,d_1$$

$$K_2 = d_2^3 - 6\,d_2^2 + 45\,d_2.$$

a) Bis zu welcher Leistungsmenge X^a wird nur ein Aggregat eingesetzt und zeitlich angepaßt, wenn die Unternehmung sich kostenoptimal an Beschäftigungsschwankungen anpaßt? ($X \triangleq$ tägliche Produktionsmenge).

b) Ab welcher Leistungsmenge X^b wird zusätzlich das zweite Aggregat eingesetzt?

c) Bis zu welcher Leistungsmenge X^c wird das zweite Aggregat zeitlich angepaßt?

d) Ermitteln Sie die Kostenfunktion $K = f(X)$ für die Anpassungsphasen I–III.

42. Ein Unternehmen besitzt vier funktions- und kostengleiche Aggregate mit einer Kapazität von je 50 ME/Tag. Die aggregatfixen Kosten je Aggregat betragen 1.000,– DM, die variablen Durchschnittskosten 20,– DM/ME. Weiterhin existieren 2.000,– DM unternehmensfixe Kosten.

Stellen Sie graphisch die Kostenfunktion $K = f(x)$ ($x \triangleq$ ME/Tag) dar für den Fall, daß sich das Unternehmen zeitlich und quantitativ durch Stilllegung oder Wiederinbetriebnahme von Aggregaten an Beschäftigungsschwankungen anpaßt.

43. Ein Unternehmen verfügt über zwei funktionsgleiche, aber kostenverschiedene Aggregate, deren Grenz- und Stückkostenfunktionen wie folgt dargestellt werden können:

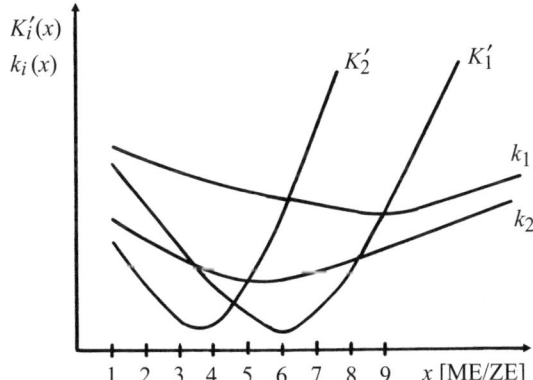

$K_i'(x)$ = Grenzkostenfunktion des Aggregates i
$k_i(x)$ = Stückkostenfunktion des Aggregates i
x = Intensität des Aggregates (ME/Std.)

Beide Aggregate können sowohl zeitlich bis $t_{i_{max}} = 10$ Stunden, intensitätsmäßig bis $x_{i_{max}}$ und quantitativ angepaßt werden.

Ermitteln Sie den optimalen Maschineneinsatz in den ersten drei Anpassungsphasen durch Angabe der Intensitäten, Mengen, Einsatzzeiten und Aggregatnummern.

Die Ergebnisse der Aufgaben finden Sie auf S. 249–251.

4. Ergebnisse der Aufgaben

1. Grundlohn: 12,– DM/Std.

Vorgabezeit: 6 Min./Stck.

Minutenfaktor: 0,20 DM/Min.

Geldsatz: 1,20 DM/Stck.

Verrechnete Minuten: 75 Min./Std.

2. a) 18,– DM/Std.

b) 20 % $\left(\text{Akkordzuschlag} = \dfrac{\text{Grundlohn} - \text{Mindestlohn}}{\text{Mindestlohn}} \right)$

3. a) $x_{A/B} = 5$; $x_{A/C} = 10$; $x_{B/C} = 20$

b)

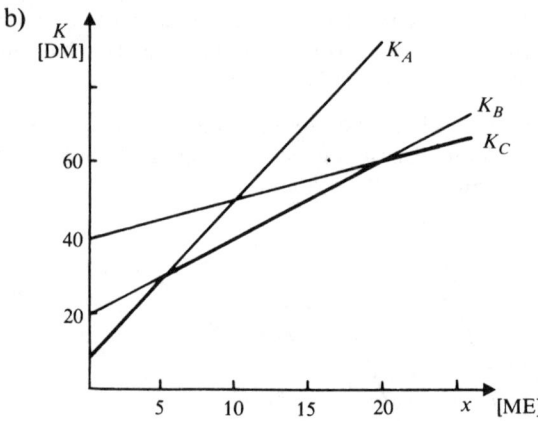

Die fettgedruckte Linie stellt die Operationslinie des Betriebes dar.

4. CW 2000; kritische Mengen: 10 000 Kopien/Monat (1000/2000) und 20 000 Kopien pro Monat (2000/2000 S)

5. Kritische Mengen: $X_{I/II} = 7500$, $X_{II/III} = 25\,000$ (n. def.), $X_{I/III} = 12\,500$ (n. def.)

K_I: $0 \leq x \leq 7500$
K_{II}: $7500 \leq x \leq 15\,000$
K_{III}: $15\,000 < x \leq 20\,000$

6. a) $K_I = 360\,000 + 15x$, $K_{II} = 210\,000 + 40x$, $K_{III} = 30\,000 + 112x$

b) Kritische Mengen: $x_{I/II} = 6000$ (n. def.), $x_{II/III} = 2500$, $x_{I/III} = 3402{,}06$

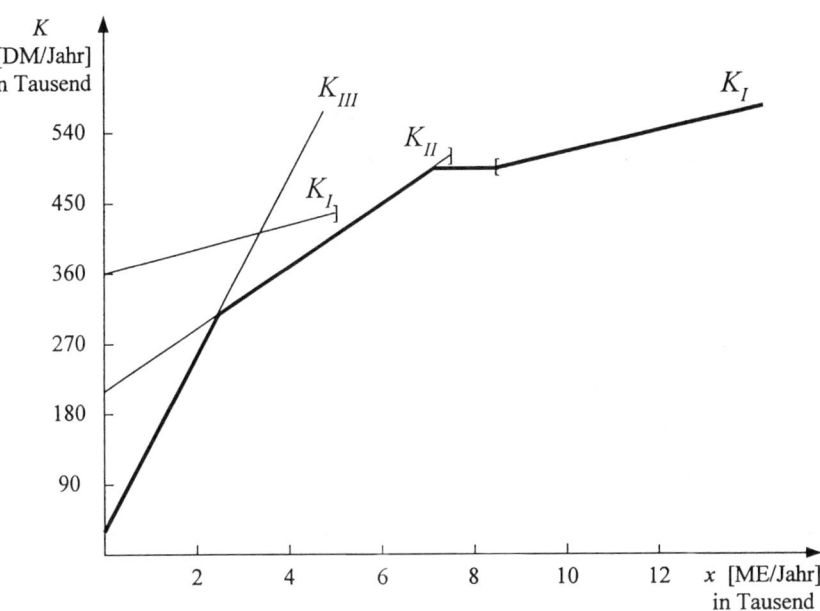

Zusätzlicher Kostenvergleich: $K_I(8.500) = 487\,500$

$K_{II}(x) = 487\,500$, $x = 6937{,}50$

Bei einer Produktionsmenge von 2500 bis 6937 (ME/Jahr) ist Anlage II die kostengünstigste. Bei einer Produktionsmenge von 6938 bis 8500 (ME/Jahr) ist es wirtschaftlicher Anlage I anzumieten und 8500 (ME/Jahr) zu produzieren, als mit einer anderen Anlage die exakte Produktionsmenge herzustellen. Ab einer Produktionsmenge von 8500 (ME/Jahr) ist eine Anmietung von Anlage I am kostengünstigsten.

Operationslinie: III: $0 \leq x \leq 2500$

II: $2500 \leq x \leq 6937$

I: $x \geq 6938$

c) Unter den gegebenen Annahmen minimiert eine zweifache Anmietung der Anlage I die Produktionskosten.

7. optimale Bestellmenge: 50 Tonnen/Bestellung

optimale Bestellhäufigkeit: 15 Bestellungen/Jahr

optimale Lagerdauer: 24 Tage/Bestellung

8. $k(t) = \dfrac{9}{t} + 0{,}01\,t$; $t_{opt} = 30$ Tage/Bestellung

9. a) $x_{opt} = 30$ kg

    b) $p = 10\%$

10. a) $x_{P_1} = 5700$, $x_{P_2} = 3000$, $x_{B_1} = 5700$, $x_{B_2} = 17\,400$, $x_{B_3} = 20\,400$,
$x_{E_1} = 74\,700$, $x_{E_2} = 180\,000$, $x_{E_3} = 183\,600$

    b) Optimale Bestellmenge: $x_R = 11\,000$

11. $x_{opt} = +\sqrt{\dfrac{2 \cdot a \cdot M}{b}}$

12. $n_{opt} = 20$ Lose/Jahr

13. Produkt 3; Gewinn: 12.000,– DM.

14. 1000 Einheiten Spaten 0,2;

1000 Einheiten Spaten 0,5 und

500 Einheiten Spaten 0,4

15. $x_1 = 30$ ME; $x_2 = 70$ ME; max. Deckungsbeitrag: 41.000,– DM

16. $x_1 = 30$ ME; $x_2 = 60$ ME; min. variable Kosten: 12.000,– DM

17. $x_1 = 40$ ME; $x_2 = 66$ ME (beste ganzzahlige Lösung);

Zielfunktion (Nutzenmaximierung):

$N = 0{,}7(20x_1 + 80x_2) + 0{,}3(180x_1 + 90x_2) \to$ Max!

18. x_1 (Weizen) = 16 ha; x_2 (Rüben) = 24 ha; max. Gewinn: 20.800,– DM.

19. $x_1 = 60$ ME; $x_2 = 20$ ME; max. Deckungsbeitrag: 2.800,– DM

Zielfunktion (Maximierung des Deckungsbeitrags):

$DB = 30x_1 + 50x_2 \to$ Max!

20. $X_A = 20\,000$, $X_B = 36\,000$, $X_C = 28\,800$

Periodenerfolg: 2 688 000

21. Bearbeitungsreihenfolge mit Hilfe des Johnson-Algorithmus: C, A, E, F, B, D mit einer Gesamtdurchlaufzeit von 28 ZE; Bearbeitungsreihenfolge mit Hilfe der KOZ-Regel: in Stufe I: C, A, D, B, E, F und in Stufe II: C, D, A, B, E, F mit einer Gesamtdurchlaufzeit von 29 ZE.

22. Phase I: $0 \leqq v_2 \leqq 2{,}5$

     Phase II: $2{,}5 < v_2 \leqq 3{,}75$

     Phase III: $3{,}75 < v_2 \leqq 5$

     Phase IV: $v_2 > 5$

23. a) $x'_{max} = 1{,}6$

     b) steigende Produktivität: $0 < v < 3$

         sinkende Produktivität: $v > 3$

     c) $v = 4$

24. a)

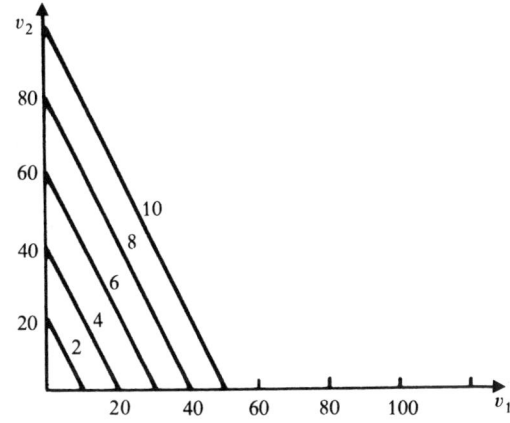

     b) totale bzw. alternative Faktorsubstitution

     c) $E = 0{,}2\,v_1 + 0{,}1\,v_2$

25. a) 2

     b) 1 (linear-homogen)

     c) 2

     d) nicht-homogen

     e) $\dfrac{5}{12}$

26. $v_1 = 3$; $v_2 = \dfrac{3}{2}$

27.

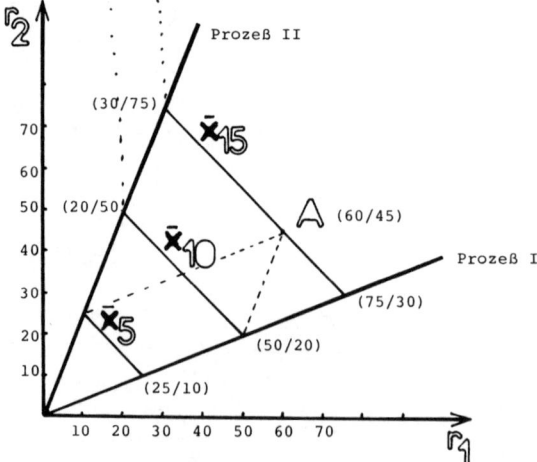

Der Bereich wirtschaftlich sinnvoller Faktorkombinationen liegt zwischen den Punkten A und B der Ertragsisoquante.

28. $x_{max} = 160$

29. $p_{2_{max}} = 4$;

Hinweis: Mit der Änderung von p_2 ändert sich auch die Minimalkostenkombination.

30. $d_{opt} = 2$ Stck./Min.

31. a) $\tilde{v}_{1_{min}} = 7$ Liter/100 Umdrehungen

$\tilde{v}_{2_{min}} = 6$ Liter/100 Umdrehungen

b) $\tilde{v}_1^{tot} \approx 238{,}16$ Liter/Tag

32. a) $x = \min (1\,r_1;\ 10\,r_2;\ 5\,r_3;\ 2{,}5\,r_4;\ 2\,r_5;\ 10\,r_6)$

b) Hefe

33. a)–b)

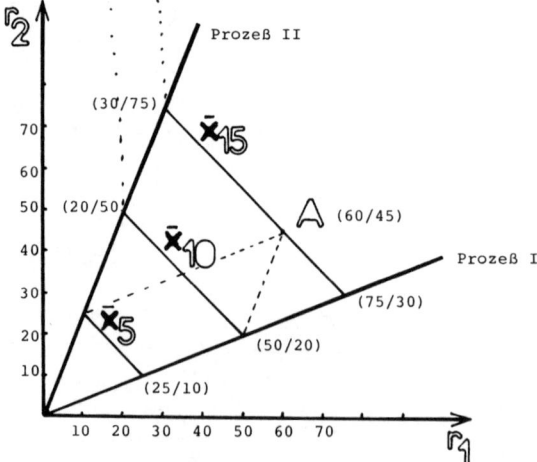

c) Die Isoquante geht durch die Punkte (50/20) und (20/50) und hat damit die Steigung –1.

Punkt-Steigungsform

$$\frac{r_2 - 20}{r_1 - 50} = -1 \quad \text{es folgt:} \quad r_2 = -r_1 + 50 + 20$$

$$r_2 = 70 - r_1$$

d) 10 Ausbringungsmengeneinheiten sind mit Prozeß I und 5 Ausbringungsmengeneinheiten sind mit Prozeß II zu produzieren.

Prozeß I verbraucht damit: 50 ME (Faktor 1) und 20 ME (Faktor 2)
Prozeß II verbraucht damit: 10 ME (Faktor 1) und 25 ME (Faktor 2)

	Summe:	60 ME	45 ME

$$x = 15 \text{ ME} = x\,\text{max}$$

34. Grenzkosten:

$$K'(x) = \frac{\mathrm{d}\,k}{\mathrm{d}\,x} = \frac{3}{10}\,x^2 - 6x + 50$$

$$K'_{\min} = 20 \quad (x = 10)$$

variable Durchschnittskosten:

$$k_v(x) = \frac{K_v}{x} = \frac{1}{10}x^2 - 3x + 50$$

$$k_{v_{\min}} = 27,5 \quad (x = 15)$$

totale Durchschnittskosten:

$$k(x) = \frac{K}{x} = \frac{1}{10}x^2 - 3x + 50 + \frac{400}{x}$$

$$k_{\min} = 50 \quad (x = 20)$$

35.

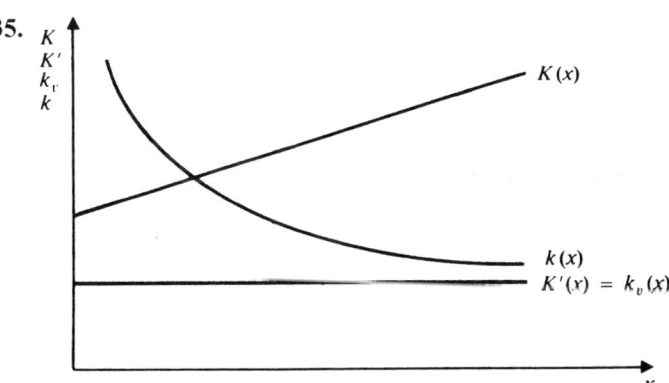

36. a) $v_2 = \dfrac{1}{16} v_1$

b) $K(x) = 16x$

37. $K = 4x$ für $0 \le x \le 8$

$K = 16 + \dfrac{x^2}{4}$ für $x > 8$

38. Stückkostenminimum bei $d = 6$ ME/Std. bzw. $x = 60$ ME/Tag;

Grenzkostenminimum bei $d = 4$ ME/Std. bzw. $x = 40$ ME/Tag

39. a) $K(x) = 40x$

b) $K(x) = 0{,}16x^3 - 16x^2 + 440x$

40. a) Aggregat 1 (niedrigere minimale Stückkosten);
zeitliche Anpassung bei optimaler Intensität D

b) intensitätsmäßige Anpassung bis $E(K_1' = k_{2_{min}})$

c) C (optimale Intensität des Aggregates 2)

41. a) $X^a = 24$

b) $X^b = 32$

c) $X^c = 56$

d) Phase I: $K(X) = 27X$ $0 \le X \le 24$

Phase II: $K(X) = \dfrac{1}{64}X^3 - \dfrac{3}{4}X^2 + 36X$ $24 < X \le 32$

Phase III: $K(X) = 36X - 256$ $32 < X \le 56$

42.

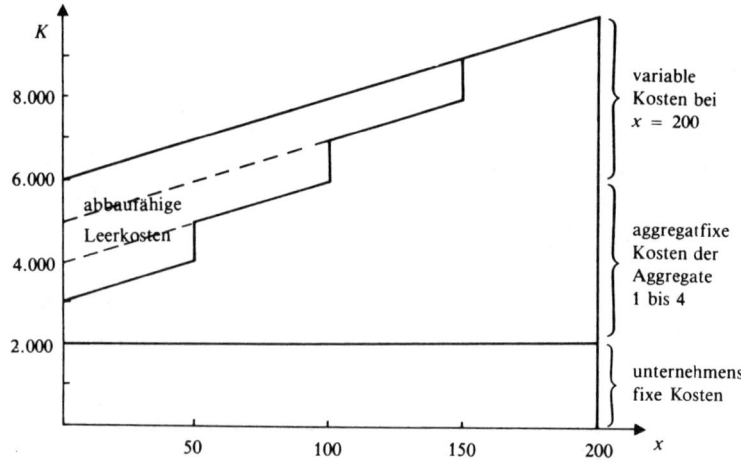

43.

1. Phase:	Agg. 2;	$d_{2_{opt}} = 5$;	$0 \leqslant t_2 \leqslant 10$;	$0 \leqslant x \leqslant 50$
2. Phase:	Agg. 2;	$5 < d_2 \leqslant 6$	$t_2 = 10$;	$50 < x \leqslant 60$
3. Phase:	Agg. 1;	$d_{1_{opt}} = 9$;	$0 \leqslant t_1 \leqslant 10$;	$60 \leqslant x \leqslant 150$
	Agg. 2;	$d_2 = 6$;	$t_2 = 10$;	

Literaturverzeichnis

Adam, D.	Produktionspolitik, 3., durchgesehene Aufl., Wiesbaden 1980.
ders.	Produktionsmanagement, 8. Aufl., Wiesbaden 1997.
Augustin, S., Eidenmüller, B.	Organisation und Personal in der „Fabrik der Zukunft", in: Milling, P., Zäpfel, G. (Hrsg.), Betriebswirtschaftliche Grundlagen moderner Produktionsstrukturen, Herne/Berlin 1993, S. 205–244.
Arnold, U.	Marktlich integrierte Kooperationen: Netzwerke und Allianzen in Beschaffung und Absatz, in: Gassert, H.; Prechtl, M.; Zahn, E. (Hrsg.): Innovative Dienstleistungspartnerschaften: Neue Formen der Zusammenarbeit zwischen Industrie und Dienstleistern, Stuttgart 1998, S. 57–90.
Arz, H., Wiesehahn, A.	Alternierende Telearbeit bei den LVM-Versicherungen: Entwicklung und Erfahrungen, in: Deges, F. (Hrsg.): Einsatz interaktiver Medien im Unternehmen, Stuttgart 1999, S. 227–246.
Ausschuß für Wirtschaftliche Fertigung e.V.	AWF-Empfehlung, Integrierter EDV Einsatz in der Produktion, CIM: Computer Integrated Manufacturing, Begriffe – Definitionen – Funktionszuordnungen, Eschborn 1985.
Beckmann, H.	Auf dem Weg zur Netzwerkorganisation – Gestaltungsregeln für verteilte Fabrikstrukturen, in: Kuhn, A. (Hrsg.): Wege zur innovativen Fabrikorganisation, Band 1, Dortmund 1998, S. 1–42.
Bellmann, K., Hippe, A.	Kernthesen zur Konfiguration von Produktionsnetzwerken, in: Bellmann, K.; Hippe, A. (Hrsg.): Management von Unternehmensnetzwerken: Interorganisationale Konzepte und praktische Umsetzung, Wiesbaden 1996, S. 55–85.
Berg, C.	Materialwirtschaft, Stuttgart/New York 1979.
Berthel, J.	Personal-Management, Grundsätze für Konzeptionen betrieblicher Personalarbeit, 5., aktual. u. korr. Aufl., Stuttgart 1997.
Beyer, H. T.	Arbeitszeitmodelle, in: Gaugler, E., Weber, W. (Hrsg.): Handwörterbuch des Personalwesens, 2., neubearb. u. erg. Aufl., Stuttgart 1992, Sp. 458–471.
Bobenhausen, F.	Produktionslogistik in der flexibel automatisierten Drehteilefertigung, in: Arbeitsvorbereitung, 26. Jg. (1989), Nr. 2, S. 47–51.

Brödner, P.	Fabrik 2000, 2. Aufl., Berlin 1986.
Bullinger, H.-J., Seidel, U. A.	Neuorientierung im Produktionsmanagement, in: Fortschrittliche Betriebsführung/Industrial Engineering, H. 4, 41. Jg. (1992), S. 150–156.
Buse, H. P., Dangelmaier, W., Schneider, U., von Stengel, R.	Einleitung, in: Dangelmaier, W. (Hrsg.): Vision Logistik – Logistik wandelbarer Produktionsnetze zur Auflösung ökonomisch-ökologischer Zielkonflikte, Wissenschaftliche Berichte des Forschungszentrums Karlsruhe Technik und Umwelt FZKA-PFT 181, Karlsruhe 1996, S. 1–9.
Busse v. Colbe, W., Laßmann, G.	Betriebswirtschaftstheorie, Band I: Grundlagen, Produktions- und Kostentheorie, 5. Auflage, Berlin u. a. 1991.
Corsten, H.	Lexikon der Betriebswirtschaftslehre, 3. Aufl., München/Wien 1995.
ders.	Produktionswirtschaft: Einführung in das industrielle Produktionsmanagement, 7., vollst. überarb. u. wesentl. erw. Aufl., München u. a. 1998.
Dellmann, K.	Betriebswirtschaftliche Produktions- und Kostentheorie, Wiesbaden 1980.
Dyckhoff, H.	Betriebliche Produktion, Berlin u. a. 1992.
Ellinger, Th.	Reihenfolgeplanung, in: Handwörterbuch der Betriebswirtschaft, 4. Aufl., Stuttgart 1976, Sp. 3411–3420.
Eversheim, W. u. a.	Maßnahmen zur Realisierung von CIM in kleinen und mittleren Betrieben, in: VDI-Zeitschrift, Bd. 129, H. 5, 1987, S. 38–42.
Glaser, H., Petersen, L.	PPS (Produktionsplanungs- und -steuerungs)-Systeme, in: Kern, W. (Hrsg.): Handwörterbuch der Produktionswirtschaft, 2., völlig neu gestaltete Aufl., Stuttgart 1996, Sp. 1405–1418.
Glaser, W. R., Glaser, M. O.	Telearbeit in der Praxis: Psychologische Erfahrungen mit Außerbetrieblichen Arbeitsstätten bei der IBM Deutschland GmbH, Neuwied u. a. 1995.
Götzinger, M., Michael, H.	Kosten- und Leistungsrechnung, 6., überarbeitete und erweiterte Auflage, Heidelberg 1993.
Grochla, E.	Grundlagen der Materialwirtschaft, 3., gründlich durchgesehene Aufl., Nachdruck, Wiesbaden 1986.
Gutenberg, E.	Grundlagen der Betriebswirtschaftslehre, 1. Band: Die Produktion, 24., unveränderte Aufl., Berlin/Heidelberg/New York 1983.
Haberstock, L.	Kostenrechnung I, 8. Aufl., 2. Nachdruck, Hamburg 1991.
Hamel, W.	Arbeitszeit, in: Gaugler, E., Weber, W. (Hrsg.): Handwörterbuch des Personalwesens, 2., neubearb. u. erg. Aufl., Stuttgart 1992, Sp. 442–458.

Hansmann, K. W.	Industrielles Management, 5., überarb. u. wesentl. erw. Aufl., München u. a. 1997.
Hartmann, H.	Materialwirtschaft – Organisation, Planung, Durchführung, Kontrolle, 6. Aufl., Stuttgart 1993.
Heinen, E.	Betriebswirtschaftliche Kostenlehre, 6., verbesserte und erweiterte Aufl., Wiesbaden 1983.
ders.	Industriebetriebslehre, Entscheidungen im Industriebetrieb, 9. Aufl., Wiesbaden 1991.
Hoitsch, H.-J.	Produktionswirtschaft, Grundlagen einer industriellen Betriebswirtschaftslehre, 2. Aufl., München 1993.
Hoss, K.	Fertigungsablaufplanung mittels operationsanalytischer Methoden, Würzburg/Wien 1965.
Jehle, E.	Unternehmung und gesellschaftliche Umwelt, Stuttgart 1980.
ders.	Gemeinkostenmanagement, in: Männel, W. (Hrsg.): Handbuch Kostenrechnung, Wiesbaden 1992, S. 1506–1523.
Johnson, S. M.	Optimal Two- and Three-Stage Production Schedules with Setup Times Included, in: Naval Research Logistics Quarterly, (1) 1954, S. 61 ff.
Jünemann, R.	Materialflußtechnik 1, 2. Auflage, Dortmund 1987.
ders.	Materialfluß und Logistik, Dortmund 1989.
Kahle, E.	Produktion, 3. Auflage, München/Wien 1991.
Kaluza, B.	Flexibilität der Produktionsvorbereitung industrieller Unternehmen, in: Internationale und nationale Problemfelder der Betriebswirtschaftslehre, hrsg. von Gert v. Kortzfleisch und Bernd Kaluza, Berlin 1984, S. 287–333.
Kargl, H.	Industrielle Datenverarbeitung, in: Schweitzer, M. (Hrsg.), Industriebetriebslehre, München 1990, S. 895–1014.
Kistner, K. P.	Produktions- und Kostentheorie, Würzburg/Wien 1981.
Kordey, N., Korte, W.	Telearbeit erfolgreich realisieren: Das umfassende, aktuelle Handbuch für Entscheidungsträger und Projektverantwortliche, Braunschweig u. a. 1996.
Kortzfleisch, G. v.	Betriebswirtschaftliche Arbeitsvorbereitung, Berlin 1962.
Krelle, W.	Produktionstheorie, Tübingen 1969.
Kupsch, P. U., Marr, R.	Personalwirtschaft, in: Heinen, E. (Hrsg.): Industriebetriebslehre, Entscheidungen im Industriebetrieb, 9. Aufl., Wiesbaden 1991, S. 729–896.
Kurbel, K.	Produktionsplanung und -steuerung: Methodische Grundlagen von PPS-Systemen und Erweiterungen, 2., verb. Aufl., München/Wien 1995.

Männel, W.	Wirtschaftlichkeitsfragen der Anlagenerhaltung, Wiesbaden 1968.
ders.	Vorbeugende Instandhaltung, Frankfurt am Main/Berlin 1971.
Mauthe, D. K., Roventa, P.	Versionen der Portfolioanalyse auf dem Prüfstand, in: Zeitschrift Führung und Organisation, H. 4, 51. Jg. (1982), S. 191–204.
Mertens, P.	Industrielle Datenverarbeitung, Bd. 1: Administrations- und Dispositionssysteme, 7. Aufl., Wiesbaden 1988.
Meyer, M.	Die Reorganisation logistischer Systeme in strategischen Netzwerken: Eine Analyse der Position von Systemlieferanten im „Organization Set" der Automobilhersteller, in: Kleinaltenkamp, M.; Schubert, K. (Hrsg.): Netzwerkansätze im Business-to-Business-Marketing: Beschaffung, Absatz und Implementierung Neuer Technologien, Wiesbaden 1994, S. 213–250.
ders.	Effektivität und Effizienz von industriellen Netzwerken, in: Marktforschung & Management, 40. Jg. (1996), Nr. 3, S. 90–95.
Milling, P., Zäpfel, G. (Hrsg.)	Betriebswirtschaftliche Grundlagen moderner Produktionsstrukturen, Herne/Berlin 1993.
Müller-Merbach, H.	Operations Research, 3. Aufl., Nachdruck, München 1988.
Niggl, M.	Teleworking als innovative Form organisationaler Zusammenarbeit – Ein erster Erfahrungsbericht zur Einführung von alternierender Telearbeit bei der BMW AG, in: Zeitschrift für Arbeitswissenschaften, 51. Jg. (1997), Nr. 4, S. 259–266.
Pfeiffer, W., Dörrie, U., Stoll, E.	Menschliche Arbeit in der industriellen Produktion, Göttingen 1977.
Picot, A.	Organisation von Informationssystemen und Controlling, in: Controlling, H. 6, 2. Jg. (1990), S. 296–305.
Picot, A., Reichwald, R.	Informationswirtschaft, in: Heinen, E. (Hrsg.): Industriebetriebslehre, Entscheidungen im Industriebetrieb, 9. Aufl., Wiesbaden 1991, S. 241–393.
Pirron, J., Kulow, B., Hellingrath, B., Laakmann, F.	Gut, daß wir verglichen haben – Marktübersicht SCM-Software, in: Logistik heute, 21. Jg. (1999), Nr. 3, S. 69–76.
REFA	Methodenlehre der Planung und Steuerung, Teil 3, München 1974/75.
Reichmann, Th.	Die betriebswirtschaftlichen Anpassungsprozesse im Lagerbereich, in: ZfbF, H. 12, 19. Jg. (1967), S. 762–772.
Reichwald, R.	Arbeit als Produktionsfaktor, München/Basel 1977.

Reichwald, R.,
Dietel, B.

Produktionswirtschaft, in: Heinen, E. (Hrsg.): Industriebetriebslehre, Entscheidungen im Industriebetrieb,
9. Aufl., Wiesbaden 1991, S. 395–622.

Reichwald, R.,
Möslein, K.,
Sachenbacher, H.,
Englberger, H.,
Oldenburg, S.

Telekooperation: Verteilte Arbeits- und Organisationsformen, Berlin u. a. 1998.

Rensmann, J. H.,
Gröpler, K.

Telearbeit: Ein praktischer Wegweiser, Berlin u. a. 1998.

Roos, E.

Informationsmodellierung für PPS-Systeme: Ein Konzept zur aufgabenorientierten Systementwicklung Berlin/
Heidelberg 1992.

Scheer, A.-W.

CIM, Der computergesteuerte Industriebetrieb, 4. Aufl.,
Saarbrücken 1990.

ders.

Supply Chain Management – Wiedergeburt vom CIM?,
Vortrag auf der Tagung „Logistikinnovationen 1998“,
19.–20. Mai, Saarbrücken 1998.

ders.

Wirtschaftlichkeitspotentiale von CIM, in: Görke, W., Rininsland, H., Syrbe, M. (Hrsg.): Information als Produktionsfaktor, Berlin u. a. 1992, S. 64–78.

Schneider, E.

Einführung in die Wirtschaftstheorie, II. Teil, 10., verbesserte Aufl., Tübingen 1965.

Schulte, C.

Logistik: Wege zur Optimierung des Material- und Informationsflusses, 2. Aufl., München 1995.

Schweitzer, M.,
Küpper, H. U.

Produktions- und Kostentheorie: Grundlagen – Anwendungen, 2. Aufl., Wiesbaden 1997.

Steffen, R.

Analyse industrieller Elementarfaktoren in produktionstheoretischer Sicht, Berlin 1973.

ders.

Produktions- und Kostentheorie, 2. Aufl., Stuttgart 1993.

Sydow, J.

Strategische Netzwerke: Evolution und Organisation,
Wiesbaden 1992.

Sydow, J., Winand, U.

Unternehmungsvernetzung und -virtualisierung: Die Zukunft unternehmerischer Partnerschaften, in: Winand, U.;
Nathusius, K. (Hrsg.): Unternehmungsnetzwerke und virtuelle Organisationen, Stuttgart 1998, S. 11–31.

Vahrenkamp, R.

Produktionsmanagement, 3., neu bearb. Aufl., München/
Wien 1998.

Wagner, H.

Die Bestimmungsfaktoren der menschlichen Arbeitsleistung im Betrieb, Wiesbaden 1966.

ders.

Dispositive Produktionsvorbereitung, in: Handwörterbuch der Produktion, hrsg. v. Kern, W., Stuttgart 1979,
Sp. 2155–2173.

Warnecke, H. J.	Die Fraktale Fabrik, Revolution der Unternehmenskultur, 5. Aufl., Reinbeck bei Hamburg 1996.
Wildemann, H.	Produktionssynchrone Beschaffung, 2. Aufl., Zürich/ München 1988.
ders.	Entwicklungs-, Produktions- und Vertriebsnetzwerke in der Zulieferindustrie, München 1998.
Wollnik, M.	Telearbeit, in: HWO, 3. Aufl., Stuttgart 1992, Sp. 2400–2417.
Womack, J. P., Jones, O. T., Roos, D.	Die zweite Revolution in der Automobilindustrie, 3. Aufl., Frankfurt/New York 1991.
Zäpfel, G.	Produktionswirtschaft, Operatives Produktions-Management, Berlin/New York 1982.
Zelewski, S.	Elektronische Märkte zur Prozeßkoordinierung in Produktionsnetzwerken, in: Wirtschaftsinformatik, H. 3, 39. Jg. (1997), S. 231–243.

Sachregister